2020年度教育部人文社会科学研究一般项目资助：我国青少年体育运动效益评估及健康模式建构研究（项目批准号：20YJC890036）

青少年体育运动效益评估及健康模式建构

闫二涛　王　鹏　张海鹏　董慢慢 ◎ 著

知识产权出版社

全国百佳图书出版单位

—北京—

图书在版编目（CIP）数据

青少年体育运动效益评估及健康模式建构/闫二涛等著. -- 北京：知识产权出版社，2025.5. -- ISBN 978-7-5130-9995-0

Ⅰ．G808.17

中国国家版本馆 CIP 数据核字第 202523S3S3 号

内容简介

本书聚焦青少年科学化运动健康促进体系，通过解构力量、灵敏、耐力、动作协调、速度、平衡能力六大核心运动素质的健康效益，建立多维度评价指标。研究创新性地从运动频率、量度、时长和类型四个维度的干预变量出发，实证分析不同运动方式对青少年体质发展、代谢健康及神经认知功能的差异化影响，揭示运动方式与健康效益的剂量效应关系，最终构建青少年健康运动模式，为学校体育课程设计、家庭运动计划制定及青少年慢性病运动干预提供理论依据与实践范式。

责任编辑：李 潇　武 晋	责任校对：谷　洋
封面设计：邵建文　马倬麟	责任印制：孙婷婷

青少年体育运动效益评估及健康模式建构

闫二涛　王　鹏　张海鹏　董慢慢　著

出版发行：	知识产权出版社有限责任公司	网　　址：	http://www.ipph.cn
社　　址：	北京市海淀区气象路50号院	邮　　编：	100081
责编电话：	010-82000860 转 8772	责编邮箱：	windy436@126.com
发行电话：	010-82000860 转 8101/8102	发行传真：	010-82000893/82005070/82000270
印　　刷：	北京九州迅驰传媒文化有限公司	经　　销：	新华书店、各大网上书店及相关专业书店
开　　本：	720mm×1000mm　1/16	印　　张：	14.75
版　　次：	2025 年 5 月第 1 版	印　　次：	2025 年 5 月第 1 次印刷
字　　数：	258 千字	定　　价：	98.00 元
ISBN 978-7-5130-9995-0			

出版权专有　侵权必究

如有印装质量问题，本社负责调换。

目 录

第一章 绪 论 … 1

第一节 研究背景 … 1
第二节 研究目的和意义 … 2
一、研究目的 … 2
二、研究意义 … 3
第三节 核心概念界定 … 4
第四节 国内外研究综述 … 5
一、国外学术研究 … 5
二、国内研究动态 … 6
三、研究趋势 … 7
第五节 研究方法和研究设计 … 8
一、研究方法 … 8
二、研究设计 … 9

第二章 青少年运动方式对体质健康发展的影响 … 11

第一节 我国青少年体质健康状况分析 … 11
一、我国青少年体质健康现状 … 11
二、影响我国青少年体质健康的因素分析 … 13
三、提高我国青少年体质健康水平的举措 … 15
第二节 国家发展青少年体质健康的政策背景 … 16

第三章 青少年运动方式结构及健身效益理论分析框架 … 19

第一节 青少年力量素质的健康效益解构及评价体系构建 … 19

I

一、力量素质概述 …………………………………………………… 19
　　二、力量素质的评价体系构建 ……………………………………… 21
　　三、力量素质的发展机制及训练方法 ……………………………… 33
　　四、不同运动项目对力量素质的影响 ……………………………… 35
　第二节　青少年灵敏素质的健康效益解构及评价体系构建 ………… 37
　　一、灵敏素质概述 …………………………………………………… 37
　　二、灵敏素质的评价体系构建 ……………………………………… 39
　　三、灵敏素质的发展特点及影响因素 ……………………………… 45
　　四、不同训练方法对灵敏素质的影响 ……………………………… 49
　第三节　青少年耐力素质的健康效益解构及评价体系构建 ………… 52
　　一、耐力素质概述 …………………………………………………… 52
　　二、耐力素质的评价体系构建 ……………………………………… 53
　　三、耐力素质的发展机制及训练方法 ……………………………… 56
　　四、不同训练方法对耐力素质的影响 ……………………………… 59
　第四节　青少年动作协调能力的健康效益解构及评价体系构建 …… 63
　　一、动作协调能力概述 ……………………………………………… 63
　　二、动作协调能力的评价体系构建 ………………………………… 65
　　三、动作协调能力的发展机制及训练方法 ………………………… 76
　　四、不同运动项目对协调能力的影响 ……………………………… 77
　第五节　青少年速度素质的健康效益解构及评价体系构建 ………… 79
　　一、速度素质概述 …………………………………………………… 79
　　二、速度素质的评价体系构建 ……………………………………… 82
　　三、速度素质的发展机制及训练方法 ……………………………… 84
　　四、不同运动项目对速度素质的影响 ……………………………… 85
　第六节　青少年平衡能力的健康效益解构及评价体系构建 ………… 88
　　一、平衡能力概述 …………………………………………………… 88
　　二、平衡能力的评价体系构建 ……………………………………… 90
　　三、平衡能力的发展机制及训练方法 ……………………………… 95
　　四、不同运动项目对平衡能力的影响 ……………………………… 96

第四章　青少年不同运动方式的健康效益分析 ……………………………… 98
　第一节　运动方式与健康效益的内在联系分析 ……………………… 98

一、运动方式相关内容 …………………………………………… 98
　　二、健康效益相关内容 …………………………………………… 98
　　三、青少年运动方式与健康效益的关系 ………………………… 99
　第二节　青少年不同运动方式的力量素质健康效益分析 ………… 102
　　一、研究方法 …………………………………………………… 103
　　二、文献研究结果 ……………………………………………… 105
　　三、小结 ………………………………………………………… 129
　第三节　青少年不同运动方式的灵敏素质健康效益分析 ………… 129
　　一、研究方法 …………………………………………………… 130
　　二、灵敏素质整体研究结果 …………………………………… 135
　　三、青少年反应灵敏的运动干预因素调节效应分析 ………… 137
　　四、青少年动作灵敏的运动干预因素调节效应分析 ………… 139
　　五、青少年移动灵敏的运动干预因素调节效应分析 ………… 141
　　六、敏感性分析 ………………………………………………… 143
　　七、发表偏倚性检验 …………………………………………… 143
　　八、小结 ………………………………………………………… 144
　第四节　青少年不同运动方式的动作协调能力健康效益分析 …… 144
　　一、研究方法 …………………………………………………… 145
　　二、动作协调能力整体研究结果 ……………………………… 149
　　三、运动干预对青少年动作协调能力发展效果影响的亚组分析 ……… 152
　　四、敏感性分析 ………………………………………………… 156
　　五、发表偏倚性检验 …………………………………………… 156
　　六、小结 ………………………………………………………… 157
　第五节　青少年不同运动方式的速度素质健康效益分析 ………… 158
　　一、研究方法 …………………………………………………… 159
　　二、速度素质研究结果 ………………………………………… 163
　　三、敏感性分析 ………………………………………………… 170
　　四、发表偏倚性检验 …………………………………………… 170
　　五、小结 ………………………………………………………… 170
　第六节　青少年不同运动方式的耐力素质健康效益分析 ………… 174
　　一、研究方法 …………………………………………………… 174

二、研究结果之一：文献研究结果 … 176
三、研究结果之二：无氧耐力的运动干预效果分析 … 181
四、研究结果之三：有氧耐力的运动干预效果分析 … 183
五、小结 … 191

第七节 青少年不同运动方式的平衡能力健康效益分析 … 192
一、研究方法 … 193
二、研究结果之一：文献研究结果 … 195
三、研究结果之二：特殊运动干预对青少年平衡能力发展的干预效果分析 … 198
四、青少年平衡能力发展的优化方案 … 201
五、小结 … 202

第八节 "特体"青少年不同运动方式的体质健康效益分析 … 202

第五章 我国青少年体育课程运动效益现状 … 205

一、我国青少年体育课程现状调查 … 205
二、体育课程健康效益调查结果 … 208
三、结果分析 … 209
四、建议 … 211

第六章 青少年体育课程健康运动模式构建 … 213

一、体育课程的概念 … 213
二、青少年体质健康现状 … 213
三、体育课程健康运动模式构建 … 214

参考文献 … 219

第一章 绪 论

第一节 研究背景

1. 国家对体育课程的新要求

2018年9月10日,习近平在全国教育大会上强调:"要树立健康第一的教育理念,开齐开足体育课,帮助学生在体育锻炼中享受乐趣、增强体质、健全人格、锤炼意志。"《中共中央 国务院关于深化教育改革全面推进素质教育的决定》中也提出:"学校教育要树立健康第一的指导思想,切实加强体育工作,使学生掌握基本的运动技能。"

2. 体育课运动量过小的难题

体育课程主要强调运动技术教学,结果是学生在课堂上"动"不起来、无运动负荷、"不出汗",体质健康水平也就难以提高。本研究通过探寻学生体育课程运动密度区域值,依据青少年体质发展特征、运动量耐受度以及不同运动素质发展量度要求,设定体育课体能练习的课、周、月、学期运动密度标准,提高运动强度,改变体育课不出汗、不对抗的情况;设定体能练习内容结构标准,补偿"体育技能课"单一结构,进而改变体育"纪律课""安全课""技术课"的表象。

3. 青少年身体素质存在下滑问题

2021年,教育部发布的第八次全国学生体质与健康调研结果显示,我国大中小学生的健康状况有所改善,但肥胖检出率、近视率和大学生身体素质下滑等问题亟待解决。尽管深化校园改革举措在一定程度上可以促进小学生体质改善，但高中、大学阶段的学生的身体素质并不令人乐观。本研究以促进青少年体质健康为目标，研究体育课程的逻辑结构，设定体育课运动量度标准，并进行信息化过程监督，以提升体育课质量，进而促进学生体质健康水平的提升。

第二节　研究目的和意义

一、研究目的

第一，构建青少年运动方式结构体系及健康效益分析指标体系。从理论层面对运动方式和体质健康构成因素、监测与评价指标以及关联度进行研究，构建运动方式结构体系、体质健康评价体系，探求不同运动方式与体质健康之间的关联度，为合理解构运动方式、全面评价青少年体质提供理论依据。

第二，监测我国青少年日常运动方式，评价其优势与不足，为科学制定日常运动标准提供依据。改变青少年体质健康测试的结果性评价方式，增加青少年体育运动的过程评价，以增强体育运动的健康效益，进而达到有效增强学生体质的目标。采用遥测心率仪、肌电仪等对不同地域青少年的运动方式进行监测，获取青少年体育课程的运动强度（负荷强度、负荷量）、肌肉运动模式（肌肉参与度及活动方式）。在运动效果验证方面，以健康体质理论分析模型为标准对学生体质健康进行检测、评价，以确定我国青少年日常运动方式的健康效益。

第三，依据我国青少年日常运动方式的实证分析，构建标准化的青少年健康运动模式。全面分析我国青少年日常运动方式，验证不同运动方式的健康效益，为建立标准化青少年健康运动模式提供参考和依据。

第四，构建"特体"青少年健康运动模式。研究不同体育项目的健康效益，以运动方式结构模型和体质健康标准为指导，合理设计不同体育项目的教学计划，通过不同运动方式的组合发挥项目优势健康效益，补足弱势健康效益，促进青少年体质全面健康发展。研究不同"特体"青少年的健康运动模式，如有肥胖、哮喘、心脏病、高血压等状况的青少年的有效运动方式。

二、研究意义

1. 理论意义

（1）解构体育运动方式，构建青少年运动方式结构体系。采用肌电仪分析体育运动动作的参与肌肉及运动方式，进而构建体育动作、体育项目肌肉运动结构体系，为日常体育运动动作分析提供理论支持。

（2）探讨运动方式与体质健康的对应逻辑关系，深化青少年运动方式及健康效益的研究。从生理学视角，通过实验和搜集国内外研究成果，全面研究不同运动方式下青少年运动的生理学监控指标变化（如肌电、血压、心率），以及运动引起的体质适应性变化（如肌肉系统、心血管系统和神经系统的适应性变化），从而进一步探讨运动方式对体质健康的促进作用，可为后续研究和实践应用提供科学依据。

（3）构建青少年健康运动标准模式，制定青少年体质健康促进的过程性监督与评价体系。实证不同运动方式的健康效益，筛选贡献度高的运动方式，并合理进行运动方式搭配，从而构建青少年健康运动标准模式（包括"特体"青少年运动康复模式），并据此设定青少年日常运动任务，加强青少年体质健康促进的过程性监督与评价。

2. 实际价值

（1）为青少年课内外体育运动方案设计和体育课程标准、教学计划、教案制定与编写提供参考和依据。青少年健康运动模式涉及身体运动素质、身体形态、人体生理结构与机能等方面，深入研究体育运动方式的构成，探索不同运动方式的健康效益，对于设定中小学生体育活动标准、优化体育课程结构、合理安排中小学课外体育活动具有重要意义。

（2）制定青少年日常运动监测体系，增强青少年体育运动过程监督，有助于解决青少年体质健康水平下降的难题。针对我国青少年体质健康水平普遍下降的问题，通过调查其日常运动方式，分析不同运动模式的参与肌肉及运动方式，并参照青少年健康运动标准模式进行研究，分析其优势与不足，结合青少年健康运动标准对青少年日常体育运动进行监督评价，促使青少年每天、每周、每月、每年根据需要完成标准的规定任务，从而全面提升其体质健康水平。

（3）制定"特体"青少年体育运动康复方案，促进"特体"青少年体质健康发展。研究不同"特体"青少年的健康运动模式，如患有肥胖、哮喘、心脏病、高血压等的青少年的有效运动方式，解决他们不运动、运动难的问题，进而使其康复。

第三节 核心概念界定

1. 体育运动方式

体育运动方式是指为了提高身体素质、调节精神状态、丰富生活而定期参加有规律的、各种形式的体育活动的行为方式[1]。通常，体育运动方式主要包括频率、量度、时长和类型四个要素。

2. 健康效益

健康效益是指通过专门性体育锻炼而获得健康水平提升的收益。其中，健康水平主要指体质健康方面。1983年，欧洲委员会明确提出，体质健康是指"个人从事日常工作而不感疲劳，有足够精力开展闲暇活动、应对突发情况的能力"。美国卫生与公众服务部、美国运动医学会将体质健康定义为体适能，包括健康相关体适能（身体成分、心肺耐力、肌肉耐力、肌肉力量、柔韧性）和运动技能相关体适能（速度、灵活性、爆发力、反应时、平衡性、协调性）。中国学者将健康相关体适能、运动技能相关体适能简称为健康体适能、竞技体适能，国内对体质健康内涵与外延的界定研究以此为依据展开。本研究将体质健康的概念界定为速度、灵敏、力量、平衡、协调、耐力。

3. 健康模式

健康模式是指通过特定结构性或非结构性体育运动方式促进体质健康水平提升。通过对运动频率、量度、时长和类型的特定组合而获得身体健康水平提升的最大效益，是本研究建立健康模式的目标。

第四节　国内外研究综述

一、国外学术研究

1. 运动方式促进体质健康研究

美国制定了《美国人体力活动指南中期报告：增加青少年体力活动的策略》和《2008 美国国民体力活动指南》（*2008 Physical Activity Guideline for Americans*），要求儿童和青少年每天应有至少 60 分钟的体力活动，其中包括每周至少要有 3 天的高强度有氧运动、3 天的肌肉力量训练、3 天的骨骼强化运动。

2. 运动与身体力量研究

Fritz, Rosengren, Dencker, et al. 指出，连续 7 年、每天 200 分钟的中等强度运动干预提高了女孩脊柱骨量和男女膝关节肌肉强度[①]。运动与骨硬度关系的研究方面，Herrmann, Buck, Sioen, et al. 指出，每天进行 10 分钟的中等强度有氧运动和剧烈有氧运动可使儿童的骨硬度增加[②]。运动与耐力研究方面，Allen, Hannon, Williams 指出，让儿童和青少年在体育运动热身期间进行中等强度到高强度的动态核心运动，以提高其躯干和核心肌肉的耐力是可行的[③]。

3. 体育项目与体质健康研究

Eler, Acar 研究发现，跳绳训练对力量、最大摄氧量（VO_2 max），特别是

---

① FRITZ J, ROSENGREN B E, DENCKER M, et al. A seven‐year physical activity intervention for children increased gains in bone mass and muscle strength [J]. Acta paediatrica, 2016, 105（6）: 1216 – 1224.

② HERRMANN D, BUCK C, SIOEN I, et al. Impact of physical activity, sedentary behaviour and muscle strength on bone stiffness in 2 – 10 – year – old children: cross – sectional results from the IDEFICS study [J]. International journal of behavioral nutrition and physical activity, 2015, 12（9）: 112.

③ ALLEN B A, HANNON J C, WILLIAMS S M. Effect of a core conditioning intervention on tests of trunk muscular endurance in school – aged children [J]. Journal of strength and conditioning research, 2014, 28（7）: 2063 – 2070.

速度有积极的影响①;跆拳道训练对有发育协调障碍的青少年在180度/秒时的等速膝关节肌肉力量和静态单腿站立平衡控制方面有所改善②;瑜伽练习能显著提高青少年的用力肺活量(FVC)、1秒用力呼气量(FEV1)、呼气峰值流速(PEFR)、FEV1/FVC比值,以及肺压[最大吸气压力(MIP)和最大呼气压力(MEP)],进而提高呼吸肌力。

4. "特体"青少年健康运动方式研究

Soto-sánchez, Pavez saldiviar, Bravo-gatica, et al. 研究指出,从星期一到星期五,每次45分钟、为期3个月的体育游戏,能够显著改变青少年营养状况,但肌肉力量未发生显著性改变③。Eid提出,参与等速运动训练计划能显著改善唐氏综合征儿童的肌肉力量和姿势平衡④。

二、国内研究动态

我国青少年体质健康研究进展分三个阶段:第一阶段,大众体质健康测试标准初定与试行阶段(1958—1985年);第二阶段,青少年体质健康测试标准修改与全面推行阶段(1985—2010年);第三阶段,青少年体质健康测试标准成熟与日常运动健康方式发展起步阶段(2010—2021年)。1975年,《国家体育锻炼标准》由国务院颁布;2013年,国家体育总局、教育部、全国总工会印发《国家体育锻炼标准施行办法》;2018年,《中国儿童青少年身体活动指南》颁布;2021年,由国家卫生健康委疾控局指导,中国疾病预防控制中心、国家体育总局体育科学研究所牵头组织编制《中国人群身体活动指南(2021)》。

---

① ELER N, ACAR H. The effects of the rope jump training program in physical education lessons on strength, speed and VO$_2$ max in children [J]. Universal journal of educational research, 2018, 6 (6): 340-345.

② FONG S, CHUNG J, CHOW L, et al. Differential effect of taekwondo training on knee muscle strength and reactive and static balance control in children with developmental coordination disorder: a randomized controlled trial [J]. Research in developmental disabilities, 2013, 34 (5): 1446-1455.

③ SOTO-SÁNCHEZ J P, PAVEZ SALDIVIAR N F, BRAVO-GATICA J I, et al. Pilot study about the effectivity of an intervention based on games in nutritional status and muscle strength on children [J]. Nutricion hospitalaria, 2014, 30 (7): 147-152.

④ EID M A, ALY S M, HUNEIF M A, et al. Effect of isokinetic training on muscle strength and postural balance in children with Down's syndrome [J]. International journal of rehabilitation research, 2017, 40 (2): 127-133.

所有这些表明，国家日趋注重对青少年健康运动方式和健身过程的指导。

1. 青少年健康的运动促进方式研究

国内学者对于青少年健康的运动促进方式的研究主要有：第一，青少年综合健康水平的运动促进方式研究，如武海潭、黄沙海、谢晨的《青少年儿童参与不同运动负荷组合方式的指导建议：基于"体力活动—健康效益"的关系审视》；第二，青少年体质健康的单个指标运动促进方式研究，如武海潭、季浏的《体育课不同运动负荷对初中生肌肉适能和心肺功能的影响》；第三，体育项目与体质健康关系的研究，如张葆欣、周里、黄海等的《10周"健身关节操"运动方案对初中学生柔韧素质、平衡能力影响的研究》。

2. "特体"青少年运动促进方式研究

在"特体"青少年运动促进方式研究方面，国内学者的研究主要集中在：超重青少年的运动健身方式研究，如齐玉刚、黄津虹、谭思洁比较了高强度间歇训练（HIIT）和持续性有氧运动的减肥效果；徐建方、张漓、冯连世等指出了不同运动方式对肥胖青少年身体慢性炎症的影响。

3. 青少年日常运动方式实证研究

在实证研究方面，国内学者主要从体育项目、运动时间等方面对区域性青少年进行调查研究，如王铁君的《长春市青少年参加体育活动的现状调查与研究》、畅宏民的《我国青少年体育活动现状与对策研究》。

三、研究趋势

综上所述，国内外学者对青少年体质健康的研究已经从体质健康测试指标研究阶段逐步走向日常健康运动模式的研究阶段，因此研究青少年健康运动模式是国内外学者现在和将来的重点。然而，虽然国内外学者的研究均涉及青少年日常运动方式、效益评估和健康运动模式，但是仍存在一定的不足。

第一，研究内容不完善。首先，对于运动方式的界定不全面。国内外学者在研究过程中对于运动方式的阐述不够全面，多数研究仅从运动强度、运动时间、运动频率等方面进行描述，缺少对动作结构方面的界定。其次，国内外学者对于体质健康相关指标的运动促进方式研究不够完善，当前，对于力量、耐力、速度等指标的研究较多，而对于柔韧、灵敏等指标的运动促进研究较少。

第二，研究深度不够。研究多以现象描述和经验判断为主，缺少对青少年健康的运动促进效果的实验研究。特别需要指出的是，国内学者对于青少年运动促进方式的研究主要集中在文献资料、问卷调查、专家访谈等，这在一定程度上导致研究结论存在一定的主观性因素。

第三，国外学者对于青少年运动的计量统计和效果评价等实证研究较少。

本研究从两方面进行思考和突破：其一，构建青少年运动方式结构及健身效益理论分析框架，全面界定运动方式及构成因素；构建体质健康指标体系，验证不同运动方式的健身效益。其二，我国青少年日常运动方式及健康效益实证研究。调查我国青少年日常运动方式，验证不同运动方式的健康效益，并完善健康体质的结构体系。

第五节　研究方法和研究设计

一、研究方法

1. 实验法和统计分析法

实验法和统计分析法主要用于验证不同运动方式对体质健康的干预效果，由此选取健身效益最好的运动方式，构建青少年健康运动模式。

2. 调查法和个案研究法

调查法和个案研究法主要用于实证研究青少年日常运动方式及健身效果。

3. 文献资料法

通过在中国学术期刊全文数据库（CNKI）、人大复印报刊资料、EBSCO运动科学数据库、ProQuest外库、超星图书馆网络资源、学校图书馆等资源载体进行资料搜集，进行课题的理论研究，解析运动方式的构成因素，建立运动方式结构模型，发现运动方式与体质健康之间的逻辑关系，从而构建青少年运动方式结构及健康效益理论分析框架。

二、研究设计

本研究按照"问题提出→理论分析→实证分析→模式构建"的思路进行，总体框架与逻辑脉络如图1-1所示。

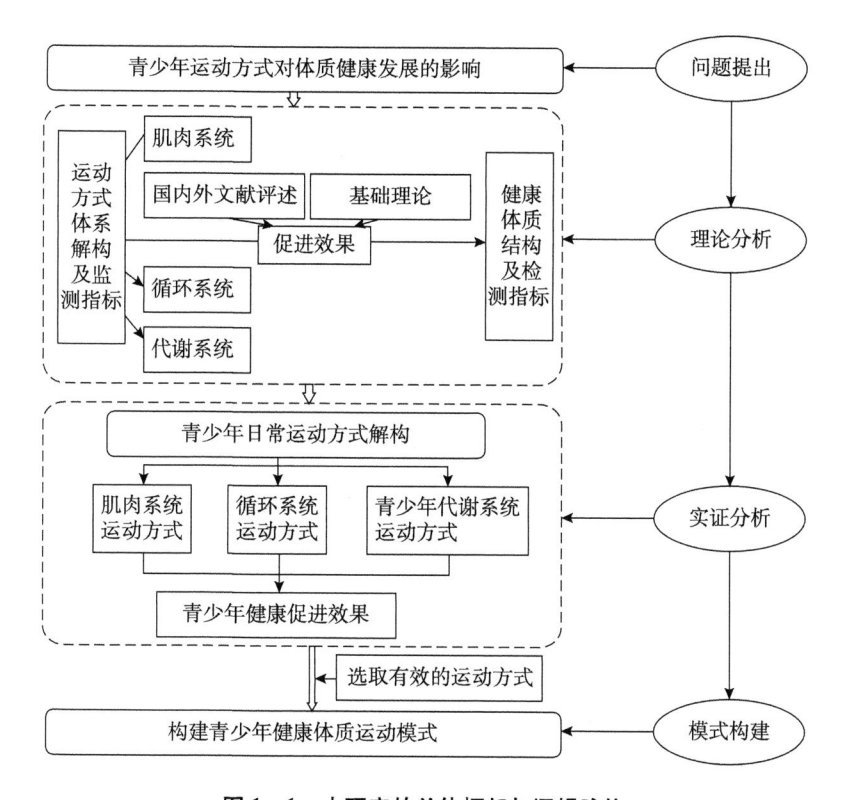

图1-1 本研究的总体框架与逻辑脉络

第一，在什么是健康体质层面，本研究主要辨析健康体质、运动方式的构成因素以及两者之间的逻辑关系。内容主要包括：从生理学角度探讨青少年健康体质的构成因素；身体素质的三阶结构体系；不同身体素质的测试指标；不同运动方式对身体素质的干预效益。

第二，在我国青少年的活动方式现状层面，主要研究我国青少年日常运动方式过程监测和青少年日常运动方式的长期效果评价两方面。在过程监测方面，采用肌电图监测青少年的肌肉系统运动方式（肌肉参与度、肌肉活动方式）；采用心率遥测仪测试青少年的运动量。在效果评价方面，采用体质健康测试指标进行测试，评估不同运动方式的健康效益。

第三，在如何促进青少年体质方面，采用实验法和文献资料法，筛选有效的运动方式构建健康运动模式，设定青少年日常体育活动标准，促进中小学生体质健康发展。

第二章 青少年运动方式对体质健康发展的影响

第一节 我国青少年体质健康状况分析

一、我国青少年体质健康现状

我国儿童青少年的体质健康水平呈现令人担忧的下降趋势[2]。据预测，到2030年，儿童超重和肥胖的患病率将攀升至28%，即约4950万名儿童将受此影响[3]，如果不加以控制，这一趋势将对我国未来的公共卫生和社会经济造成巨大压力。因此，及时采取措施，提升我国1.7亿多名儿童青少年的整体健康水平已刻不容缓。

我国针对青少年体质健康问题进行了大量调研，但结果始终不容乐观。2016年的《中国儿童青少年营养与健康报告》明确指出，自1985年以来，学生的速度、力量、耐力等身体素质呈下降趋势，肥胖率持续增长；2005年以来，学生近视率持续增长[4]。《中日儿童青少年体质健康比较研究结果公报》中通过对比中日青少年儿童体质健康的差距，分析指出在2014年至2016年，日本青少年儿童在耐力、灵敏、柔韧和体成分指标方面明显优于中国青少年儿童。2019年，张晓华、詹前秒[5]提到，我国初中生的身体形态指标呈现改善的趋势，但身体素质指标，包括速度、力量、耐力等呈现下降趋势，学生近视率明显增加，中小学阶段学生的身体素质堪忧。

（一）青少年视力下降问题较为严重

近年来，我国儿童青少年近视问题越发严重，近视率居高不下，甚至不断攀升，且呈现低龄化、重度化、发展快、程度深的趋势。中国在校儿童的视力不良率从1985年的23.7%上升到1995年的35.1%，2014年达到55.0%。2018年，我国学生总体近视率为53.6%，其中初中生为71.6%，高中生为81.0%。2019年，全国青少年学生总体近视率为50.2%，较2018年有所下降，但2020年，青少年总体近视率为52.7%，较2019年又上升了2.5个百分点。

（二）青少年超重肥胖率上升

中国7~18岁儿童青少年的发育迟缓率从1985年的16.4%逐渐下降到2014年的2.3%，超重患病率从1985年的1.1%持续上升至2014年的20.4%，儿童青少年的营养状况问题由营养不良转为营养过剩，尤其在城市和男生群体中较为突出[6]。此外，meta分析表明，中国儿童青少年的肥胖率由1991—1995年的1.7%上升至2011—2015年的6.8%[7]。研究表明，中国儿童青少年的身体质量指数（BMI）分布和生长模式与世界卫生组织（WHO）和美国疾病控制与预防中心发布的参考值有显著差异。中国7~12岁男生中位数以上百分位值较高，中位数以下百分位值较低，表明他们在两个方向上的极端BMI值比例都较大。中国女生和15~18岁中国男生BMI明显低于国际参照人群中的同龄人，并且面临着日益严重的肥胖和营养不良问题[8]。据《中国居民营养与慢性病状况报告（2020年）》可知，我国6~17岁儿童青少年超重肥胖率达到19%，较2015年（16%）增长3个百分点[9]。2005—2018年，上海市中小学生肥胖率逐年上升，从11.35%上升到18.27%。2016—2018年，我国不到1/3的儿童青少年的体质达到优良，而超重肥胖检出率超过1/5[10]。

（三）青少年身体素质有待提高

身体素质一般包括力量、速度、耐力、灵敏性、柔韧性等。2019年，全国6~22岁学生的体质健康达标优良率为23.8%，优良率较高的地区为东部经济发达地区和沿海地区。中小学生柔韧性、力量、速度和耐力等身体素质总体出现好转但仍处于较低水平，学生体质健康达标优良率逐渐上升。13~22岁年龄段学生的体质健康达标优良率从 2014 年的 14.8% 上升到 2019 年的 17.7%，其中初中生上升最为明显，但握力水平有所下降。体质健康状况不良造成的后果可能随年龄增长才会出现，故青少年时期是提升体质健康水平的关键阶段。

柯友枝等[11]将我国儿童青少年心肺耐力的变化趋势分为三个时期：小幅上升期（1985—1989 年）、快速下降期（1989—2009 年）和止跌回升期（2009—2014 年）。肌肉力量的变化趋势大多集中体现于仰卧起坐、立定跳远和握力等指标方面。有一项研究综述基于 30 个国家的 993.9 万名 9~17 岁儿童青少年数据，分析了 1964 年至 2017 年期间儿童青少年仰卧起坐成绩的变化趋势。总体上，儿童青少年的仰卧起坐成绩提升了 38.4%，平均每 10 年提升 7.1%；但变化趋势呈曲线形，其增长速度从 1960—1970 年的 16.4% 和 1980 年的 11.1% 降低至 1990 年的 4.3%，2000 年之后为负增长（-0.4%），2010 年之后加速下降（-4.1%）[12]。一项基于 34 项研究的综述表明，1960—2017 年，儿童青少年的立定跳远成绩趋于稳定，每 10 年的增幅为 0.99%，20 世纪 60 年代到 80 年代稳定增长，90 年代增速放缓，2000 年以后开始下降[13]。1967—2017 年，总体上儿童青少年的握力提升 19.4%，其中儿童握力增长 24.4%，青少年握力增长 13.7%，增长率也逐渐增加，2000 年以来，每 10 年增长率达 3.8%，接近 20 世纪六七十年代增长率的两倍[14]。还有一项研究系统地分析了 1972—2015 年全球范围内 6~18 岁儿童青少年体能的长期变化趋势，发现立定跳远和纵向跳跃的变化趋势呈现倒"U"形曲线，其他肌肉力量指标的测试成绩有小幅增加，速度素质也有中小幅度的增加[15]。

二、影响我国青少年体质健康的因素分析

（一）科学运动促进青少年体质健康

调查显示，健康的生活方式可以正向推动青少年的体质健康。其中，运动是增强体质的重要方式，身体活动不足对健康造成的负面影响已被大量的理论研究和实践所证实，缺乏身体活动已经成为人类死亡的四大风险因素之一[16]，并与儿童青少年的心血管患病风险和肥胖等健康问题密切相关[17-19]。

1. 锻炼时间和频次对体质健康的影响

李新等[20]的研究表明,体育活动对促进儿童青少年的心肺耐力具有积极影响,但两者之间的关系并非简单的线性关系,在原有生活方式的基础上增加每周5次、每次30~60分钟的中高强度身体活动(MVPA),并且持续12周以上,将对儿童青少年的心肺耐力起到积极影响。李娟等[21]的研究表明,经过6周的运动干预后,有氧运动结合抗阻训练干预可以有效降低肥胖儿童青少年体重和体脂百分比。

2. 锻炼强度对体质健康的影响

中高强度和低强度的身体活动与小学生的整体体质健康有密切关系,中高强度的身体活动与中学生整体体质健康的相关程度较小学生更高[22]。研究表明,MVPA能够有效促进儿童青少年的心肺耐力水平和柔韧性、灵敏性、协调性,而低强度的身体活动对健康的益处表现得不够清晰[23]。另外,针对8~10岁美国儿童青少年身体活动与肥胖风险关系的研究显示,低强度的身体活动与肥胖的关联度小于MVPA与肥胖的关联度[24]。加拿大在2016年率先发布了《加拿大儿童青少年24小时活动指南:融合身体活动、久坐行为和睡眠》,该指南推荐儿童青少年每日进行中高强度身体活动的时间应不少于60分钟[25]。然而,在我国仅有不到1/3的青少年符合这一建议准则[26]。中高强度的身体活动对体质健康产生诸多益处,也是促进儿童青少年体质健康发展的有效强度阈值。

(二)体育中考难以推动学生体质健康发展

体育中考体质健康测试难以担当体育健康的使命。首先,体育纳入中考后,在竞争取向驱动下,体质健康测试实际所发展、考核的内容可能超出健康范畴,体质健康测试可能难以对健康产生正向作用,并存在引入导向的失准。体育中考体质健康测试的评价方式具有一定的区分性与竞争性,且测试内容可能存在强调竞技体适能指标、弱化健康体适能指标的情况。其次,以体质健康测试主导体育中考可能造成对体质健康本质认识的失真。体质健康不仅仅受体育锻炼的影响,因此不宜将体质健康水平等同于体育学、练的成果;体质健康水平也并非社会的主流教育价值需求,不应以此为依据划定普通学生的受教育等级。最后，体育中考过度凸显体质健康的评价功能易导致体育多元价值的失去，乃至造成学校开展的体育课趋向体能训练[27]。

（三）久坐行为严重影响青少年体质健康

儿童青少年的体质健康水平差，且久坐时间过长，若不及时解决，可能无法实现中国到2030年60%青少年达到"优秀"体质健康水平的目标[28]。有研究表明，儿童青少年的久坐少动行为会影响体质健康[29,30]，且久坐少动行为对儿童青少年体质健康的负面影响独立于中高强度身体活动[31]。中高强度身体活动增加10分钟，代谢综合征风险降低12%；久坐时间增加1小时，代谢综合征风险增加28%；在调整久坐时间后，MVPA与代谢综合征之间的相关性仍然显著（$OR=0.91$）[32]。静态生活方式持续时间过多会挤占体育活动时间，也是导致肥胖、心血管等疾病的一个高危因素。蔡玉军等通过调查发现，我国36.8%的儿童每日看电子屏幕的时间超过2小时，且儿童青少年肥胖率、近视率等呈持续上升趋势。张杰等研究发现，一半以上的中小学生在上学日、休息日日均久坐时间大于4小时，并且高中学生久坐时间显著高于初中学生。2018年全球儿童青少年身体活动报告卡显示，中国不满足久坐行为推荐量的儿童青少年高达80%。无论以何种标准衡量，这些数据都令人触目惊心。由于信息技术的高速发展，环境、饮食行为的改变，身体活动不足、久坐等不健康生活方式越来越普遍，长时间的屏幕前久坐、不健康的饮食和生活习惯造就了现代一批批"小胖墩儿"和"小眼镜儿"的出现。

三、提高我国青少年体质健康水平的举措

（一）营造良好的体育锻炼氛围

改善青少年体质健康现状需要家庭、学校、社会和青少年自身的共同努力。首先，父母应树立健康生活的典范，与孩子共同参与体育活动，比如晨跑、家庭健身挑战等，以此培养孩子的运动习惯。同时，家长需引导孩子合理分配时间，避免过度使用电子产品，鼓励他们在户外探索与活动。其次，学校应不断创新体育教学模式，引入更多新颖、有趣的运动项目，以吸引学生的注意力。同时，通过组织各类体育竞赛和活动，如校园马拉松、趣味运动会等，

营造浓厚的体育氛围，激发学生的参与热情。最后，政府应加大对公共体育设施的投入力度，建设更多适合青少年锻炼的场地和设施，并实行优惠政策，降低青少年参与体育锻炼的成本。同时，媒体和网络平台应积极传播健康生活的理念，宣传体育锻炼的益处，为青少年树立正面的运动榜样。

最重要的是，青少年自身应认识到体质健康的重要性，将体育锻炼视为成长过程中的重要部分。主动调整作息，减少不必要的电子娱乐时间，积极投身于体育锻炼，享受运动带来的快乐与成就感。

（二）激发学生增强体质健康的内在动机

为有效推动学生体育健康促进进程，学校的体质健康测试应实现"反馈—激励"要旨的复归，并与"双减"理念保持协同一致；同时，应从根本上避免对"健康第一"思想的误读。体质健康测试的推行更应遵从体质健康的个体差异性规律，允许学生在适合自身条件的提高范畴内进行锻炼，不以统一参数要求每个学生，而应强调个人基准，引导学生注重纵向自我比较，即各阶段体质健康水平比上阶段更好即可，且这种进步以不超出个人能力极限为前提。这种通过"任务定向"激发学生参与体育锻炼的方式可使学生更易获得成就感，弱化过度的竞争与得失心理，有助于其内在动机的维持，甚至增强。

（三）科学指导青少年锻炼

世界卫生组织于2020年更新了身体活动指南，再次强调身体活动对健康的重要意义，建议5~17岁的儿童青少年每天应进行至少60分钟中等强度到高强度的身体活动，其中包含每周至少3天的有利于增强肌肉和骨骼的身体活动，以促进其体质和心理健康发展，并倡议各国制定本国的身体活动指南，以提升国民健康水平[33]。

第二节　国家发展青少年体质健康的政策背景

少年强则国家强，提升青少年体质健康水平对推进健康中国战略、实现中华民族伟大复兴梦至关重要。儿童青少年体质健康是全球关注热点，我国也多次强调其重要性。从《全民健身计划纲要》到《"健康中国2030"规划纲要》，我国不断出台政策以推动青少年体育健身活动，旨在提升青少年体质健康水平。特别是《健康儿童行动提升计划（2021—2025年）》和"实施中小学健康促进行动"的提出，使发展儿童青少年体质健康成为国家战略。

目前，学生的体质与健康水平由多年来的连续下跌状态得到扭转，但身体素质低下的局面并未得到改变，与《"健康中国2030"规划纲要》要求2030年我国学生体质健康标准达标优秀率要达到25%以上[34]，《中长期青年发展规划（2016—2025年）》中提出的到2025年青年体质达标率不低于90%的要求，仍然有一定的差距，学生身体素质差、运动能力低下的情况未能得到扭转[35]。2021年，国家体育总局在《"十四五"体育发展规划》[36]中仍把"加强体教融合，促进青少年体育健康发展"列为阶段性的主要目标。

《决胜全面建成小康社会夺取新时代中国特色社会主义伟大胜利——在中国共产党第十九次全国代表大会上的报告》[37]就全面开展全民健身活动、大力推进体育强国建设等进行了详细描述，提出学校体育是体育事业重要一环，增强学生身体素质，促进学生身心健康，对体育强国战略具有重要意义。

2021年6月，教育部发布了《〈体育与健康〉教学改革指导纲要（试行）》，明确提到：（1）在中小学阶段，健康知识与基本运动技能是必修必学内容，要在体育教学过程中广泛开展。基本运动技能是指学生的基本动作发展内容，包括跳跃、奔跑、悬吊、投掷、行走、支撑等。（2）评价和考核方面，应当重视基本运动技能和专项运动技能等运动能力的评价。从体质健康角度，评价和考核应当与《国家学生体质健康标准（2014年修订版）》测试紧密结合[38]。季浏等制定了"中国儿童青少年体质健康新评价标准"，其中采用20米折返跑衡量心肺耐力。该方式在国际上普遍使用，信效度好，成本低，场地要求不高，适合批量测试及健康监测。

《国务院关于实施健康中国行动的意见》中，设定了2022年和2030年学生体质健康标准达标优良率50%的目标。《体育强国建设纲要》中，强调学校体育教育的重要性。2022年，教育部和国家体育总局联合发布了《关于深化体教融合 促进青少年健康发展的意见》，强调学校、家庭和社会共同参与。国家还将加大投入，推广科学健康的饮食和休息方式，改善青少年体质健康。此外，还发布了多项政策文件，如《中共中央 国务院关于加强青少年体育增强青少年体质的意见》，均将青少年作为重点目标人群，推动青少年体育发展。

教育部还印发了《学校体育运动风险防控暂行办法》，要求学校建立防控机制，预防体育运动伤害事故的发生。

国家政策和文件多次强调健康、运动能力、体能和基本运动技能等素质的重要性，这些都与身体素质高度相关，不难看出，国家对学生身体素质非常重视。

第三章 青少年运动方式结构及健身效益理论分析框架

第一节 青少年力量素质的健康效益解构及评价体系构建

一、力量素质概述

（一）力量素质的概念及重要性

力量素质是人体运动的基本素质，也是衡量青少年身体训练效果的重要指标，它决定运动成绩并影响运动水平。良好的力量素质是青少年形成健康体质不可或缺的素质之一，它有助于掌握运动技能，预防运动损伤，为青少年成长和未来发展奠定良好的基础。

（二）力量素质的构成

力量素质是人们进行各种身体活动的基础，它由最大力量、快速力量以及力量耐力等多种能力组成。最大力量是指肌肉通过最大随意收缩克服阻力时所表现出来的最高力值；快速力量也叫速度力量，是指肌肉快速发挥力量的能力，是力量与速度的有机结合；力量耐力是肌肉长时间克服阻力的能力，是指肌肉在克服一定的外部阻力时，能坚持尽可能久的时间或者重复尽可能多的次数的能力。力量还可以分为绝对力量和相对力量。其中，绝对力量是不考虑人的体重因素，由人体或人体某一部位用最大力量克服阻力的能力；相对力量则反映运动员绝对力量与体重的关系，它是由每千克体重所表现出来的力量。

（三）力量素质的解构

对力量素质进行解构，能够更合理地确定训练方法以及选取评价测试指标，也为不同运动项目成绩的提高和不同群体的体质健康评价提供依据。根据肢体部位，力量素质分为上肢力量、下肢力量、核心力量以及全身力量，并在此基础上根据关节在不同运动轴上的运动进一步进行解构。力量素质如图3-1所示。

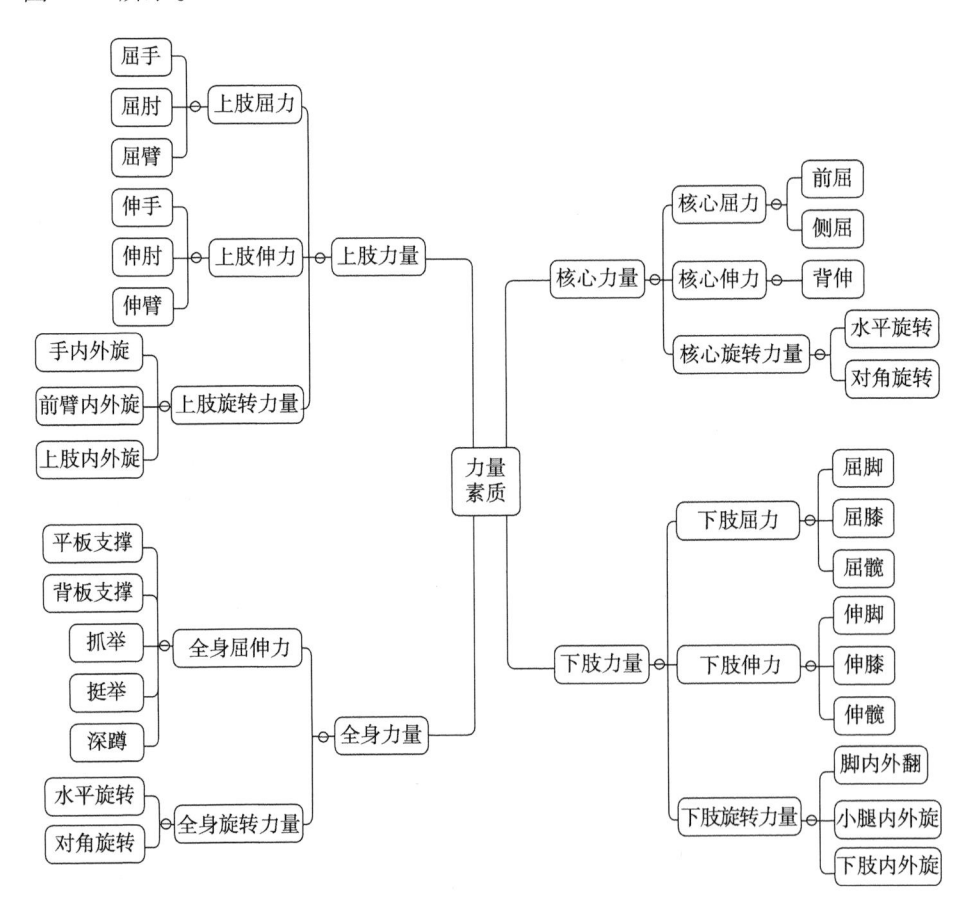

图3-1 力量素质

二、力量素质的评价体系构建

（一）力量素质的评定指标及动作模式

以运动动作的结构为标准，构建青少年力量素质的评定指标及动作模式。其中，评定指标涵盖上肢力量、核心力量、下肢力量、全身力量4项一级指标，以及10项二级指标、26项三级指标；动作模式包括58项。按照4项一级指标，将二级指标、三级指标及相应动作模式等分别列出，见表3-1～表3-4。

表 3-1　青少年上肢力量的评定指标及动作模式

二级指标	三级指标	动作模式	测试肌群
B1 屈伸力量	C1 指关节屈伸	D1 握力	手指屈肌群
	C2 腕关节屈伸	D2 腕弯举（正式）	桡侧腕屈肌、尺侧腕屈肌、小指屈肌、指长肌、掌长肌、屈拇肌
		D3 腕弯举（反式）	桡侧腕长伸肌、尺侧腕伸肌、指伸肌、拇短伸肌、拇长伸肌
	C3 单臂肘关节屈伸	D4 单臂哑铃弯举	肱二头肌、手指屈肌群
		D5 肱三头肌绳索反握下拉	肱三头肌、三角肌、前臂肌
		D6 哑铃单臂划船	背阔肌、菱形肌、肱二头肌
	C4 双臂肘关节屈伸	D7 哑铃仰卧推举	肱三头肌、胸大肌、三角肌前束
		D8 哑铃锤式弯举	肱二头肌、肱桡肌
		D9 绳索肱三头肌伸展	肱三头肌
		D10 站姿肱二头肌弯举（双臂）	肱二头肌、手指屈肌群
		D11 双杠臂屈伸	肱三头肌、胸部、三角肌前束
	C5 肘肩关节屈伸	D12 凳上反屈伸	肱三头肌、胸部、三角肌前束
		D13 仰卧肱三头肌臂屈伸	肱三头肌
		D14 肱三头肌颈后臂屈伸	肱三头肌
		D15 哑铃前平举	三角肌前束、斜方肌
		D16 哑铃直立划船	三角肌中束、上斜方肌
		D17 绳索直臂上拉	背阔肌、大圆肌、三角肌后束、斜方肌、前锯肌、肱三头肌

续表

二级指标	三级指标	动作模式	测试肌群
B2 内外旋力量	C6 前臂内外旋	D18 手持哑铃前臂内外旋	旋前圆肌、旋后肌、肱二头肌、肱桡肌
	C7 上肢内外旋	D19 手持哑铃大臂内外旋	肩袖肌群、三角肌
B3 外展内收力量	C8 双侧手臂外展内收	D20 稻草人拉力	三角肌后束、斜方肌
		D21 哑铃侧平举	三角肌中束、斜方肌
		D22 俯身飞鸟	三角肌后束、斜方肌
		D23 器械胸部飞鸟	胸大肌、三角肌前束
		D24 哑铃仰卧飞鸟	胸大肌、三角肌前束
	C9 单侧手臂外展内收	D25 绳索侧平举	三角肌前束、三角肌中束

表 3-2 青少年核心力量的评定指标及动作模式

二级指标	三级指标	动作模式	测试肌群
B4 核心屈伸力量	C10 静态屈伸	D26 平板支撑	腹直肌、腹内斜肌、腹外斜肌
		D27 仰卧两头起静力练习（空心体）	腹直肌、竖脊肌、腹内直肌、腹外直肌、臀肌
		D28 超人练习	竖脊肌、腹内斜肌、腹外斜肌、大菱形肌、小菱形肌、臀大肌
		D29 侧平板侧屈	腹直肌、腹外斜肌
	C11 动态屈伸	D30 屈膝仰卧起坐	腹直肌
		D31 侧向弯腰	腹外斜肌
		D32 侧向阻力弹力带前推	腹直肌、竖脊肌、腹内直肌、腹外直肌、大菱形肌、小菱形肌
		D33 绳索卷腹	腹直肌
		D34 背屈伸	下腰肌、臀肌、腘绳肌
B5 核心旋转力量	C12 水平旋转	D35 交替卷腹	腹直肌、腹内斜肌、腹外斜肌
	C13 对角旋转	D36 扭转卷腹	腹直肌、腹内斜肌、腹外斜肌

表3-3 青少年下肢力量的评定指标及动作模式

二级指标	三级指标	动作模式	测试肌群
B6 屈伸力量	C14 脚屈伸	D37 提踵	腓肠肌、比目鱼肌
		D38 足背屈	胫骨前肌
	C15 膝屈伸	D39 坐姿腿弯举	腘绳肌
		D40 俯卧腿弯举	腘绳肌
		D41 腿屈伸	股四头肌、腘绳肌
	C16 髋膝屈伸	D42 罗马尼亚硬拉	臀肌、腘绳肌
		D43 蹬腿练习	臀肌、股四头肌、腘绳肌
	C17 髋屈伸	D44 后脚悬吊抬高分腿蹲	臀肌、股四头肌、腘绳肌
		D45 绳索臀屈肌上举	臀肌、股四头肌、腘绳肌
		D46 低位绳索后踢	臀肌、股四头肌、腘绳肌
B7 旋转力量	C18 踝关节旋转力量	D47 脚踝内转外翻	胫骨前肌、胫骨后肌、腓骨长肌、腓骨短肌
	C19 膝关节旋转	D48 小腿内外旋	小腿内旋肌群、小腿外旋肌群
	C20 髋关节旋转	D49 直腿内外旋	内旋肌群、外旋肌群
B8 外展内收力量	C21 站姿外展内收	D50 绳索侧向上举	内收肌、外展肌和臀屈肌
		D51 绳索内收肌上举	大腿内侧的内收肌
	C22 坐姿外展内收	D52 坐姿髋内收外展	内收肌群、髋外展肌

表3-4 青少年全身力量的评定指标及动作模式

二级指标	三级指标	动作模式	测试肌群
B9 全身屈伸力量	C23 由下往上运动	D53 高翻	臀肌、腘绳肌、股四头肌、腓肠肌、比目鱼肌、三角肌、斜方肌
		D54 高拉	臀肌、腘绳肌、股四头肌、腓肠肌、比目鱼肌、三角肌、斜方肌
		D55 挺举	臀肌、腘绳肌、股四头肌、腓肠肌、比目鱼肌、三角肌
	C24 由上往下运动	D56 药球下砸	臀肌、腘绳肌、股四头肌、腓肠肌、比目鱼肌、三角肌、肱三头肌、腹直肌

续表

二级指标	三级指标	动作模式	测试肌群
B10 全身旋转力量	C25 水平旋转	D57 直臂转体	腹内斜肌、腹外斜肌、腹直肌、背阔肌、竖脊肌等
	C26 对角旋转	D58 斧劈	背部肌群、肩部和臂部肌群、腹部和核心肌群、臀部和下肢肌群等

（二）力量素质评定动作示范

青少年力量素质评定动作示范见表 3-5。

表 3-5　青少年力量素质评定动作示范

动作模式	动作示范	动作模式	动作示范
D1 握力		D3 腕弯举（反式）	
D2 腕弯举（正式）		D4 单臂哑铃弯举	

续表

动作模式	动作示范	动作模式	动作示范
D5 肱三头肌绳索反握下拉		D9 绳索肱三头肌伸展	
D6 哑铃单臂划船		D10 站姿肱二头肌弯举（双臂）	
D7 哑铃仰卧推举		D11 双杠臂屈伸	
D8 哑铃锤式弯举		D12 凳上反屈伸	

续表

动作模式	动作示范	动作模式	动作示范
D13 仰卧肱三头肌臂屈伸		D17 绳索直臂上拉	
D14 肱三头肌颈后臂屈伸		D18 手持哑铃前臂内外旋转	
D15 哑铃前平举		D19 手持哑铃上肢内外旋转	
D16 哑铃直立划船		D20 稻草人拉力	

续表

动作模式	动作示范	动作模式	动作示范
D21 哑铃侧平举		D25 绳索侧平举	
D22 俯身飞鸟		D26 平板支撑	
D23 器械胸部飞鸟		D27 仰卧两头起静力练习（空心体）	
D24 哑铃仰卧飞鸟		D28 超人练习	

续表

动作模式	动作示范	动作模式	动作示范
D29 侧平板侧屈		D33 绳索卷腹	
D30 屈膝仰卧起坐		D34 背屈伸	
D31 侧向弯腰		D35 交替卷腹	
D32 侧向阻力弹力带前推		D36 扭转卷腹	

续表

动作模式	动作示范	动作模式	动作示范
D37 提踵		D41 腿屈伸	
D38 足背屈		D42 罗马尼亚硬拉	
D39 坐姿腿弯举		D43 蹬腿练习	
D40 俯卧腿弯举		D44 后脚悬吊抬高分腿蹲	

续表

动作模式	动作示范	动作模式	动作示范
D45 绳索臀屈肌上举		D49 绳索直腿内外旋	
D46 低位绳索后踢		D50 绳索侧向上举	
D47 脚踝内转外翻		D51 绳索内收肌上举	
D48 小腿内外旋		D52 坐姿髋内收外展	

续表

动作模式	动作示范	动作模式	动作示范
D53 高翻		D56 药球下砸	
D54 高拉		D57 直臂转体	
D55 挺举		D58 斧劈	

(三) 不同水平阶段的力量素质评价结构体系

新课标中课程目标分为五个水平,其中水平一为1~2年级,水平二为3~4年级,水平三为5~6年级,水平四为7~9年级,水平五为高中阶段10~12年级。根据不同水平阶段青少年的发展特点,构建力量素质评价结构体系,见表3-6~表3-9。

表3-6 不同水平阶段的青少年上肢力量评价结构体系

二级指标	三级指标	水平一	水平二	水平三	水平四	水平五
B1 屈伸力量	C1 指关节屈伸	D1	D1	D1	D1	D1
	C2 腕关节屈伸	D2	D2	D3	D3	D3
	C3 单臂肘关节屈伸	D4	D4	D5	D5	D6
	C4 双臂肘关节屈伸	D8	D8	D9	D10	D7/D11
	C5 肘肩关节屈伸	D15	D12	D16	D14	D13/D17
B2 旋转力量	C6 前臂内外旋	D18	D18	D18	D18	D18
	C7 上肢内外旋	D19	D19	D19	D19	D19
B3 外展内收力量	C8 双侧手臂外展内收	D21	D21	D22	D20	D23/D24
	C9 单侧手臂外展内收	D25	D25	D25	D25	D25

表3-7 不同水平阶段的青少年核心力量评价结构体系

二级指标	三级指标	水平一	水平二	水平三	水平四	水平五
B4 核心屈伸力量	C10 静态屈伸	D26	D28	D28	D27	D29
	C11 动态屈伸	D31	D30	D32	D33	D34
B5 核心旋转力量	C12 水平旋转	D35	D35	D35	D35	D35
	C13 对角旋转	D36	D36	D36	D36	D36

表3-8 不同水平阶段的青少年下肢力量评价结构体系

二级指标	三级指标	水平一	水平二	水平三	水平四	水平五
B6 屈伸力量	C14 脚屈伸	D37	D37	D37	D38	D38
	C15 膝屈伸	D41	D41	D39	D39	D40
	C16 髋膝屈伸	D43	D43	D43	D42	D42
	C17 髋屈伸	D46	D46	D45	D45	D44
B7 旋转力量	C18 踝关节旋转	D47	D47	D47	D47	D47
	C19 膝关节旋转	D48	D48	D48	D48	D48
	C20 髋关节旋转	D49	D49	D49	D49	D49
B8 外展内收力量	C21 站姿外展内收	D51	D51	D50	D50	D50
	C22 坐姿外展内收	D52	D52	D52	D52	D52

表 3-9　不同水平阶段的青少年全身力量评价结构体系

二级指标	三级指标	水平一	水平二	水平三	水平四	水平五
B9 全身屈伸力量	C23 由下往上运动	D54	D54	D53	D53	D55
	C24 由上往下运动	D56	D56	D56	D56	D56
B10 全身旋转力量	C25 水平旋转	D57	D57	D57	D57	D57
	C26 对角旋转	D58	D58	D58	D58	D58

三、力量素质的发展机制及训练方法

（一）力量素质的发展规律及特点

力量素质是人的机体或机体某一部分肌肉工作（收缩和舒张）时克服内外阻力的能力。随着儿童青少年年龄的增长，肌肉体积增大，肌纤维的直径增粗，肌肉中的糖原、红蛋白增加，各个肌群之间的关系逐渐完善，这些都为儿童青少年力量素质的发展创造了条件。

由于不同年龄阶段的儿童青少年的生理学特点不同，所以其最大力量、快速力量和力量耐力的提高具有年龄差异。8 岁以后，男孩和女孩的力量开始具有差别，男孩绝对力量自然增长的敏感期为 11～13 岁，而后，绝对力量增长速度减慢，到 25 岁左右达到最大。女孩在 10～13 岁时绝对力量增长速度很快，三年中总的绝对力量可提高 46%；13～15 岁时绝对力量增长速度下降，15～16 岁时回升，16 岁以后再度下降，到 20 岁左右基本上能够达到最大力量。在少儿时期，快速力量比绝对力量发展得快一些，并且早一些。7～13 岁是快速力量发展的敏感期，13 岁以后男孩的快速力量增长得比女孩快。力量耐力的自然发展趋势较为稳定，男孩在 7～17 岁时力量耐力基本呈直线上升趋势；女孩在 13 岁以后力量耐力增长速度缓慢，14～15 岁时甚至出现下降趋势[39]。

（二）力量素质的影响因素

影响肌肉力量的生物学因素很多，除年龄、性别和体重外，肌肉力量主要受"肌源性"因素和"神经源性"因素的影响。"肌源性"因素包括肌肉的生理横截面积、肌纤维类型、肌肉收缩时的初长度等,"神经源性"因素包括中枢激活水平、中枢神经对肌肉的协调和控制能力、神经系统的兴奋状态等方面[40]。

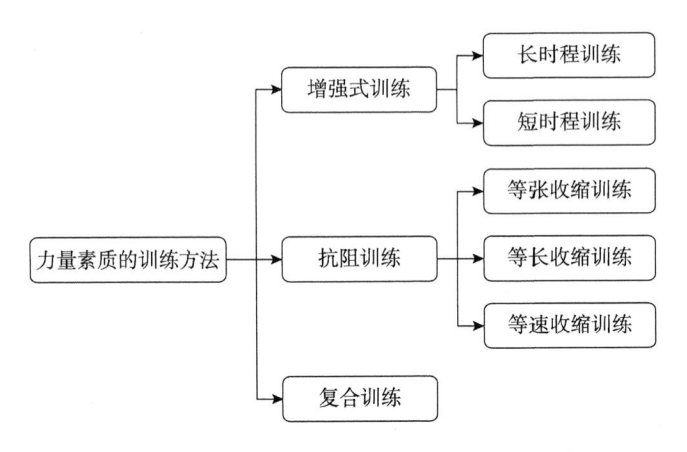

(三) 力量素质的训练方法

力量素质的训练方法分为增强式训练、抗阻训练、复合训练,如图3-2所示。

```
                              ┌─ 增强式训练 ─┬─ 长时程训练
                              │              └─ 短时程训练
                              │              ┌─ 等张收缩训练
力量素质的训练方法 ───────────┼─ 抗阻训练 ───┼─ 等长收缩训练
                              │              └─ 等速收缩训练
                              └─ 复合训练
```

图3-2 力量素质的训练方法

增强式训练又称快速伸缩复合训练、超等长训练和弹振式训练,是一种通过预先牵拉肌肉并激活肌肉的拉长—缩短周期,从而刺激肌肉在极短时间内产生强大向心收缩的训练方法[41,42]。根据运动时长,可将增强式训练动作分为长时程和短时程两种类型[43]。其中,短时程快速伸缩复合训练动作的主要特征为髋、膝和踝关节角度变化小,触地时间在0.17秒以内,常见动作有连续障碍跳、反向跳(CMJ)和跳深(DJ)等,这种训练有利于提高牵张反射性能和爆发力;长时程快速伸缩复合训练动作的主要特征为髋、膝、踝关节角度变化大,触地时间大于0.17秒,常见动作有加速跑、静蹲跳(SJ)等,这种训练可促进下肢向心力量发展,提高最大力量。

抗阻训练(RT)是一种通过收缩骨骼肌克服阻力的运动方式,阻力来源可以是外部物体或自身体重。在进行抗阻训练时,肌肉收缩使得骨骼肌中的多种分子调节因子被激活,最终使骨骼肌在力量、质量和能量代谢方面产生积极适应[44]。因此,抗阻训练被认为是增加骨骼肌质量和促进肌肉力量增长最有效的非药物干预方式[45]。根据骨骼肌的收缩形式，抗阻训练还可以进一步划分为等张收缩训练、等长收缩训练和等速收缩训练[46]。

复合训练（CT）是指将抗阻训练和快速伸缩复合训练在同一训练过程中结合实施的一种复合型训练方法[47]。

四、不同运动项目对力量素质的影响

1. 舞蹈体操类运动项目对力量素质的影响

况梦诗发现，12周的拉丁舞（伦巴舞和恰恰舞）运动干预可以提高13～15岁中学生力量素质指标中的仰卧起坐成绩。柏颖对13～15岁中学生进行12周花球啦啦操的实验研究，发现实验后女生的仰卧起坐成绩得到显著提高。陈泽刚经研究认为，14周的体育舞蹈练习能提高女大学生一分钟仰卧起坐与4×10米成绩。袁川皓等在研究校园无极健身球操对大学生的身心健康影响时，对30名在校学生进行一个学习单元共18周的无极健身球操教学实验，实验后纵跳成绩较实验前有显著提高，握力成绩虽有提高但并不明显。

2. 球类运动项目对力量素质的影响

陈甜和古松在探究气排球游戏教学对4～6岁幼儿基本动作技能及体质健康水平的影响时，对195名幼儿进行为期16周的气排球游戏教学实验，实验后发现4岁女生与5岁女生的实验组的立定跳远成绩有显著性提高。李娜为研究篮球运动对高中女生体质的影响，对比了参加高二篮球专项课的女生与全校高二女生以及福建省17岁女生的体测数据，发现篮球训练对快速力量以及力量耐力有促进作用。朱建明等通过对9～12岁儿童施加11周的"FIFA11健康"足球课程干预来分析其对儿童体适能的影响，发现原地纵跳距离得到有效提高，并认为"FIFA11健康"足球课程干预对促进儿童体质健康有一定的积极效益。潘菁对中学生进行16周的软式棒垒球的教学实验发现，软式棒垒球运动提高了中学生的力量素质，立定跳远、仰卧起坐、引体向上的成绩均有所提高。周正贵采用实验法研究课外篮球锻炼对初一男生体质的影响，发现实验后其立定跳远成绩与实验前相比有显著性提高。宋昔峰通过教学实验发现，10周足球运动干预对小学生的立定跳远成绩提高有显著的作用。

3. 其他运动项目对力量素质的影响

廖婷等对262名初中生和高中生进行了为期12周的功能性训练教学实验，发现初中实验组在干预第四周时仰卧起坐成绩有显著性提高，在干预第八周时仰卧起坐与引体向上成绩均有显著性提高，对照组成绩提高甚微；高中实验组在干预第八周时引体向上与仰卧起坐成绩均有显著性提高，对照组成绩有提高但不明显。

高唯真和王欢通过meta分析发现，体育活动干预对国内幼儿大部分力量素质测试指标如立定跳远、网球掷远10米和双脚连续跳的成绩存在提高作用。

周伟和罗炯为分析不同健身运动对小学生身心发展的影响，对968名小学生施加了为期8周的4种不同的运动干预实验，实验结果显示：将趣味游戏"板凳龙"与素质练习结合（处方"小A"），可以有效提高男女学生的握力成绩；突出性别差异性的处方"小B"与添加了多种练习项目的处方"小C"则都能显著提高男生的斜身引体与女生的仰卧起坐成绩。

殷恒婵等以2463名小学生为研究对象，设计了5套为期10周的运动干预方案，来研究其对小学生身心健康的影响。结果显示：每周5次的跑步以及每周3次的趣味田径游戏能显著提高小学生斜身引体的水平，每周3次的"小手球+素质练习"对小学生的握力、斜身引体、一分钟仰卧起坐、立定跳远成绩均有显著性提高，每周3次的"踢毽+游戏"能提高小学生的握力和立定跳远成绩；每周3次的"武术+跳绳+八字跑"则可以显著提高小学生的立定跳远成绩。

陶平和杨松以200名中学生为实验对象，进行了16周的八极拳实验，发现实验后女生的仰卧起坐成绩明显提高。

袁卫华和张娅利用12周的花样跳绳练习对8~9岁的小学生进行实验研究，发现花样跳绳练习对立定跳远成绩提高有显著性作用。

樊先德在研究基础体能训练对初中生身体素质的影响时，使用了16周的基础体能教学实验，结果指出，16周后50米跑以及女生立定跳远的成绩提高了，并且斜身引体向上和男生引体向上的成绩提高更为显著。

张煜以小学生为实验对象，通过6周花样跳绳实验，对比实验前后小学生50米成绩的变化情况，发现实验后其50米成绩有显著提高。

时世增通过比较实验前后的体质测试指标来探讨花样跳绳对中学生体质健康的影响，认为花样跳绳能有效提高中学生的下肢爆发力。

第二节 青少年灵敏素质的健康效益解构及评价体系构建

一、灵敏素质概述

(一) 灵敏素质的概念及重要性

灵敏素质是指在特定的运动环境中肢体在内外环境的刺激下，根据需要快速改变身体方向、变换动作以及准确预判决策的能力[48]。它是身体综合素质的重要组成部分，在人体完成各项复杂动作中扮演着重要角色。良好的灵敏素质有助于学生完成复杂的动作，具备更加灵活的头脑，从而有效应对学习和生活中的各种难题。

(二) 灵敏素质的构成

灵敏素质构成因素复杂，高崇将灵敏素质分为变向类灵敏素质和反应类灵敏素质，Young等将灵敏素质分解为观察决策能力和快速改变方向的能力，并且对二级指标进行进一步分解，如图3-3所示。

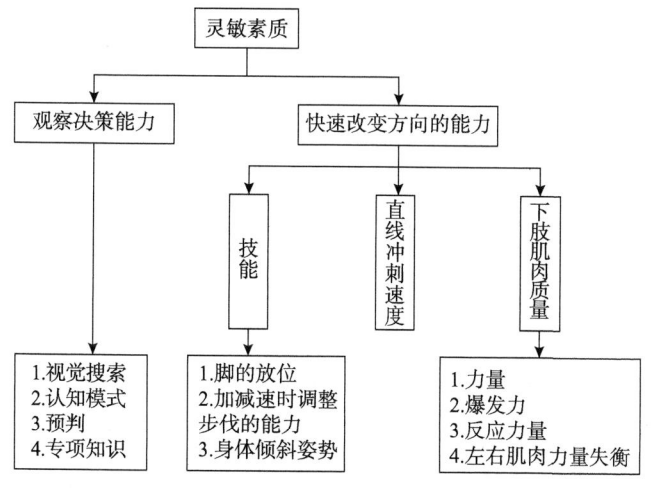

```
                       灵敏素质
                          │
           ┌──────────────┴──────────────┐
      观察决策能力                  快速改变方向的能力
                                         │
                           ┌─────────────┼─────────────┐
                          技能       直线冲刺速度    下肢肌肉质量
     1.视觉搜索        1.脚的放位                    1.力量
     2.认知模式        2.加减速时调整                2.爆发力
     3.预判               步伐的能力                 3.反应力量
     4.专项知识        3.身体倾斜姿势                4.左右肌肉力量失衡
```

图3-3 灵敏素质构成因素
注：根据Young等的研究绘制[49]。

(三) 灵敏素质的解构

灵敏素质是在复杂环境中迅速、准确地判断、改变动作姿势和运动方向的能力，可体现为快速反应、转变运动方向和精确改变动作的综合能力，与大脑皮层活跃时间和神经反应时间相关。人们可通过锻炼和学习，提高身体灵活度和整体素质，这种素质体现在机体运动能力和神经反应上。以此为出发点，将灵敏素质解构为反应灵敏、动作灵敏和移动灵敏。其中，根据身体的感知与反应将反应灵敏分为简单反应时、选择反应时和辨别反应时；根据身体改变动作的能力，将动作灵敏分为改变身体姿势和改变动作方向的能力；根据身体改变方向的能力，将移动灵敏分为直线移动能力和曲线移动能力。对灵敏素质的解构如图3-4所示。

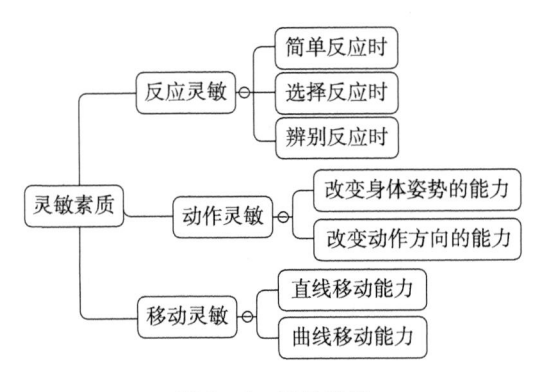

图3-4 灵敏素质

1. 反应灵敏

Sheppard等[50]把灵敏素质定义为：一个快速的全身运动，随着速度或方向的改变而对刺激作出反应，且灵敏素质与可训练的身体素质（如力量、耐力、柔韧等）以及认知成分（如视觉扫描技术、视觉扫描速度和预期）有密切关系。Vladimir等[51]认为，运动员的灵敏素质指的是运动员对复杂的运动环境中的刺激作出快速反应的能力，这个快速反应既包括大脑的快速反应，也包括身体空间位置和姿势的快速反应，是一个复杂的、脑体共同参与的过程。

简单反应时：测试情境中只包含单一刺激并要求被测试者只作出单一反应，这时测得的反应时为简单反应时。

选择反应时：测试情境中包含两个或两个以上的信号，每个信号需要特定的反应形式，这时测得的反应时为选择反应时。

辨别反应时：测试情境中包含两个或两个以上的信号，但被测试者只需对其中一个作出反应，对其他信号不作反应，这时测得的反应时为辨别反应时。

2. 动作灵敏

Young 等[52]认为，灵敏性是指运动员调整动作速度的能力。基姆金等认为，灵敏性是将一个动作变换成新动作的能力，或对变化的环境作出快速反应的能力。Serpell 等将灵敏性定义为运动员在运动环境中根据运动需要快速完成新动作的能力，这种能力受先天遗传和后天训练的共同制约，是一种复杂的能力。

3. 移动灵敏

Donath 等[53]认为，灵敏素质是运动员在运动过程中身体加速、减速、急停、急起以及改变方向的能力，是一种与力量、速度、协调能力有密切联系的身体素质。Chaalali 等[54]认为，灵敏素质就是在运动过程中身体快速变向的能力，这种变向必须是快速的、准确的，而且是非常有效的。Lockie 等[55]将灵敏性定义为在脑神经的控制之下，人能够连续多次并且准确无误地根据动作的需要使身体整体或部分改变方向的能力，这种能力与人神经系统的灵活性和各种身体素质有密切关系，是运动员必须具备的基本的运动能力。

二、灵敏素质的评价体系构建

（一）灵敏素质的评定指标及测试项目

以动作结构为标准，构建青少年灵敏素质的评定指标及测试项目，见表3-10。

表3-10 青少年灵敏素质的评定指标及测试项目

一级指标	二级指标	测试项目
A1 反应灵敏	B1 简单反应时	C1 转身抓球
		C2 单个反应灯测试

续表

一级指标	二级指标	测试项目
A1 反应灵敏	B2 选择反应时	C3 三个反应灯测试
		C4 六角球测试
		C5 三角背向反应测试
	B3 辨别反应时	C6 指定颜色手指反应测试
A2 动作灵敏	B4 改变身体姿势的能力	C7 10秒立卧撑测试
		C8 六边形跳测试
	B5 改变动作方向的能力	C9 十字转身象限跳测试
		C10 侧跨步测试
A3 移动灵敏	B6 直线移动能力	C11 专业穿梭测试
		C12 "V"形跑测试
		C13 "T"形跑测试
	B7 曲线移动能力	C14 伊利诺伊测试
		C15 内布拉斯加灵敏性测试

（二）灵敏素质评定动作

C1 转身抓球：抛球者站在受试者后面，将球向上垂直抛起，待球落地后按下秒表，受试者迅速转身接球，记录球落地反弹后受试者接球所用时间，测试两次，取最好的成绩作为测试成绩，受试者距测试者2米，如图3-5所示。

C2 单个反应灯测试：在受试者前方0.5米距离安置一盏反应灯，红灯亮起时用食指触摸，记录30秒内击中的次数，测试两次，取最好的成绩作为测试成绩，如图3-6所示。

C3 三个反应灯测试：在受试者前方0.5米距离安置三盏反应灯，红灯亮起时用食指触摸，蓝灯亮用中指触摸，绿灯亮用无名指触摸，记录30秒内击中的次数，测试两次，取最好的成绩作为测试成绩，如图3-7所示。

C4 六角球测试：受试者站于六角球落点正前方2米处，测试人员将六角球置于落点正上方2米高的位置，让六角球自由下落，受试者在六角球第一次落地后、第二次落地前将六角球抓住，记录受试者每次六角球下落到抓住球所用的时间，共记录三次，取平均成绩作为测试成绩，如图3-8所示。

图 3-5 转身抓球测试　　　图 3-6 单个反应灯测试　　　图 3-7 三个反应灯测试

C5 三角背向反应测试：测试者发出开始指令，受试者背对 B、C 点站在横向移动线上做左右横向滑步，当滑到 A 点时，测试者再发出左/右的指令，同时开始计时，受试者从左/右边转身依次跑步去触摸 B 和 C（或者 C 和 B）标志盘，触摸到第二个标志盘时停表，左右各一次。每位队员有两次测试机会，以最短测试时间为最终分数，如图 3-9 所示。

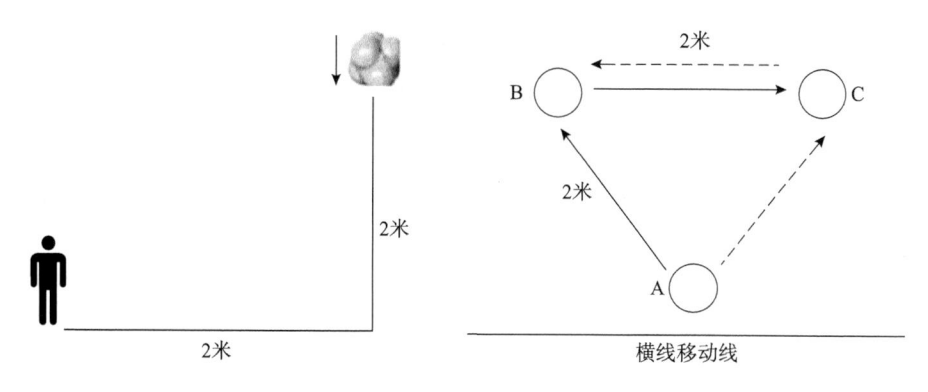

图 3-8 六角球测试　　　　　　　图 3-9 三角背向反应测试

C6 指定颜色手指反应测试：在受试者前方 0.5 米距离安置三盏反应灯，只有红灯亮起时才用食指触摸，记录 30 秒内击中的次数，测试两次，取最好的成绩作为测试成绩，如图 3-10 所示。

C7 10 秒立卧撑测试：身体由立姿经下蹲到俯撑姿势，再恢复到立姿的变换速度。具体方法是，从站立姿势开始，受试者听到"开始"口令后迅速屈膝，弯腰，下蹲，两手在足前撑地，两腿向后伸直成俯撑，然后再经过屈蹲，恢复正常的站立姿势，共进行 10 秒。计算受试者完成动作的次数，以 10 秒内完成正确动作的次数作为测试成绩。把整个动作分为四部分，每部分记 1 分。

第一部分为站立到下蹲,手撑地;第二部分为下蹲到俯撑;第三部分为俯撑到下蹲;第四部分为下蹲到站立。在测试过程中,凡在俯撑时两腿弯曲及站立时身体不直立均要扣除1分。

C8 六边形跳测试(图3-11):(1)运动员站在六边形的中心,面向A线;(2)在整个测试时间内,运动员必须面对A线;(3)测试者发出"开始"口令,同时用秒表开始计时,运动员接收到"开始"口令,双脚跳过B线并回到中心,然后跳过C线并回到中心,然后跳过D线,依次类推;(4)当运动员越过A线并回到中间时,视为一圈;(5)运动员完成三圈;(6)三圈完成后,秒表停止并记录时间;(7)每位运动员有两次测试机会;(8)完成第二次测试后,取这两次测试的平均时间作为测试成绩;(9)如果运动员跳错线或落在线上,则重测。该测试程序是常规程序。这些常规程序的实施往往导致时间的测量或记录不那么客观,通常是人为错误因素造成的。为了尽量减少这种情况,需要利用现有科学技术的进步进行创新。在获得两次测试的平均成绩后,通过比较规范表进行评估。

图3-10 指定颜色手指反应测试

C9 十字转身象限跳测试:受试者立于象限1中,听到"开始"口令后,测试人员开始计时,按照1→2→3→4→1的顺序跳跃,每次落地时脚尖指向下一个象限,计时20秒,每跳过一个象限记录1分,测试两次,取最好的成绩作为测试成绩,如图3-12所示。

图3-11 六边形跳测试

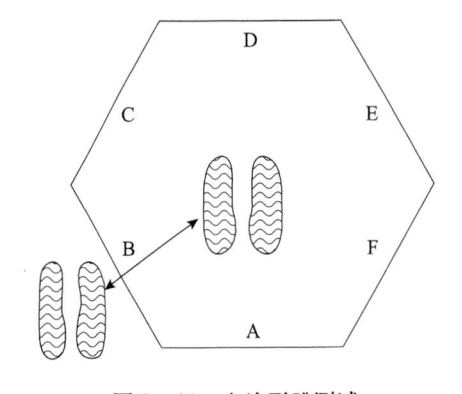

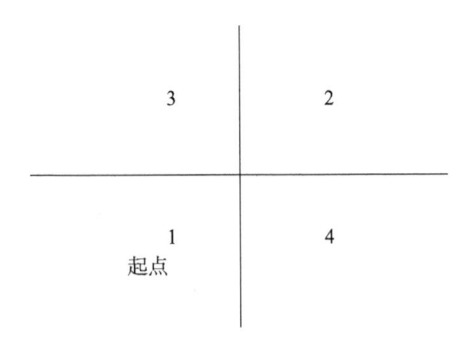

图3-12 十字转身象限跳测试

图片来源:Brian Mackenzie(2008:57)。

C10 侧跨步测试：间隔 60 厘米的三条线，以中间线为起始位置，两脚放在线的两边，双脚同时起跳，反复在三条线上横跨，记录 20 秒内的跳跃次数，如果踩线则该次跳跃不计入有效次数，如图 3－13 所示。

C11 专业穿梭测试：受试者从中间线开始，先跑向右侧线，然后依次跑向中间线和左侧线，往返于三条线之间，每经过一次线记 1 分，记录 20 秒内完成穿梭的次数，测试两次，取最好的成绩作为测试成绩，如图 3－14 所示。

图 3－13　侧跨步测试　　　　图 3－14　专业穿梭测试

C12 "V" 形跑测试：在足球场上摆放 6 个标志盘，第一个标志盘距离前方标志盘 8 米，距离斜方向标志盘 4 米。从起点到终点共计 20 米。受试者在起点开始准备，听到口令后，绕过标志盘，到终点计时停止，错过标志盘或碰倒标志盘则成绩无效，测试两次，取最好的成绩为最终成绩，如图 3－15 所示。

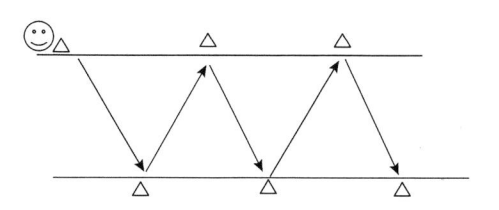

图 3－15　"V" 形跑测试

C13 "T" 形跑测试：测试人员从起点冲刺到中间锥形桶①，冲刺距离为 10 米，然后进行侧滑步向右移动至右端锥形桶②，右端锥形桶与中间锥形桶之间的距离为 5 米，到达右端锥形桶后快速向左进行侧滑步至左端锥形桶③，右端锥形桶距离左端锥形桶 10 米，从左端锥形桶侧滑步回到中间锥形桶，最后倒退跑回起点，如图 3－16 所示。

C14 伊利诺伊测试：又称蛇形跑。在 A、B、C、D 四个标志盘组成的灵敏性测试区域，受试者从 A 点站立姿势开始向前冲刺 10 米，转身并返回冲刺到起跑线旁的标志盘，然后在 4 个标志盘之间转弯绕行一个来回，中间 4 个标志盘间距 3.3 米，完成 2 个 10 米的冲刺，回到终点，终点和起点相距 5 米，要求受试者以最快的速度完成测试，绕着标志盘跑，不要越过标志盘，如图 3-17 所示。

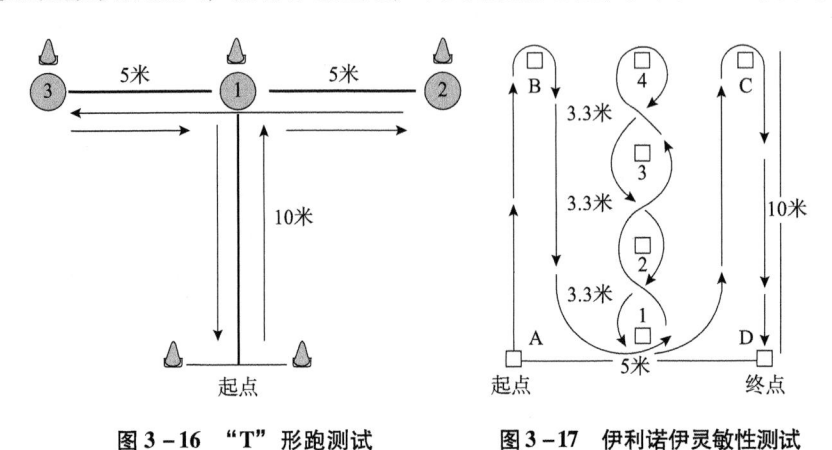

图 3-16 "T"形跑测试 **图 3-17 伊利诺伊灵敏性测试**

C15 内布拉斯加灵敏性测试：将四个锥形桶摆成边长为 10 米的正方形，放置于四个端点处，分别标记为 A、B、D 和 E。在图形的中心放置第五个锥形桶 F。在锥形桶 F 的正前方 10 米处放置第六个锥形桶 C。受试者在起点采用两点起始的姿势背朝锥形桶 A，当听到"开始"的口令后，学生迅速转身沿着 A→B→C→D→E→F→A 的路线跑动；A→B 的路线上直线跑，B→C 的路线上向外横滑步，在锥形桶 C 处转身，C→D 的路线上向内横滑步，D→E 的路线上后退跑，E→F→A 的路线上折线变向跑，在休息 10 分钟后进行第二次测试，如图 3-18 所示。

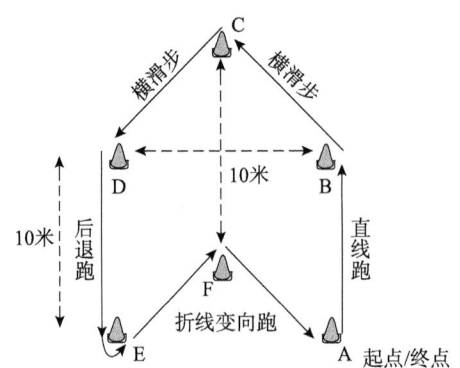

图 3-18 内布拉斯加灵敏性测试

(三) 不同水平阶段的灵敏素质评价结构体系

根据青少年的身心发展特点，构建了相应的不同水平阶段的青少年灵敏素质评价结构体系，见表 3-11。

表 3-11　不同水平阶段的青少年灵敏素质评价结构体系

一级指标	二级指标	不同水平具体目标				
		水平一	水平二	水平三	水平四	水平五
A1 反应灵敏	B1 简单反应时	C1	C1	C2	C2	C2
	B2 选择反应时	C3	C3	C4	C5	C5
	B3 辨别反应时	C6	C6	C6	C6	C6
A2 动作灵敏	B4 改变身体姿势能力	C7	C7	C7	C8	C8
	B5 改变动作方向能力	C9	C9	C9	C10	C10
A3 移动灵敏	B6 直线移动能力	C11	C11	C12	C12	C13
	B7 曲线移动能力	C14	C14	C14	C15	C15

三、灵敏素质的发展特点及影响因素

(一) 灵敏素质的发展特点

1. 灵敏素质的阶段性发展特征

灵敏素质的阶段性发展特征表现为不同年龄阶段的儿童青少年其灵敏素质的发展速度快慢不同，这已为前人的研究所证实。灵敏素质随着年龄的增加而逐渐提高。6~12 岁是灵敏素质的稳定提高时期，13~14 岁提高更加明显，15 岁后灵敏素质提高逐渐变慢。5~11 岁，灵敏素质迅速发展，且男女之间差别不大；女子灵敏素质在青春期阶段基本稳定或略有下降，16~17 岁后略有回升；男子灵敏素质在 16~17 岁达到顶峰，随后稍有下降[56]。柴娇等[57]认为，女孩的敏感期为 10 岁，男孩的为 11 岁，该年龄是培养灵敏素质的高效期。

2. 灵敏素质的项目特征

灵敏素质具有明显的项目特征，不同运动项目对灵敏素质的要求是不一样的。例如，中长跑和球类项目对灵敏性的要求存在很大的差异性，中长跑要求具备良好的速度和耐力基础，动作单一，属于周期性运动项目，动作的变化少，动作中不存在预判决策和快速的变向，对灵敏性的要求不高；而球类项目属于非周期性项目，要求必须具备良好的预判决策能力和快速变向能力以及快速动作能力，对灵敏性的要求非常高。

3. 灵敏素质的遗传性特征

灵敏素质与人的神经肌肉类型密切相关。例如，白肌纤维的收缩潜伏期短，收缩速度快，以磷酸肌酸的供能为主，因此白肌纤维比例高的运动员其灵敏素质相对较好。但是，并不是说灵敏素质无法通过训练提高，相反运动训练不但可以提高运动员的灵敏素质，还可以弥补其遗传因素的不足。

4. 灵敏素质的可塑性特征

灵敏素质具有一定的可塑性，针对运动员其他身体素质的训练，在一定程度上也可以提高运动员的灵敏素质。例如，使用手持式测功器测量下肢肌肉力量与灵敏性的关系，在6周的实验后，实验组的灵活性和肌肉力量均有明显改善[58]。当某运动员在训练中受到损伤后，有一段时间不参加运动训练，其灵敏素质也会下降，康复后通过一段时间的训练后其灵敏素质会再次提高，甚至超过受伤前的水平。

（二）灵敏素质的影响因素

研究灵敏素质的影响因素主要从心理和生理两个方面进行。其中，生理学因素有肌肉、神经等；心理学因素指的是灵敏素质概念中的预判决策能力，包括大脑认知能力、反应时、大脑记忆能力等。

田麦久[59]认为，灵敏素质的生理学基础是中枢神经系统，在其指挥下，将身体各种能力，包括力量、速度、协调能力、柔韧性等综合地表现出来，而且灵敏素质与年龄、性别、体型、肥胖、疲劳和神经等因素有关。潘力平[60]认为，大脑皮质的分析综合能力是灵敏素质的重要基础；运动动力定型的完善及神经过程灵活性的提高是灵敏素质的重要保证；外周神经机能的改善，特别是运动分析器的敏感程度、神经肌肉传导的灵活性、肌肉的收缩速度等，也是灵敏素质的物质基础。灵敏素质的发展必须以力量、速度、柔韧性、平衡及协调能力作为前提条件。湛超军[61]总结灵敏素质的影响因素有身体姿态、神经中枢系统的反应时间、瞬间改变方向的能力、动作的变化幅度等。

1. 速度对灵敏素质的影响

速度与灵敏素质关系密切,互相影响。一般认为,运动员的速度越快,灵敏素质就越高;Vladimir等[51]研究发现,运动员的短跑速度对灵敏素质的影响很大,短跑速度快的运动员,其灵敏素质要高于短跑速度慢的运动员,速度越快,运动员的快速变向能力就越强。Williams等[62]对106名精英足球运动员进行测试后发现,10米冲刺跑、20米冲刺跑、"Z"形跑三种类型的跑步速度越快的运动员,其灵敏素质就越高。Munivrana等[63]对154名男性和152名女性年轻网球运动员进行测试后发现,男性运动员的5米冲刺跑速度与灵敏素质之间成高相关关系;女性运动员20米冲刺跑速度与灵敏素质之间成高相关关系。

Matlák等[64]对16名业余足球运动员进行灵敏性和反应速度测试后发现,灵敏性和运动员的反应速度之间存在非常显著的正相关关系。

Kaplan[65]等对108名职业男子足球运动员和79业余男子足球运动员进行实验研究后发现,业余球员和职业球员的灵敏素质差距很大,职业足球运动员的奔跑速度和灵敏性表现比业余足球运动员强。

赵西堂等[66]通过研究发现,运动灵敏素质的根本是"快"和"变";从生理学机制分析,灵敏素质的影响因素主要有快速反应时、神经肌肉的机能状况、感觉器官的机能水平、肌肉力量、灵敏素质的供能情况等;从心理学机制分析,灵敏素质的影响因素主要有反应的类型、预判与动作准备、注意力唤醒的水平等。

2. 力量对灵敏素质的影响

一切运动训练都以力量素质为基础,力量素质对灵敏素质的影响较大,在一定范围内,力量素质与灵敏素质成正相关关系,一般认为爆发力越强灵敏素质就越高。Baker等[67]对甲级国家精英橄榄球联盟球员($n=20$)与乙级国家橄榄球联盟球员($n=20$)进行测试发现,身体力量和冲刺动力大的球员,其变向能力也强,而且,下肢力量是衡量灵敏素质最好的标准。科恩等发现,女篮运动员膝关节伸肌相对力量、20米冲刺跑与灵敏性之间呈现高相关性,变向能力强的运动员短跑速度快、下肢肌肉力量大。Alemdaroglu[68]研究发现，左右膝关节四头肌的力量与男子篮球运动员的灵敏性、冲刺跑速度、垂直跳跃之间存在显著的相关性。Sonoda等[69]对23名男子羽毛球运动员的下肢力量和灵敏性之间的相关关系研究发现，灵敏性得分与臀部伸肌和踝关节的屈肌强度成高相关关系，臀部伸展训练和踝关节足底屈曲强度的改善可以提高羽毛球运动员的灵敏性。

3. 平衡能力对灵敏素质的影响

平衡能力作为人类活动能力的一部分，与灵敏素质之间存在着一定的相关性。Ambrose等[70]研究发现，通过13周的平衡能力训练后，运动员的神经肌肉稳定性明显改善，运动员在比赛情境中快速变向的能力以及动作准确性也能得到有效提高。Qzmen等[71]研究发现，羽毛球运动员的平衡能力与灵敏素质之间存在一定的相关性，但是这种相关性比较弱。Young等[72]对71名8～10岁的男生进行6周的阶梯性灵敏度测试后发现，其灵敏素质获得提高的同时平衡能力也获得改善，但是这种改善不是非常明显。

4. 协调能力对灵敏素质的影响

协调能力是灵敏素质的前提，灵敏素质和协调能力是运动员选拔的重要指标，任何运动都需要灵敏和协调统一。Yasumitsu等[73]将60名小学生分成实验组和对照组进行协调性干预实验，研究结果表明，短时间的协调性训练能够有效提高小学生的敏捷性。Smits等[74]对患有协调性障碍的儿童进行5周、每周5次的平衡板训练后发现，协调性障碍儿童的协调性和灵敏性都有大幅度提高。

5. 运动技能对灵敏素质的影响

Young等[49]对灵敏素质构成因素的研究表明，运动技能中脚的站位、加减速中调整步伐的能力、身体倾斜姿势等都对运动员的快速变向能力产生影响，技能水平的高低直接影响灵敏素质的发挥。Jeffeys等[75]研究指出，灵敏素质受动作发展方式、动作选择方式、动作调整方式、动作速度控制等因素的制约。Salaj等[76]研究发现，合理的冲刺跑起跑姿势不仅能够使身体快速启动，而且能够增加身体冲刺的稳定性，对身体的快速改变方向更有利。Sheppard

等[50]认为，运动员在足球运动训练和比赛时加减速的过程中，对运动的认知、身体姿势、站位、头部空间位置以及娴熟的技术和战术对灵敏素质的发挥都起着重要作用。

6. 预判决策能力对灵敏素质的影响

在运动训练中，所有的问题最终都要归结于神经系统。敏锐的洞察力和良好的决策能力是一切运动的基础[77]。Serpell[78]研究发现，与灵敏性有关的感觉和知觉能力是可以训练的。Dawson等研究表明，运动员的视觉扫描、预判、认知、大脑的记忆速度等能力在运动员反应灵敏性中所起到的作用占60%以上。Jeffriess等研究发现，职业篮球运动员在比赛时，在对手球出手之前就能预判球的飞行路线，因此出手后并不需要费很大的力气就能抢到篮板球，同时还能很好地预测本方和对方球员的位置，这需要这些运动员具有敏锐的洞察力、良好的大脑认知能力。

7. 其他因素对灵敏素质的影响

灵敏素质是速度、力量、平衡能力、协调能力等素质的综合体现。另外，灵敏素质与运动员的身体形态也存在一定的关系。一般认为，青少年时期是发展灵敏素质的黄金时期，男子的灵敏素质要优于女子，体重轻的人比肥胖人群的灵敏性好。

四、不同训练方法对灵敏素质的影响

灵敏素质的训练方法很多，主要包括核心稳定训练、多方向移动训练、SAQ训练①、六角球训练、绳梯训练②、下肢力量训练、身体功能性训练等。

1. 多方向移动训练对灵敏素质的影响

多方向移动训练主要表现在对灵敏素质以及移动能力的提升方面。韩硕通过对24名8~9岁篮球训练营学员进行实验干预后得出结论：多方向移动训练

---

① SAQ训练是一种以提高速度（speed）、灵敏性（agility）和快速反应（quickness）为核心的、系统的训练方法。

② 绳梯训练又叫软梯训练，出于尊重学者研究内容，本书未作统一，特在此说明。——编辑注

在提高小学生的反应灵敏、速度灵敏、快速改变方向能力以及运球综合灵敏性方面相较于传统训练更明显。孙福朕进行为期 8 周的组合方向（正向、侧向、背向相结合）软梯训练，对比单一方向（正向）软梯训练，结果显示单一正向软梯训练主要影响灵敏素质中的协调作出反应动作的能力，组合方向软梯训练对灵敏素质中的改变方向的能力、变换动作的能力、协调作出反应动作的能力都产生了积极影响，说明组合方向软梯训练能全面地提高灵敏素质的各项指标。

Siegmund[79]通过研究发现"M"形跑、"S"形跑、"L"形跑等多方向跑可以使运动员在比赛过程中灵活变换动作与方向，从而不断提高运动员的灵敏素质。

侯超文[80]以 48 名 17～19 岁男生作为实验对象，分别进行 10 周的多方向移动训练和传统灵敏素质的组合训练，实验结果表明，多方向移动训练对六项测试成绩的影响有显著性差异。

多方向移动训练是一种有效提升少儿篮球运动员灵敏素质的训练手段，训练效果比传统移动训练更为显著，主要是因为多方向移动训练中各种形式的冲刺变向跑能够提高上下肢协调能力、快速变换动作时身体的稳定性以及下肢爆发力[81]。

2. 功能性力量训练对灵敏素质的影响

功能性力量训练对提升跆拳道运动员的反应能力、变换动作能力、改变方向能力以及专项灵敏素质能力具有积极作用[82]。Roopchand 选取了 8 名牙买加篮球运动员，在 3 周的功能性训练后进行跳跃转体测试和伊利诺伊测试，发现功能性力量训练可以明显增强这些篮球运动员的跳跃能力和灵敏性。

3. 快速伸缩复合训练对灵敏素质的影响

快速伸缩复合训练可以显著提高足球运动员的灵敏素质。快速伸缩复合训练可以有效地提高下肢爆发力、足球专项学生无球情况下的灵敏素质。杨若琳通过对 18 名篮球专项运动员进行为期 9 周的实验后得出结论：快速伸缩复合训练能够提高实验组的快速移动能力，同时对提高篮球专项学生的下肢最大功率和速度也具有一定的成效，可以增加肌肉的力量，提升肌肉的输出功率，实现加快脚步灵敏性的目的。林海的研究则进一步说明改善下肢力量的不均衡性是提高青少年灵敏素质的有效途径之一。

4. 绳梯训练对灵敏素质的影响

绳梯训练对快速变换动作和快速改变方向的反应灵敏度的提升效果显著高于其他训练。王亚萍等采用软梯训练法研究对排球专项学生灵敏素质的影响，期望提高排球专项学生的灵敏素质以及技能。对灵敏素质的测试方法有 4×10 米折返跑、T 形跑、十字象限跳、蛇形跑、半米字移动。杜明洋[83]探讨在足球训练课热身部分进行敏捷梯灵敏协调训练对 10~11 岁少儿运控球能力的影响，结果表明训练课开始热身部分进行两种热身训练对运控球能力有一定的提升作用，进行敏捷梯训练相比于传统热身训练对于运控球能力的提高效果更为显著。

5. SAQ 训练对灵敏素质的影响

李望羽通过为期 12 周的训练，探析 SAQ 训练和常规灵敏素质训练对灵敏素质的影响。结果显示，SAQ 训练可以提升高校羽毛球专项班男生的灵敏素质，在判断决策能力、变换动作能力、改变方向能力、专项灵敏素质和协调性五个方面都有较好的效果。宋程伟说明 SAQ 训练可同时有效地提高排球体考生的速度、灵敏性。郑华兴通过实验发现，SAQ 训练对 10~12 岁少儿篮球运动员的脚步移动能力、直线运动中改变运动方向的能力和专项能力中折返运球能力的训练效果比传统灵敏素质训练方法更为显著。陈承远对比了 SAQ 训练和传统体能训练后发现，为期 8 周的 SAQ 训练能够全面提升青少年男子守门员的扑球反应能力，有助于其灵敏素质、速度素质的提升，以及提升后扑球、二次扑救的成功率。杨昊发现，SAQ 训练法比常规的灵敏素质训练方法对于网球专项灵敏素质的提升幅度更大，训练效果更好。

6. 其他训练对灵敏素质的影响

郭春杰等[84]认为，灵敏素质的训练要有机结合多样化的反应能力训练和多种形式的速度训练，并且结合适量的力量训练，通过提高神经肌肉的适应性、肌肉间的协调性以及关节稳定性，发展运动员的灵敏素质。花样跳绳训练对灵敏素质中的变向能力与变换动作能力有很好的增益效果，但对快速反应能力不具有明显的优势；对比综合热身方案（FIFA11+）与我国常规的热身方式对高中男子足球运动员速度与灵敏素质的影响,结果显示,"FI-FA11＋"练习能够显著改善高中男子足球运动员灵敏素质的不定向身体转换能力、快速脚步移动能力、应对障碍能力以及外界环境变化时快速决策下一步动作的反应能力。

第三节 青少年耐力素质的健康效益解构及评价体系构建

一、耐力素质概述

(一) 耐力素质的概念及重要性

耐力素质通常与有氧耐力相关联,即机体在长时间进行中低强度的有氧运动时,能够持续提供能量和维持运动的能力。耐力素质的研究涉及对心肺功能、氧气的输送和利用、肌肉适应等生理指标的探究,以及对训练方法和运动表现的评估。生理学研究也对耐力素质进行了深入探讨,包括对肌肉疲劳机制、运动代谢途径和体能激素等方面的研究。通过了解机体在长时间运动过程中的生理变化,可以更好地理解耐力素质的形成和发展机制。心理学研究则揭示了耐力素质与心理因素之间的关系。例如,对于长时间持续运动的运动员来说,心理耐力、自我调节能力和意志力等心理素质在保持高水平表现中有重要的作用。

(二) 耐力素质的构成

有氧耐力、无氧耐力和力量耐力是耐力素质的三个主要类型。其中,有氧耐力是指机体在长时间、低至中等强度下,持续进行有氧运动,如长跑、游泳、骑行等的能力;无氧耐力是指缺氧状态下,长时间对肌肉收缩供能的工作能力;力量耐力是指肌肉长时间克服阻力的能力。

(三) 耐力素质的解构

对耐力素质进行解构划分,能够更合理地选择运动训练方法以及选取评价指标，也为不同运动项目成绩的提高和不同群体的体质健康判断提供依据。韩炜根据能量代谢的需求，将耐力分为有氧耐力和无氧耐力。其中，有氧耐力是指有机体氧供应比较充足情况下的耐力；无氧耐力是有机体在氧供应不足、存在氧债情况下的耐力，又分为磷酸原供能无氧耐力和糖酵解供能无氧耐力。

任何运动都是在神经系统的调控下通过肌肉活动来实现的。因此，耐力素质的发挥不仅受运动肌肉（外周疲劳）的限制，正常情况下长时间耐力运动过程中的运动表现还受到中枢神经系统的高度调节，以确保全身稳态得到保护，并始终存在应急储备[85]。中枢性疲劳在一定程度上适应了耐力训练，这种适应主要转化为中枢神经系统对外周疲劳的耐受性提高[86]。中枢性疲劳和外周疲劳是运动中疲劳的两个主要方面，其中中枢性疲劳涉及大脑和脊髓的活动减弱，而外周疲劳则与肌肉纤维的收缩力量下降有关。中枢神经系统疲劳是指发生在大脑皮质到脊髓运动神经元的疲劳。中枢神经系统作为机体产生兴奋、发放神经冲动以及调节肌肉活动的功能系统，其兴奋性降低必然会导致个体机能下降而出现运动性疲劳。外周性疲劳主要发生在神经－肌肉节点、肌细胞膜、细胞器和肌肉收缩蛋白等所在部位。对耐力素质的解构如图3－19所示。

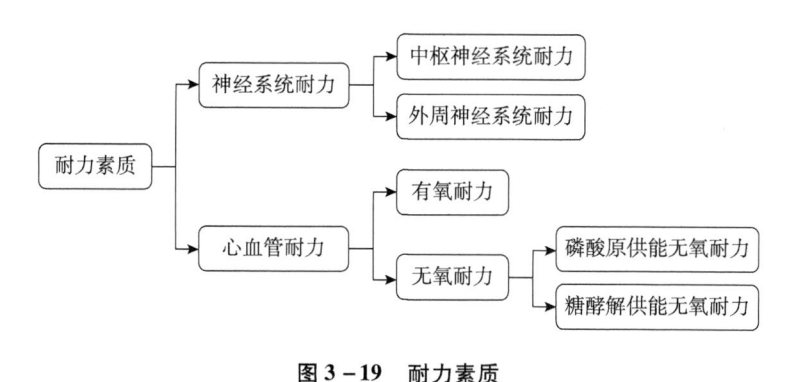

图3－19 耐力素质

二、耐力素质的评价体系构建

（一）耐力素质的评定指标及模式

根据人体运动的生理学特点，构建青少年耐力素质的评定指标及模式，见表3－12。

表3-12 青少年耐力素质的评定指标及模式

一级指标	二级指标	评定模式
A1 神经系统耐力	B1 中枢神经系统耐力	选择反应时
	B2 外周神经系统耐力	力量耐力指数：握力
A2 心血管耐力	B3 有氧耐力	1000米/800米跑、20米折返跑（20m SRT）
	B4 无氧耐力	400米跑

（二）耐力素质的生理学特点及指标选取

1. 神经系统耐力的生理学特点及评定指标

（1）中枢神经系统耐力的生理学特点。

中枢神经系统疲劳是指运动皮层输出驱动力受损，导致性能下降或活动停止，影响抑制和兴奋过程。生化指标血清素、γ-氨基丁酸、谷氨酸、多巴胺等分子的积累，对中枢性疲劳的形成至关重要。如血清素在中枢神经系统疲劳中扮演着关键角色，其产生主要来自尾侧脑干网状核，通过单突触神经元与脊髓运动神经元相连，并且血清素的积累与多巴胺的活动相互作用，对运动中的疲劳感有显著影响。随着运动强度的增加，血清素水平上升，导致倦怠感和神经驱动力丧失。

长时间运动至疲劳时，大脑皮质细胞中三磷酸腺苷（ATP）水平明显降低、二磷酸腺苷（ADP）浓度上升、ADP/ATP比值增大，血糖含量减少，γ-氨基丁酸、脑干和下丘脑5-羟色胺（血清素）浓度显著升高，脑氨含量明显增加，琥珀酸脱氢酶活性降低，等等，这些因素均会降低脑细胞内ATP再合成的速率、大脑皮质细胞的兴奋性以及发放神经冲动的频率，从而降低中枢神经系统的调节能力和机体的运动能力，因此脑细胞工作能力下降是导致运动性疲劳产生的重要因素，但其对于避免脑细胞过度耗损具有积极意义。

运动过程中，体内代谢产物堆积可通过传入神经元发放神经冲动，引起许旺氏细胞兴奋提高而抑制脊髓α运动神经元发放神经冲动，造成骨骼肌工作能力降低，导致运动性疲劳。

（2）外周神经系统耐力的生理学特点。外周神经系统耐力指在神经-肌肉结合处功效降低和肌肉内代谢及生化变化，这些变化独立于中枢神经系统。

血液中活性氧（ROS）和其他代谢产物如无机磷酸盐、乳酸等的积累会破坏稳态。代谢产物积累导致 ATP 酶活性下降，影响肌肉收缩力；疲劳环境下，肌肉纤维产生力量的能力受酸中毒和低 pH 水平影响，磷酸盐积累与之有协同作用；血乳酸积累起始点超过后，乳酸、氢、氨的积累，以及脱水、肌浆中磷酸盐和氢的积累，均与外周疲劳有关。

（3）神经系统耐力评价指标与标准[40]。

第一，皮肤两点辨别阈。皮肤感觉能分辨出的最小距离称为皮肤两点辨别阈。根据感觉疲劳会引起各种皮肤感觉敏感性下降的特点，可以把皮肤两点辨别阈作为检测运动员疲劳和恢复的简单无创性指标。测试方法：使用两点辨别觉测量仪，随机施加两点刺激，记录皮肤能正确分辨的最小距离。辨别标准：以正常安静时测定的作为标准值，将训练结束后或大负荷训练后恢复期测定的数值与标准值相比，比值小于 1.5 为无疲劳出现，比值大于或等于 1.5 且小于 2.0 为轻度疲劳，大于或等于 2.0 为重度疲劳。

第二，闪光融合频率。受试者坐姿，注视闪光光源，从低频到高频旋转闪光频率旋钮，以不出现闪光为标志，记录该闪光频率，然后再由高频到低频旋转闪光频率旋钮，同样记录该闪光频率。以上两种测试方法各做 3 次，共 6 次，求其平均值。当阈值的变化为 1.0~3.9Hz 时为轻度疲劳，4.0~7.9Hz 为重度疲劳，8.0Hz 以上为深度疲劳。

第三，反应时。出现运动性疲劳时，大脑皮质的分析机能下降，反应时延长明显，尤其是选择反应时和辨别反应时延长更为明显。常用反应时评价疲劳的变化主要采用基于偏离基线进行评定。平均反应时较基线值增加 10%~20% 为轻度疲劳；较基线值增加 >20% 为显著疲劳；较基线值增加 >30% 或 40% 为高度疲劳或警觉性严重下降。

第四，膝跳反射阈。机体出现疲劳时，膝跳反射的敏感性降低，引起膝跳反射所需的叩击力量增加。若引起膝跳反射的最小叩击力量（一般以锤子下落角度表示）较运动前增加 5°~10°，为轻度疲劳；增加 15°~30°，为中度疲劳；增加 30°以上，为重度疲劳。

2. 心血管耐力的生理学特点及评定指标

（1）有氧耐力的生理学特点及评定指标。有氧耐力是机体在氧气供应比较充足的情况下，能坚持长时间工作的能力，其训练目的在于提高运动员机体吸收、输送和利用氧气的能力，促进有机体的新陈代谢。因此，有氧耐力的评定指标有最大摄氧量、心率、肺活量、运动员 MET 数值、氧脉搏数值；运动素质的评定指标有 1000 米跑（男）、800 米跑（女）、20 米折返跑。

（2）无氧耐力的生理学特点及评定指标。

无氧耐力也称"速度耐力"，它是机体以无氧代谢为主要供能形式，坚持较长时间工作的能力。发展无氧耐力主要是提高肌肉内无氧酵解供能能力、机体缓冲乳酸的能力和脑细胞对血液酸碱度变化的耐力。

无氧耐力的评定指标有血乳酸、心率、肌肉无氧功率。测试时主要侧重于三个指标：最大功率或峰值功率、平均功率、无氧功率递减率；运动素质的评定指标有 300 米跑和 400 米跑。

三、耐力素质的发展机制及训练方法

（一）耐力素质的发展规律及特点

女孩 9 岁时耐力素质提高的速度较快，12 岁时耐力再次提高，当她们进入性成熟阶段后（14 岁起），耐力素质水平将逐年下降，到 15~16 岁时，耐力素质水平下降得最多。男孩在 10 岁、13 岁和 16 岁时耐力素质有大幅度的提高。

（二）耐力素质的影响因素

耐力素质受个体自身肌纤维的结构、个体意志品质的差异、家庭情况以及是否接受专门练习等因素的影响。

1. 中枢神经系统耐力的影响因素

中枢神经系统耐力指大脑和脊髓在长时间运动中维持高效功能的能力，其主要影响因素如下：

（1）神经递质水平。多巴胺、5-羟色胺等神经递质的平衡影响疲劳感和运动动机，长时间运动可能导致神经递质耗竭，引发中枢神经系统疲劳。

（2）心理韧性。运动员的意志力、专注力和抗压能力直接影响中枢神经系统耐力的表现。

（3）训练适应性。长期训练可提高中枢神经系统对疲劳的耐受性，优化运动单位募集策略。

（4）睡眠与恢复。充足的睡眠和恢复有助于维持中枢神经系统的功能稳定性。

2. 外周神经系统耐力的影响因素

外周神经系统耐力指神经-肌肉节点和外周神经在运动中维持高效信号传递的能力，其主要影响因素如下：

（1）神经-肌肉节点效率。乙酰胆碱的释放和受体的敏感性影响信号传递效率，长时间运动可能导致神经-肌肉节点疲劳，信号传递延迟。

（2）肌肉纤维类型。慢肌纤维具有更高的耐力和抗疲劳能力。

（3）电解质平衡。钠、钾、钙等电解质水平影响神经冲动的传导。

（4）温度调节。高温环境可能加速外周神经疲劳，降低运动表现。

3. 有氧耐力的影响因素

有氧耐力是机体在长时间、中低强度运动中利用氧气产生能量的能力，其主要影响因素如下：

（1）最大摄氧量（VO_2max）。最大摄氧量反映心肺功能和氧气利用效率，是评价有氧耐力的核心指标。

（2）心肺功能。心脏泵血能力和肺通气效率直接影响氧气供应。

（3）肌肉氧化能力。肌肉中线粒体的数量和活性决定有氧代谢效率。

（4）能量底物储备。肌糖原和脂肪储备影响长时间运动的能量供应。

（5）训练水平。长期有氧训练可提高心肺功能和肌肉氧化能力。

4. 无氧耐力的影响因素

无氧耐力是机体在短时间、高强度运动中利用无氧代谢系统产生能量的能力，其主要影响因素如下：

（1）磷酸原系统。三磷酸腺苷和磷酸肌酸（CP）储备决定短时爆发力的表现。

（2）糖酵解系统。肌糖原储备和乳酸耐受能力影响高强度运动的持续时间。

（3）乳酸阈值。乳酸积累速度和清除能力决定无氧耐力的上限。

（4）肌肉纤维类型。快肌纤维在无氧代谢中起主导作用。

（5）训练适应性。高强度间歇训练可提高无氧耐力和乳酸耐受能力。

（三）耐力素质的训练方法

1. 中枢神经系统耐力的训练方法

（1）高强度间歇训练。通过短时间的高强度运动（如冲刺）和短暂恢复期交替进行，提升中枢神经系统的恢复和适应能力。

（2）神经肌肉训练。如快速反应训练和协调性练习，可以增强神经信号传递效率。

（3）心理训练。通过冥想、视觉化等手段，提升中枢神经系统在压力下的表现。

（4）抗疲劳训练。在疲劳状态下进行技术训练，增强中枢神经系统在疲劳时的控制能力。

2. 外周神经系统耐力的训练方法

（1）力量耐力训练。通过中等重量、多次的力量训练，提升神经肌肉的耐力。

（2）循环训练。结合多种力量训练和有氧训练，可以增强外周神经系统的适应能力。

（3）动态拉伸和柔韧性训练。这种训练可以提高神经肌肉的协调性和耐力。

（4）局部肌肉耐力训练。针对特定肌肉群进行长时间、低强度的训练，可以提升外周神经系统的耐力。

3. 有氧耐力的训练方法

（1）长距离慢跑。通过长时间、低强度的跑步可以提升心肺功能和肌肉耐力。

（2）中等强度持续训练。如游泳、骑车等，维持中等强度的训练较长时间，可以增强有氧耐力。

(3）间歇训练。通过中高强度运动和低强度运动恢复交替进行，可以提升有氧耐力。

(4）交叉训练。结合多种有氧运动，可以全面提升有氧耐力。

4. 无氧耐力的训练方法

(1）高强度间歇训练。通过短时间、高强度的运动和短暂恢复期交替进行，可以提升无氧耐力。

(2）力量训练。通过重量大、次数少的训练，可以增强肌肉的无氧代谢能力。

(3）冲刺训练。通过短距离冲刺可以提升无氧耐力。

(4）爆发力训练。如跳跃、投掷等，可以增强肌肉在短时间内产生最大力量的能力。

四、不同训练方法对耐力素质的影响

耐力素质的常见的训练方法有间歇训练法、持续训练法、最高乳酸训练法、组合训练法、乳酸耐受力训练法、循环训练法和加压血流阻滞训练法等。

（一）不同训练方法对有氧耐力素质的影响

1. 间歇训练法对有氧耐力素质的影响

间歇训练法分为变量间歇有氧训练法、高强度间歇训练法。胡鑫[87]对变量间歇有氧训练和变速重复有氧训练进行对比实验，对实验组采取中高强度训练，使其心率保持在 150～170 次/分钟，在心率降到 120 次/分钟时进行下一组训练。具体的训练方法为：总跑距为 4800 米，平均分成五个练习组，每个练习组跑距为 960 米；每组的跑距中分为 400 米、300 米、200 米、60 米共四个练习时段，练习中要求一次完成四个练习时段，无间歇，完成时间分别控制在 85～90 秒、60～65 秒、40～45 秒、8～13 秒；在每个练习组之间的间歇期应进行积极性的休息，由教练员根据心率情况来掌握练习的节奏，一般心率恢复到 120 次/分钟时开始下一个练习组的练习。结果显示，变量间歇有氧训练优于变速间歇有氧训练。

梅孝徽、韩延柏以女大学生为研究对象进行为期 6 周、每周 3 次的高强度间歇训练实验，每次训练包括每组 1 分钟、90% VO_2max 的高强度冲刺和 1 分钟、40% VO_2max 的低强度间歇，共 13 组。研究表明，高强度训练结合低强度间歇训练可以明显提高最大摄氧量，改善有氧耐力。

黄莹仪对大学生进行为期 5 周、每周 5 次的高强度间歇训练，训练方案为：每组 2 分钟、100% 峰值功率自行车训练和 2 分钟的完全间歇时间，循环 11 组，共计 44 分钟。研究表明，高强度运动结合完全间歇训练可明显提升有氧耐力。

甄夏南对大学生进行为期 12 周、每周 2 次的高强度间歇训练与法特莱克训练。法特莱克训练对于肺活量、1000 米跑/800 米跑的提升效果优于高强度间歇训练。12 周的呼气肌训练配合传统身体素质练习可显著提高安静时的肺功能并显著提高有氧耐力。

2. 其他训练方法对有氧耐力素质的影响

李炜烽对初中男生进行力量和速度的不同训练组合对中考体育素质类项目成绩的影响研究，发现先进行力量训练再进行速度的组合训练对于发展初中男生速度、速度耐力和耐力素质的效果更好。高虹对女大学生进行为期 10 周、每周 2 次、每次 2 个循环的弹力带抗阻练习，发现其有氧耐力和肺活量有显著提高。

（二）不同训练方法对无氧耐力素质的影响

1. 高强度间歇训练对无氧耐力素质的影响

柳德隆开展了为期 8 周、每周 3 次的高强度间歇训练课。训练课中全速完成 8 组 50 米自由泳冲刺，要求每组冲刺在 35 秒内完成，且受试者在一组训练结束后的即刻心率达到 190 次/分钟。当一组训练完成后，心率降至 150 次/分钟后进行下一组练习。结果显示，高强度间歇训练可以增强青少年游泳运动时身体对血乳酸的耐受能力，从而提高机体的无氧耐力，即对青少年游泳运动员的无氧耐力发展有积极作用。

2. 组合训练法对无氧耐力素质的影响

罗丽群经研究证明，采用一般耐力训练结合速度耐力训练的组合训练方法能提高学生的糖酵解供能的能力，进而提升速度耐力素质。具体方案为：训练方式为一般耐力训练+速度耐力训练；训练周期为10周；训练频率为3次/周；训练负荷为1~2分钟的大强度运动，心率强度在80%~90%；间歇时间为3~5分钟，持续时间为90分钟。

3. 最高乳酸训练对无氧耐力素质的影响

最高乳酸训练的目的是使糖酵解供能达到最高水平，以提高400米跑和100米、200米游泳，以及最大强度运动1~2分钟等运动项目的运动能力。通常采用1~2分钟大强度运动、休息3~5分钟的间歇训练。研究表明，1分钟左右的超量强度间歇运动可以使身体获得最大的乳酸刺激，是提高最大乳酸耐受能力的有效训练方法。

4. 乳酸耐受力训练对无氧耐力素质的影响

乳酸耐受力训练常采用超量负荷的训练方法。杨玲认为，在第一次练习后使血乳酸达到较高水平，以12mmol/L的血乳酸浓度为宜，然后保持在这一水平上，使机体在训练中忍受较长时间的刺激，从而产生生理上的适应，提高耐受力。训练中可采用运动1~1.5分钟、休息4~5分钟的多次重复间歇训练法。

5. 循环训练法对无氧耐力素质的影响

车俊一等的研究中，队员每完成一次射门后，运球全速冲刺跑动的距离大约为90米（完成时间为16秒以内），每名队员在完成射门之后要快速跑动到下一个起点，继续持球做全力冲刺带球射门；队员每完成4次射门为一个循环，每次循环的跑动距离大约为400米（完成时间设定在110秒）；进行3个循环的练习。因此，每名运动员总的跑动距离大约为1200米，每个循环的间歇时间为8分钟。研究发现，循环训练法能有效地提高足球运动员的无氧耐力水平及专项耐力素质。

严春苗进行了为期16周、每周12次的循环力量训练。其中，第一站为波比跳10次；第二站为交换腿上下跳台阶20秒，台阶20厘米高；第三站为杠铃快挺10次（星期二）、俯卧撑20个（星期五）；第四站为坐姿摆臂20秒；第五站为哑铃卧推20次；第六站为快速半蹲跳12次；第七站为瑞士球卷腹16

次（星期二）、腹肌两头起 20 次（星期五）；第八站为 100 米跑，90% 的强度完成。8 个站点中，站点之间间歇 40 秒，组间间歇 8 分钟，练习 4 组。研究发现，经过循环力量训练后，受试者的速度耐力、力量耐力、800 米跑专项成绩均优于只进行常规力量训练的成绩。

6. 加压血流阻滞训练对无氧耐力素质的影响

方杰进行了每周 2~3 次，强度为 90% 以上，运动方式为 300 米重复跑、400 米重复跑、冲酸训练，4 周后，相同负荷下血乳酸、最大无氧功率和平均无氧功率都有显著改善。这说明加压血流阻滞训练能够减少血乳酸堆积，提高 ATP-CP 以及糖酵解供能水平，提高肌肉的爆发力和速度耐力，机体的乳酸耐受性显著提高，同时机体的无氧代谢能力也得到增强，400 米跑的成绩也得到提高。

7. CrossFit 训练对无氧耐力素质的影响

张枫对初中生进行了为期 9 周、每周 2 次的 CrossFit 训练，训练内容为：体操类，如仰卧起坐、俯卧撑、引体向上、深蹲/深蹲跳、平板支撑、波比跳、弓/箭步蹲和走；代谢适应性类，如跑步、跳绳；抗阻类，如实心球翻转、深蹲、抛掷、上举。结果发现，对于初中生无氧耐力素质和力量耐力素质的提升，CrossFit 训练优于常规耐力训练。

（三）不同训练方法对神经系统耐力的影响

1. 递减负荷训练对神经系统耐力的影响

递减负荷训练（SLRT）是递减组训练的一种特殊形式，在特定的练习单元内，依次递减完成从较高负荷强度（>80% 1RM）至较低负荷强度（<30% 1RM）的练习，组间无间歇，每级负荷均做至力竭。研究发现，SLRT 可以有效提高普通人群的肌肉横截面积、肌肉力量和肌肉耐力，并且更加省时。Fink 等研究发现，初始负荷强度为 12RM、每次递减 20% 的负荷强度、持续 3 组的力竭训练对肌肉横截面积的提升幅度约是以 12RM 恒定负荷强度、间歇 30 秒、重复 3 组的传统 RT 方案的 2 倍。递减负荷训练在发展肌肉力量和肌肉耐力方面的训练效益优于抗阻训练。

2. 超极限辅助法对神经系统耐力的影响

尚永恒等对受试者进行了为期 3 个月的实验训练，发现 100% 辅助组和 60% 辅助组的受试者引体向上成绩显著提高。训练方案为：设定辅助力依次递增，要求受试者在向下伸臂复位过程中动作缓慢，不少于 3 秒。实验证明，超极限辅助法符合运动生理机制和运动训练原理，是对力量耐力训练方法的创新。

第四节　青少年动作协调能力的健康效益解构及评价体系构建

一、动作协调能力概述

（一）动作协调能力的概念及重要性

动作协调能力是一种基础性运动能力，良好的动作协调能力能够使身体各项素质综合发挥最佳作用；而且，动作协调能力也是儿童青少年运动能力发展的基础，对于掌握运动技巧、提升运动能力、促进身体各个系统的协同配合与发展具有重要作用，为其成长和未来的发展打下良好的基础。

（二）动作协调能力的构成

动作协调涉及头、躯干及躯体与环境对象和事件模式的互动，是整合运动技能与神经系统形成的高效的运动模式。动作协调能力指身体各部位在时间和空间上的协同配合，完成动作的能力。

对动作协调能力进行解构，能够更合理地确定训练方法以及选取指标，也为不同运动项目成绩的提高和不同群体的体质健康评价提供依据。学者对协调能力的解构存在分歧。例如，杨磊将篮球运动的协调能力分为前庭、本体、视觉、听觉的感知能力及控制躯干与上下肢协同配合的能力；蒂姆认为，青少年的运动协调能力包含平衡、反应和空间定向等因素；还有一些国外学者将动协调细分为上肢、手脚、手眼、肢体和全身的协调。

（三）动作协调能力的解构

知觉-动作联结能力是有机体将知觉信息转化为动作反应的能力。从反馈在人类运动控制中的作用角度来看，视觉和听觉的感受器为知觉动作提供主要信息，形成了视觉动作、听觉动作，而头、躯干以及四肢活动的"效应器"为动觉协调的主要信息来源。本体感觉和视/听觉的信息是影响协调能力的最重要的信息来源。以此为出发点，将动作协调能力解构为动觉协调能力和知觉-动作协调能力。根据肢体间的关系将动觉协调能力分为上肢动作协调能力、下肢动作协调能力、上下肢动作协调能力和躯干与四肢动作协调能力；根据感官与肢体的关系将知觉-动作协调能力分为视觉-动作协调能力和听觉-动作协调能力。对动作协调能力的解构如图3-20所示。

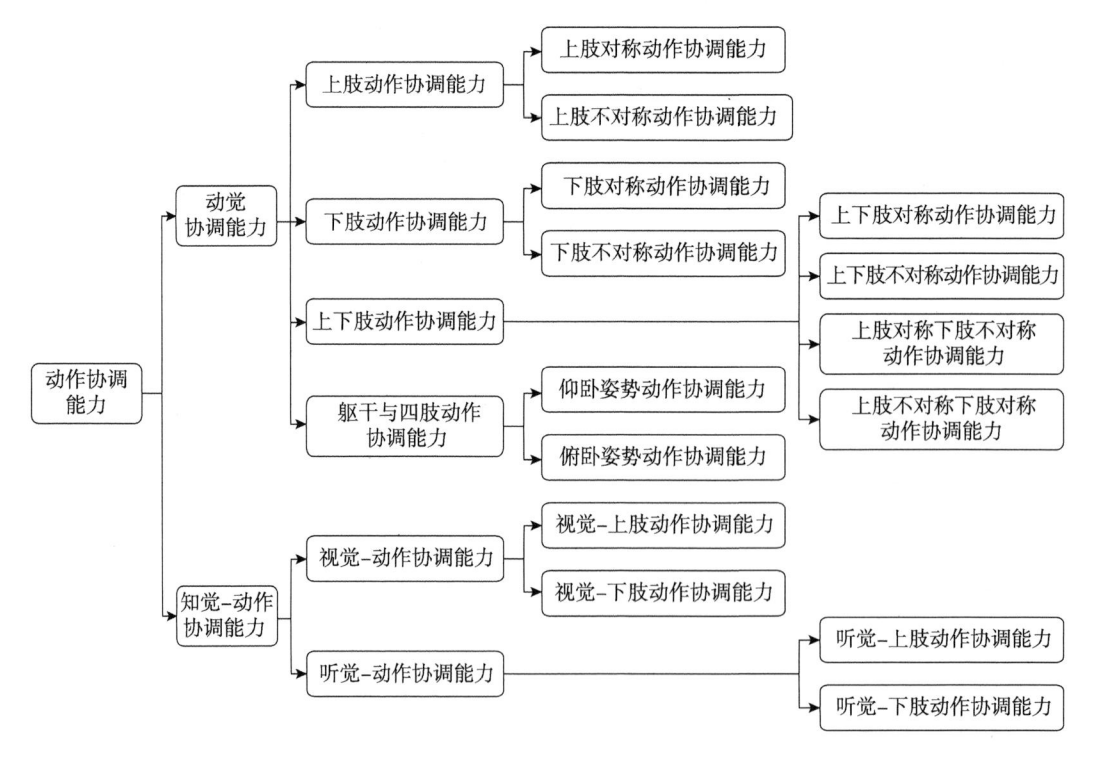

图3-20 动作协调能力

二、动作协调能力的评价体系构建

(一) 动作协调能力的评定指标及动作模式

从动作发展和动作控制理论出发,通过借鉴文献指标、专家的两轮问卷调查,预测试青少年实际动作水平,进而初步确定青少年动作协调能力的评价指标体系,包括2个一级指标、6个二级指标、14个三级指标以及55个动作模式,见表3-13和表3-14。

表3-13 青少年动觉协调能力的评定指标及动作模式

一级指标	二级指标	三级指标	动作模式
A1 动觉协调能力	B1 上肢动作协调能力	C1 上肢对称动作协调能力	D1、D2 上肢左右对称
		C2 上肢不对称动作协调能力	D3、D4 上肢左右不对称
	B2 下肢动作协调能力	C3 下肢对称动作协调能力	D5 开合跳 D6 "I" 形变向双脚跳 D7 "L" 形变向双脚跳 D8 "T" 形变向双脚跳
		C4 下肢不对称动作协调能力	D9 单双脚开合跳 D10 "I" 形单双脚开合跳 D11 "L" 形单双脚开合跳 D12 "T" 形单双脚开合跳 D13 垫步吸腿 D14 下肢左右钟摆
	B3 上下肢动作协调能力	C5 上下肢对称动作协调能力	D15 开合跳两臂侧平举 D16 开合跳两臂胸前平屈 D17 开合跳两臂胸前屈 D18 开合跳头上击掌 D19 双脚点地 + D1 D20 双脚点地 + D2
		C6 上肢对称下肢不对称动作协调能力	D21 体周击掌吸腿 D22 单双脚开合跳头上击掌 D23 踏步 + D1 D24 踏步 + D2 D25 下肢钟摆同时抡双臂

续表

一级指标	二级指标	三级指标	动作模式
A1 动觉协调能力	B3 上下肢动作协调能力	C7 上肢不对称下肢对称动作协调能力	D26 双脚点地跳 + D3 D27 双脚点地跳 + D4 D28 开合跳 + D3 D29 开合跳 + D4
		C8 上下肢都不对称动作协调能力	D30 垫步吸腿异侧臂上举 D31 左右手触异侧脚 D32 前后左右手触异侧脚 D33 左右换腿跳摆双臂 D34 手臂成90度抢臂走 D35 踏步 + D3 D36 踏步 + D4
	B4 躯干与四肢动作协调能力	C9 俯卧姿势动作协调能力	D37 熊爬 D38 侧向熊爬 D39 蜘蛛侠爬 D40 兔子跳 D41 超人爬行
		C10 仰卧姿势动作协调能力	D42 螃蟹爬 D43 横向螃蟹爬

表3-14 青少年知觉-动作协调能力的评定指标及动作模式

一级指标	二级指标	三级指标	动作模式
A2 知觉-动作协调能力	B5 视觉-动作协调能力	C11 视觉-上肢动作协调能力	D44 手拍对面一个点 D45 手拍左右两点 D46 手拍前左右三个点
		C12 视觉-下肢动作协调能力	D47 脚踩对面一个点 D48 脚踩左右两点 D49 脚踩前左右三个点
	B6 听觉-动作协调能力	C13 听觉-上肢动作协调能力	D50 听口令手拍对面一个点 D51 听口令手拍左右两点 D52 听口令手拍前左右三个点
		C14 听觉-下肢动作协调能力	D53 听口令脚踩对面一个点 D54 听口令脚踩左右两点 D55 听口令脚踩前左右三个点

（二）动作协调能力评定动作示范

青少年动作协调能力评定动作示范见表 3–15。

表 3–15　青少年动作协调能力评定动作示范

动作模式	动作示范	动作模式	动作示范
D1 上肢左右对称	动作 1—2 动作 3—4	D3 上肢左右不对称	动作 1—2 动作 3—4
D2 上肢左右对称	动作 1—2 动作 3—4	D4 上肢左右不对称	动作 1—2 动作 3—4

续表

动作模式	动作示范	动作模式	动作示范
D5 开合跳	动作 1 动作 2	D8 "T"形变向双脚跳	动作 1—2 动作 3—4
D6 "I"形变向双脚跳	动作 1—2 动作 3—4	D9 单双脚开合跳	动作 1—2 动作 3—4
D7 "L"形变向双脚跳	动作 1—2 动作 3—4	D10 "I"形单双脚开合跳	动作 1—2 动作 3—4

续表

动作模式	动作示范	动作模式	动作示范
D11 "L"形单双脚开合跳	动作1—2 动作3—4	D15 开合跳两臂侧平举	上肢：两臂侧平举+放于体侧
D12 "T"形单双脚开合跳	动作1—2 动作3—4	D16 开合跳两臂胸前平屈	上肢：两臂胸前平屈+放于体侧
D13 垫步吸腿		D17 开合跳两臂胸前屈	上肢：两臂胸前屈+放于体侧
D14 下肢左右钟摆		D18 开合跳头上击掌	上肢：头上击掌+放于体侧

续表

动作模式	动作示范	动作模式	动作示范
D19 双脚点地 + D1	上肢动作同 D1	D23 踏步 + D1	上肢动作同 D1
D20 双脚点地 + D2	下肢动作 上肢动作同 D2	D24 踏步 + D2	上肢动作同 D2
D21 体周击掌吸腿		D25 下肢钟摆同时抡双臂	
D22 单双脚开合跳头上击掌	上肢：头上击掌 + 放于体侧	D26 双脚点地跳 + D3	上肢动作同 D3

续表

动作模式	动作示范	动作模式	动作示范
D27 双脚点地跳 + D4	上肢动作同 D4	D31 左右手触异侧脚	
D28 开合跳 + D3	上肢动作同 D3		
D29 开合跳 + D4	上肢动作同 D4	D32 前后左右手触异侧脚	1—2
D30 垫步吸腿异侧臂上举	上肢：异侧臂上举 + 放于体侧		3—4

续表

动作模式	动作示范	动作模式	动作示范
D33 左右换腿跳摆双臂		D36 踏步 + D4	上肢动作同 D4
D34 手臂成 90 度抡臂走		D37 熊爬	
D35 踏步 + D3	上肢动作同 D3	D38 侧向熊爬	

续表

动作模式	动作示范	动作模式	动作示范
D39 蜘蛛侠爬		D42 螃蟹爬	
D40 兔子跳		D43 横向螃蟹爬	移动方向为横向
D41 超人爬行		D44 手拍对面一个点	感应灯 1米 手

续表

动作模式	动作示范	动作模式	动作示范
D45 手拍左右两点	感应灯 ↔1米↔ 手 ↔1米↔ 感应灯	D49 脚踩前左右三个点	感应灯（上，1米）感应灯 ↔1米↔ 脚 ↔1米↔ 感应灯
D46 手拍前左右三个点	感应灯（上，1米）感应灯 ↔1米↔ 手 ↔1米↔ 感应灯	D50 听口令手拍对面一个点	感应灯 ↕1米↕ 手
D47 脚踩对面一个点	感应灯 ↕1米↕ 脚	D51 听口令手拍左右两点	感应灯 ↔1米↔ 手 ↔1米↔ 感应灯
D48 脚踩左右两点	感应灯 ↔1米↔ 脚 ↔1米↔ 感应灯	D52 听口令手拍前左右三个点	感应灯（上，1米）感应灯 ↔1米↔ 手 ↔1米↔ 感应灯

续表

动作模式	动作示范	动作模式	动作示范
D53 听口令脚踩对面一个点	感应灯 ↕1米 脚	D55 听口令脚踩前左右三个点	感应灯 感应灯↔脚↔感应灯
D54 听口令脚踩左右两点	感应灯↔脚↔感应灯（1米）		

（三）不同水平阶段的动作协调能力评价结构体系

根据其身心发展特点，构建青少年不同水平阶段的动作协调能力评价结构体系，见表3-16。

表3-16　不同水平阶段的青少年动作协调能力评价结构体系

二级指标	三级指标	水平一	水平二	水平三	水平四	水平五
B1 上肢动作协调能力	C1 上肢对称动作协调能力	D1	D1	D2	D2	D2
	C2 上肢不对称动作协调能力	D3	D3	D4	D4	D4
B2 下肢动作协调能力	C3 下肢对称动作协调能力	D5	D5	D6	D7	D8
	C4 下肢不对称动作协调能力	D9	D9	D10或D11	D12或D13	D13或D14
B3 上下肢动作协调能力	C5 上下肢对称动作协调能力	D15	D16	D17或D18	D19	D20
	C6 上肢对称下肢不对称动作协调能力	D21	D22	D23	D24	D25
	C7 上肢不对称下肢对称动作协调能力	D26	D26	D27	D28	D29
	C8 上下肢都不对称动作协调能力	D30	D30	D31或D32	D33或D34	D35或D36

续表

二级指标	三级指标	水平一	水平二	水平三	水平四	水平五
B4 躯干与四肢动作协调能力	C9 俯卧姿势动作协调能力	D37	D38	D39	D40	D41
	C10 仰卧姿势动作协调能力	D42	D42	D43	D43	D43
B5 视觉-肢体动作协调能力	C11 视觉-上肢动作协调能力	D44	D44	D45	D45	D46
	C12 视觉-下肢动作协调能力	D47	D47	D48	D48	D49
B6 听觉-肢体协调能力	C13 听觉-上肢动作协调能力	D50	D50	D51	D51	D52
	C14 听觉-下肢动作协调能力	D53	D53	D54	D54	D55

三、动作协调能力的发展机制及训练方法

（一）动作协调能力的发展机制及特点

动作协调能力反映的是不同神经结构间协同工作，使感官、运动器官在时空上相互配合，完成动作的能力。在此基础上，可以得出影响动作协调能力的机制、结构、条件因素。其机制层面的因素有神经细胞、感受器官及中枢神经系统有关的单个部位结构的功能、中枢神经系统及整个控制系统等的整合功能等；其结构层面的因素有反应能力、空间定向能力、节奏能力、本体感受能力及动作结构快速辨认能力；其条件层面的因素有运动素质水平、情绪状态、兴趣等。

动作协调能力随年龄增长而提高，德国学者葛欧瑟认为，7~14岁是发展动作协调能力的最佳时期。过家兴[88]在《运动训练学》中指出，6~9岁是一般协调能力发展的关键期，9~14岁则是专门协调能力的发展高峰期。儿童的动作协调能力在7~10岁会快速发展。

在不同的年龄阶段，应有针对性地对青少年进行运动干预，从而可以有效提高其动作协调能力。其中，在6~7岁，传授基础动作，全面发展协调能力，培养动作感觉能力（空间感、时间感、肌肉用力感）；在7~10岁，通过反应能力、反应频率、空间辨别能力等多方面科学训练，提高一般协调能力；在10~14岁，培养动作准确性、思维合理性、动作变化速度，强化随意放松肌肉的能力，提高动作协调能力。

（二）动作协调能力的训练

动作协调能力的训练主要从平衡训练、定向训练、反应训练、节奏训练等方面进行。平衡训练分为静态平衡训练与动态平衡训练。静态平衡训练是身体处于静止状态下练习姿态的稳定性，动态平衡训练是身体处于运动状态下保持姿态的稳定性。定向训练又称空间定向训练，分为自身参照物训练与环境参照物训练。自身参照物训练是以自身身体的某一部位为参照点进行肢体方位控制的训练，环境参照物训练是以周边的物体为标志点进行肢体方位控制的训练。反应训练又称信号刺激法训练，其是通过不断变换节奏、元素的指令来提高反应能力，增强动作熟练度。其中，节奏训练分为时间节奏训练与力量节奏训练，时间节奏训练的表现方式为动作速度的快与慢，力量节奏训练的表现方式为力量的强与弱。

四、不同运动项目对协调能力的影响

将不同的运动项目与协调能力的发展特点相结合，设计训练方案，发展青少年的动作协调能力。

1. 体操舞蹈类运动项目对协调能力的影响

健美操训练提高了7~10岁小学生的平衡、反应、连贯等能力，并且使13~14岁学生的协调能力明显提高，动作错误率降低；拉丁舞练习显著提高了7~12岁学生的平衡、下肢变换等能力，同时提高了8~9岁学生的手、脚、眼协调等能力；街舞显著提高了7~10岁学生的灵活性、空间感和运动能力；体操教学对7~12岁学生的动作协调能力有显著的干预效果；牛仔舞干预对7~8岁学生的运动协调能力提升有显著效果，特别是平衡、空间定向和肢体配合能力；12周的节奏体育训练显著提高了7~9岁小学生的协调性，特别是节奏感和上下肢体配合能力。

2. 球类运动项目对协调能力的影响

薄晓仕利用羽毛球运动对8~9岁学生进行为期10周的实验研究，发现羽毛球运动能够使儿童的运动协调能力普遍得到提高。

纪仲秋、龚睿等对9岁、10岁、11岁学生进行足球体育课教学，并在实验前后进行了前庭步测试、闭眼单脚站立以及摆动腿三维加速度测试。经过12周的足球教学实验后得出结论，10岁女生的前庭步动态平衡能力有显著的提高，男生的前庭步动态平衡能力提高幅度更加明显，所以足球教学在前庭步动态平衡能力的提高上有积极作用。闭眼单脚站立测试中，三组女生的成绩提高幅度非常明显。在摆动腿三维加速度测试中，各个年龄组的男女生摆动腿加速度均有非常显著性提高。可见，足球运动干预能够提高学生闭眼单脚站立的能力和摆动腿加速度。

张华莹、高宝国利用乒乓球运动对小学生的动作协调能力干预进行实验研究。实验结果显示，为期12周的乒乓球训练能够提高小学生的动作协调能力，并且对其手部的精细动作能力和平衡能力有显著提高。

龙腾使用儿童粗大动作测试量表（TGMD-2）测试3~6岁幼儿足球运球能力。结果显示，足球游戏对提升幼儿运球和协调能力有显著效果。特别地，足球游戏对5~6岁幼儿的听觉、上下肢协调有明显的促进作用，同时也有助于提高3~4岁和4~5岁幼儿的手眼、左右上肢协调能力，以及5~6岁幼儿的自主性、操作性和4~5岁幼儿的被动性协调能力。

冷昊展实施了8周、每周3次、每次30分钟的篮球运球游戏干预，将篮球运球分为以反应能力训练为主、以空间定向能力训练为主、以节奏能力训练为主、以平衡能力训练为主、以本体感觉能力训练为主及由其中两项以上组成的综合能力训练为主的六类游戏，有效提升了5岁发育性协调障碍倾向幼儿的动作协调能力，其中幼儿的手部灵活性、定位与抓取及平衡能力均呈现出非常显著的提升效果。

3. 跳绳对协调能力的影响

何金华和王文生通过为期3个月的系统跳绳训练干预，发现14~15岁的男女少年的协调能力有了显著的提升。宋超通过实施花样跳绳练习的实验干预，观察到儿童的协调能力得到明显的增强。袁玉鹏采用哈勒循环测试（HCT）方法，将跳绳加入10~12岁男子羽毛球运动员的训练中，实验结果显示，需要上下肢高度配合的变换组合抗阻训练和双摇抗阻训练均能有效提高肢体的感知觉能力，进而提高运动的协调配合能力。

4. 其他运动项目对协调能力的影响

杨紫涵进行了每周 3 次、每次 20 分钟、为期 12 周的捆绑行动训练，对提高小学生上肢协调性、下肢协调性、整体协调性以及周期协调性指标的提高均有一定的积极意义。

郝永旭认为 7~12 岁是儿童动作协调能力发展的关键阶段，他利用每周 3 次的体育课对实验组小学生进行了为期 10 周、每次 40 分钟的"SPARK"体育课程教学实验，实验中将心率控制在 100~140 次/分钟。测试结果显示，"SPARK"课程对小学生的手眼协调能力有很大的影响，对小学生的动态、静态平衡能力影响较小。

霍小亮指出，毽球训练能显著提高 9~10 岁儿童的专项协调能力，特别是毽子单踢。

王静的研究显示，软梯训练对 7~8 岁儿童的动作协调能力有明显的促进作用，主要表现在双脚脚弓触球、交叉拍击、快速踩准、沙包踢抛准等测试成绩的提高。

佟宝满在研究中将协调能力训练分为单双上肢、单双下肢，上下肢同步或交替等 6 种部位的训练，然后进行协调性测试，探索爬行运动对协调能力的影响。结果显示，爬行运动能提高二年级小学生的协调性。

李和臻对二、四、六年级的小学生进行了为期 15 周、每周 2 节体育课、每节课 40 分钟的六边形训练。研究结果显示，这种训练可以有效提高小学生的协调素质指标测试成绩，其中 20 秒反复横跨测试和十字象限跳测试成绩的提高尤为显著。

第五节　青少年速度素质的健康效益解构及评价体系构建

一、速度素质概述

（一）速度素质的概念及重要性

众所周知，在田径运动成绩的提升方面，速度素质起着极为关键的作用。训练学专家 D. 哈雷博士在《速度及速度训练理论》一文中指出：在田径的短跑、跳跃以及短距离自行车等项目里，速度对成绩起着决定性的作用，并且，其在短时间耐力项目和球类项目中也有着不可忽视的重要性。此外，图多·博姆帕博士也提出：速度属于运动中极为重要的生物运动能力，在众多体育项目的成绩影响因素里占据重要地位。由此可见，速度素质几乎与所有项目成绩的提升都有着紧密的关联。那么究竟什么是速度素质呢？起初，对于速度素质内涵的理解是"速度即尽快向前运动的能力"。随着研究的持续深入，不同学者对速度素质的内涵有着不同的表述，进而使其产生了差异。例如，B. H. 普拉诺夫认为，速度是在最短时间内完成动作的综合能力；盖·施莫林斯基认为，速度是基于神经系统与肌肉组织活动过程的灵活性，以相对速度来完成的；图多·博姆帕博士则以更为概括性的表述称"速度就是人体快速运动的能力"。由于速度素质的内涵发生了变化，其外延也从单纯的跑得快、游得快或者划得快等简单表现形式，演变为更多形式的分类方式。

（二）速度素质的构成

当下普遍认可的速度素质外延是依据速度素质的性质特点来划分的，像我国训练学领域的泰斗田麦久，以及图多·博姆帕、D. 哈雷等学者，他们大致将速度素质的外延拓展为反应速度、动作速度、位移速度。基于此，本研究选用田麦久教授对于速度素质的释义，以及对速度素质的分类：反应速度、动作速度、移动速度。

1. 反应速度

反应速度表现为人体对各种信号（声、光、触）刺激快速作出反应的能力。由于运动员对不同类型信号的反应时长短不同，训练中往往根据不同项目的特点测定运动员对特定信号的反应时。如短跑、游泳等周期性竞速项目中，运动员主要接收听觉信号，而乒乓球运动员则主要通过接收视觉信号作出战术反应。

反应速度又具体分为简单反应速度和复杂反应速度。其中，简单反应速度是对一种事先规定好的动作即对单一信号作出反应（信号刺激—作出反应）的能力；而复杂反应速度是对客体的变化进行判断选择后再作出反应（信号刺激—判断选择—作出反应）的能力。

2. 动作速度

动作速度表现为人或人体某一部位快速完成动作的能力，具体可分为单一动作速度、成套动作速度、动作频率。其中，单一动作速度表现为人体完成某一技术动作时的挥摆速度、击打速度、蹬伸速度、踢踹速度等；成套动作速度又叫整体性成套动作速度，指两个或两个以上肢体协同配合的动作所表现出来的局部整体动作的快慢；动作频率是在单位时间内连续完成单个动作的次数。

3. 移动速度

移动速度是指人体在特定方位上移动的速度，用距程（s）和通过该距程所用的时间（t）之比来表示。移动速度一般分为瞬时速度、平均速度、加速度、最大速度、减速度。在体育运动中，移动速度常常以人体通过固定距离所用的时间来表示，如男子100米10秒、100米自由泳50秒。以100米短跑为例，由起跑到加速跑的阶段，更多表现出的是加速度，人体从静止状态变化到运动状态且是一个速度逐步提高的过程；而途中跑则是尽可能地保持最大速度，其主要表现的是最大速度；冲刺跑或者终点跑则主要表现出减速度，此时磷酸原系统的供能效率降低，磷酸肌酸的含量及相关酶活性也在下降，不能继续供给维持最大速度所需要的能量，速度不断下降。瞬时速度表示通过某一位置时的速度。

以上三种速度素质既有区别又有联系。移动速度由多个不同的动作速度组成（如途中跑的摆臂速度、前摆腿速度、后蹬速度），而反应速度则是每个动作所必不可少的要素。三种速度素质并不是同优或同劣。

（三）速度素质的解构

在前述研究的基础上，对速度素质进行解构，如图3-21所示。

```
                              ┌─ 手反应时
               ┌─ 简单反应速度 ─┤
       ┌─ 反应速度 ─┤           └─ 足反应时
       │          └─ 复杂反应速度 ─ 选择反应时
       │                                     ┌─ 上肢屈伸动作速度
       │          ┌─ 屈伸动作速度 ────────────┼─ 下肢屈伸动作速度
速度素质 ─┼─ 动作速度 ─┤                       └─ 全身屈伸动作速度
       │          └─ 鞭甩动作速度 ─┬─ 上肢鞭甩动作速度
       │                        └─ 下肢鞭甩动作速度
       │                     ┌─ 加速度
       │          ┌─ 直线移动速度 ─┼─ 最大速度
       └─ 移动速度 ─┤           └─ 往返移动速度
                  └─ 多方向移动速度 ─┬─ 斜线移动速度
                                 └─ 曲线移动速度
```

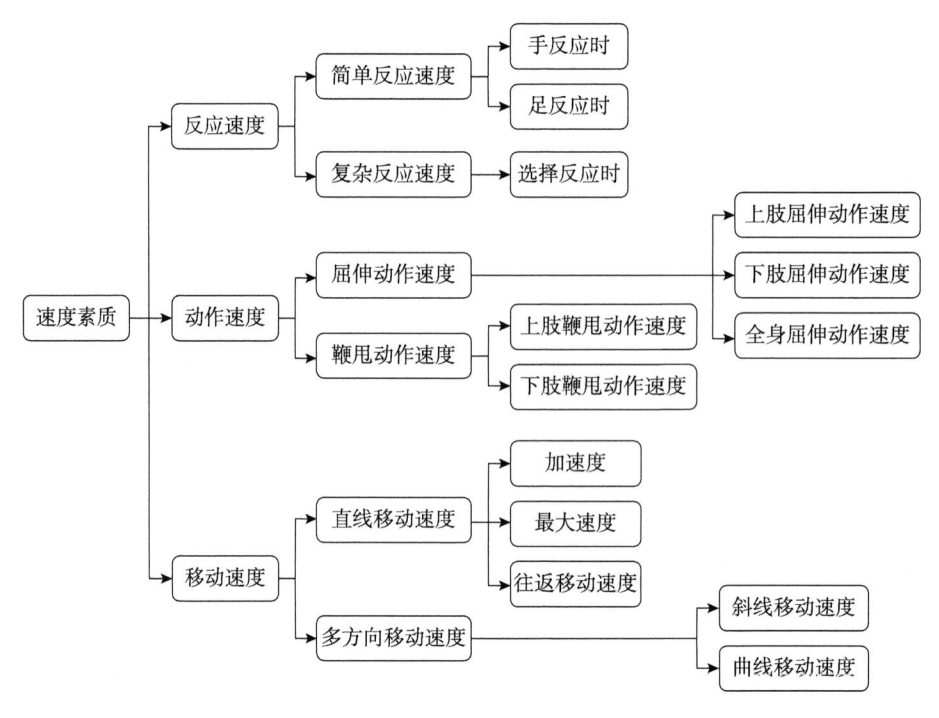

图 3-21 速度素质

二、速度素质的评价体系构建

（一）速度素质的评定指标及动作模式

速度素质是人体在快速运动的过程中所表现出的能力，是一个复合概念，在专项素质训练上，对速度素质的理解要从多个方面和层次入手。以人体运动动作结构为标准，构建青少年速度素质的评定指标及动作模式，见表 3-17。

表 3-17 青少年速度素质的评定指标及动作模式

一级指标	二级指标	三级指标	动作模式
A1 反应速度	B1 简单反应速度	C1 手反应时	D1 反应尺测试
		C2 足反应时	D2 看手势的选择跑
	B2 复杂反应速度	C3 选择反应时	D3 踩反应灯测试

续表

一级指标	二级指标	三级指标	动作模式
A2 动作速度	B3 屈伸动作速度	C4 上肢屈伸动作速度	D4 10秒跪姿俯卧撑
			D5 30秒左右冲拳
		C5 下肢屈伸动作速度	D6 10秒原地高抬腿
			D7 10秒快速单脚跳
			D8 10秒弓步交换跳
		C6 全身屈伸动作速度	D9 20秒原地纵跳摸高
			D10 20秒立卧撑
	B4 鞭甩动作速度	C7 上肢鞭甩动作速度	D11 10秒弹力带快速挥臂
			D12 坐姿掷实心球
		C8 下肢鞭甩动作速度	D13 10秒弹力带前摆腿
			D14 10秒仰卧鞭打弹力带
A3 移动速度	B5 直线移动速度	C9 加速度	D15 4秒快速跑
		C10 最大速度	D16 50米跑
		C11 往返移动速度	D17 4×10米往返跑
	B6 多方向移动速度	C12 斜线移动速度	D18 往返斜线跑
		C13 曲线移动速度	D19 蛇形跑

（二）不同水平阶段的速度素质评价结构体系

根据青少年的身心发展特点，构建其不同水平阶段的速度素质评价结构体系，见表3–18。

表3–18 不同水平阶段的青少年速度素质评价结构体系

一级指标	二级指标	三级指标	水平一	水平二	水平三	水平四	水平五
A1 反应速度	B1 简单反应速度	C1 手反应时	D1	D1	D1	D1	D1
		C2 足反应时	D2	D2	D2	D2	D2
	B2 复杂反应速度	C3 选择反应时	无	D3	D3	D3	D3
A2 动作速度	B3 屈伸动作速度	C4 上肢屈伸动作速度	无	D4	D4	D5	D5
		C5 下肢屈伸动作速度	D6	D6	D7	D7	D8
		C6 全身屈伸动作速度	无	D9	D9	D10	D10
	B4 鞭甩动作速度	C7 上肢鞭甩动作速度	D11	D11	D12	D12	D12
		C8 下肢鞭甩动作速度	D13	D13	D14	D14	D14

续表

一级指标	二级指标	三级指标	水平一	水平二	水平三	水平四	水平五
A3 移动速度	B5 直线移动速度	C9 加速度	D15	D15	D15	D15	D15
		C10 最大速度	D16	D16	D16	D16	D16
		C11 往返移动速度	无	D17	D17	D17	D17
	B6 多方向移动速度	C12 斜线移动速度	无	D18	D18	D18	D18
		C13 曲线移动速度	无	D19	D19	D19	D19

三、速度素质的发展机制及训练方法

（一）速度素质的发展规律

反应速度：6~12岁，反应速度的提高幅度较大；9~12岁，反应速度提高得更为显著；12岁以后，由于进入发育阶段，反应速度增速减慢；到16岁时，由于内分泌系统等机能产生了质的飞跃，反应速度提高，又出现高峰；到20岁以后提高速度就会慢下来。一般2~3岁的反应速度为0.5~0.9秒，5~7岁的为0.3~0.4秒，12~14岁的为0.15~0.2秒。

动作速度：动作频率方面，4~17岁时肘关节屈伸频率从每10秒3.3次提升至每10秒3.7次，主要原因是中枢神经系统运动皮层突触髓鞘化的成熟提升了神经信号传导效率，以及快肌纤维募集能力增强导致γ运动神经元对肌梭的调控更为精准。动作角速度方面：4~6岁时，角速度范围为26.1~37.1度/秒，这是由关节囊韧带松弛性较高、动态稳定性不足以及肌肉羽状角较大、力传递效率较低所致；13~14岁时，角速度跃升至42.0~86.1度/秒，这是因为肌肉横截面积增长，快肌纤维比例接近成人水平（≈50%），并且肌腱弹性势能存储能力增强。

移动速度：7~12岁，男女生差别不大；到13岁以后，男性的最大跑步速度逐渐超过女生；在18岁以后，男性的跑步速度也有提高的趋势，而女性在17岁后跑步速度自然提高减慢；特别是女性在14~16岁时，由于处于青春期，跑步速度表现不稳定，有时可能低于14岁以前的速度。

（二）速度素质的影响因素

速度素质实际上是人体整体运动能力和各种素质水平的综合表现，影响和决定速度素质的因素是多方面的。概括而言，速度素质的影响因素包括人体供能系统提供能量的能力、肌纤维类型及其生理学特点、神经系统的灵活性和协调性、身体形态、运动技术、心理和意志品质，以及其他身体素质，如力量和柔韧性[89]。具体而言，各速度素质的影响因素分析如下。

从生理层面上讲，反应速度主要与神经肌肉系统的协调配合能力有关，它受感受器（视、听、触觉等）的敏感程度、中枢神经系统机能、效应器（肌纤维）的兴奋性、注意力的集中程度与指向、疲劳程度与反应过程的巩固程度等因素的影响。

从生理层面上讲，动作速度主要受肌纤维类型、肌肉力量、神经肌肉系统的机能与状态、运动条件反射的巩固程度影响。

从生理层面上讲，影响移动速度的主要因素有步频、步幅、供能效率。步频与动作速度密切相关，步幅主要取决于下肢力量的大小、神经活动过程的灵活性、力量发展水平与技术、肌纤维的类型和肌肉用力的协调性、肌肉中能量物质储备与能量物质分解以及再合成的速度、注意力的集中程度等。

四、不同运动项目对速度素质的影响

1. SAQ 训练对速度素质的影响

乔治明对比足球专项 SAQ 训练和传统速度训练研究发现，足球专项 SAQ 训练对小学五年级男女生的速度素质均有很好的促进作用，其中对男生的效果相较于女生而言更好一些。宋程伟用 SAQ 训练法对甘肃省排球体考生进行 10 周实验后，发现 SAQ 训练可同时有效地提高排球体考生的速度和灵敏性。

郝晓娜研究发现，经过功能性体能训练，青少年羽毛球运动员的快速高抬腿（$P=0.017$）、伊利诺伊测试（$P=0.026$）、内布拉斯加测试（$P=0.033$）、30 米冲刺跑（$P=0.029$）、米字步伐快移（$P=0.042$）五项指标测试成绩皆显著高于对照组。

2. 核心力量训练对速度素质的影响

经过为期 8 周的核心力量训练，11～12 岁青少年（实验组）移动速度的 50 米跑指标、30 米跑指标以及反映动作速度的 10 次高抬腿计时指标成绩的提高明显高于对照组，而反映反应速度的视觉简单反应时、听觉反应时指标并不存在显著性差异。

郭祥对大学生羽毛球专项学生进行核心力量训练，发现实验班与对照班的速度素质有明显差异，实验班学生的速度素质训练效果要优于对照班。

张华亚对 11～12 岁的青少年进行核心力量训练的实验后，反映移动速度、动作速度和反应速度的测试成绩提高幅度明显高于对照组。实验证明，为了提高青少年的速度素质，在体育教学过程中可以采用适当负荷强度的核心力量训练。

Hamlyn 指出，核心力量训练可以促进青少年进行速度素质训练的动力和兴趣。Cronin 指出，力量与爆发力训练有利于提升专项移动速度。罗春林等通过研究得出，力量素质的练习可有效提升移动速度。

3. 体操类运动对速度素质的影响

舒友情通过快乐体操练习对 6 岁儿童身体素质影响的实验研究发现，儿童的力量、速度、柔韧性、灵敏性、协调性和平衡性等 6 项素质有明显改善，具有非常显著的差异。

王英英认为，快乐体操训练和学校体育课相比，对 7～8 岁学生动作速度素质 10 秒高抬腿和上肢肌肉力量素质单杠悬垂成绩的提高更有效，但对移动速度素质 50 米跑、下肢爆发力立定跳远、耐力素质 1 分钟跳绳成绩提高不明显。

4. 抗阻训练对速度素质的影响

李明喆通过为期 8 周的超等长训练和抗阻力量训练对部分网球专项运动员身体素质影响的实验干预发现，超等长训练干预后的各项指标测试成绩优于抗阻力量训练干预后的，并且就增长幅度而言，超等长训练的干预效果更加明显，说明与抗阻力量训练相比，超等长训练可以更好地提高网球选修班学生的下肢爆发力、速度素质和灵敏素质。

黄劲松指出，经过为期 12 周的弹力带抗阻训练后，伊利诺伊测试、10 次低重心四点跑、5 次左右摸边、10 秒原地高抬腿和 30 米跑的测试成绩均有显著性提高，仅一分钟跳绳测试项目成绩有些许提升，表明弹力带抗阻训练能显著提升高校羽毛球专选班学生的羽毛球专项速度素质。

5. 软梯训练对速度素质的影响

刘伟泉对初三女生进行了为期 12 周的软梯组合训练实验，结果显示对实验组反应速度的干预效果优于对照组，而且对动作速度的干预效果更为明显。

王嘉浩进行了为期 16 周的软梯训练实验后，发现实验组的四项反应速度测试成绩指标皆高于对照组，并且都达到了显著差异水平（$P<0.05$），并且相对于传统的速度素质训练方法，软梯训练在改善初一男生速度素质方面的效果较为明显，尤其能促进初一男生的反应速度、移动速度和动作速度的提升。

杨志通过绳梯训练对初中男子足球队员专项移动速度的影响研究发现，绳梯训练较常规的速度素质训练可以更为有效地提高初中男子足球队员曲线、折线专项移动速度，但对单纯的直线跑速度以及非常简单的折线运球速度无显著影响。

黄麒瑞提出，绳梯游戏可以提高运动员反应速度、快速变向能力以及出拳速度。

6. 其他训练方法对速度素质的影响

李青政指出，动态拉伸能够有效促进体育专业羽毛球专项学生速度素质的发展，提高快速移动能力。张改英通过对比综合热身方案（FIFA11＋）与我国常规的热身方式对高中男子足球运动员速度与灵敏素质的影响，发现"FIFA11＋"练习能够改善高中男子足球运动员速度素质中的直线冲刺跑和相关的跑动能力。

周斯年对高中篮球运动员进行为期 8 周、每周 3 次、每次 30~60 分钟的 CrossFit 训练和传统抗阻训练干预，结果显示，CrossFit 训练对高中篮球运动员的专项速度素质的提升明显优于抗阻训练，而反应速度素质在很大程度受遗传效应影响，CrossFit 训练和抗阻训练对其均影响不大。

曾续娥通过为期 12 周的两脚交替跳绳训练与两脚并脚跳绳训练干预发现，

相较于两脚并脚跳绳训练，两脚交替跳绳训练对小学五年级学生移动速度和动作速度的提高起到了更好的作用；而在反应速度上，两种跳绳训练的干预效果并无显著差别。

第六节　青少年平衡能力的健康效益解构及评价体系构建

一、平衡能力概述

（一）平衡能力的概念及重要性

平衡能力是人体最基本的一项运动能力，其是指在变化的环境条件中，机体处于任何不稳定状态时，及时对自身重心进行调控并保持稳定姿态的能力。平衡能力是人体的重要生理机能，是维持人体姿势的能力[90]。如果一个正常人丧失了感知平衡的能力和对自身机体的控制能力，则无法按照要求完成规定姿势的预期动作及其保持。

（二）平衡能力的运动生理学机制

人体平衡状态的维持与管理是一个复杂的过程。从运动生理学的角度出发，其涉及感知系统、神经系统以及运动系统三部分的协调配合，任何一个出现问题都会导致平衡功能下降或者丧失[91]。首先，人体所处的位置、环境及自身状态等信息通过感受系统（前庭系统、视觉系统及本体感受器等）的输入而被感知；其次，这些信息被中枢神经系统（大脑皮层、脊髓、脑干等）等进行整合加工；最后，中枢神经系统对运动系统（肌肉、骨骼、关节等）下达指令，继而达到对身体姿态动作的控制，完成对人体自身平衡的维持，如图3-22所示。

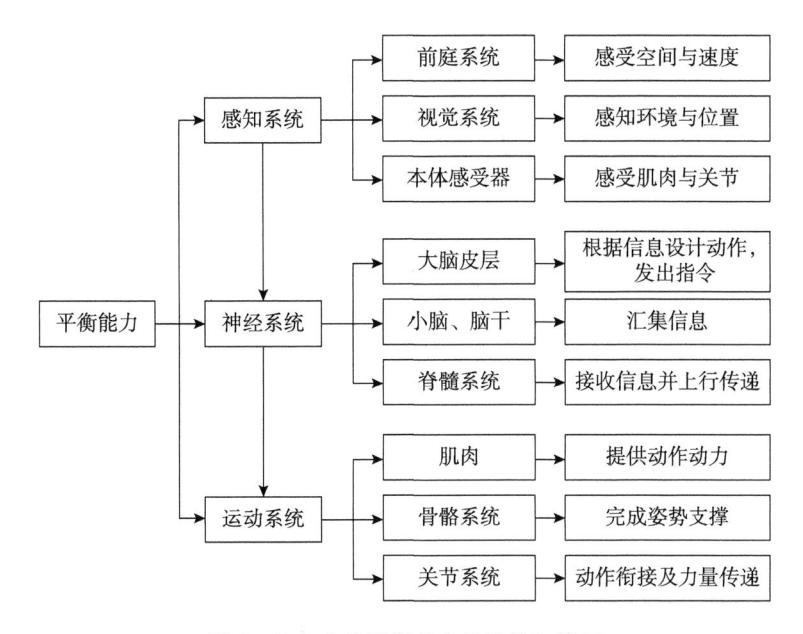

```
                    ┌─→ 前庭系统   →  感受空间与速度
          ┌─ 感知系统 ─┼─→ 视觉系统   →  感知环境与位置
          │         └─→ 本体感受器 →  感受肌肉与关节
          │
          │         ┌─→ 大脑皮层   →  根据信息设计动作，发出指令
平衡能力 ─┼─ 神经系统 ─┼─→ 小脑、脑干 →  汇集信息
          │         └─→ 脊髓系统   →  接收信息并上行传递
          │
          │         ┌─→ 肌肉      →  提供动作动力
          └─ 运动系统 ─┼─→ 骨骼系统   →  完成姿势支撑
                    └─→ 关节系统   →  动作衔接及力量传递
```

图 3-22　人体平衡状态的维持与管理

（三）平衡能力的解构

对人体平衡能力进行解构是一个系统性的过程，这是因为平衡能力涉及所有调整并维持自身稳定状态的能力，具有较强的连贯性、整体性和完整性。按照初始姿态、动作类型及动力来源，可将平衡能力分为静态平衡和动态平衡。其中，动态平衡又可分为自动平衡和他动平衡，所以也有专家学者将平衡能力分为静态平衡、自动平衡和他动平衡。

静态平衡，指机体处于静止并保持某种姿势相对稳定的状态，是肌肉通过等长收缩维持的平衡状态。在静态平衡能力测试中，往往采用站姿、坐姿或卧姿的方式进行。

动态平衡，是肌肉通过等张收缩来进行控制的平衡状态。其中，自动平衡，即主动平衡，指通过各种自发性、主动性的姿态变换运动使机体能重新获得稳定的能力，如由坐姿到站姿、由静止状态进入运动过程中等；他动平衡，即被动平衡，指受外部影响因素（外力等）干扰时人体维持平衡的能力。对平衡能力进行解构，如图 3-23 所示。

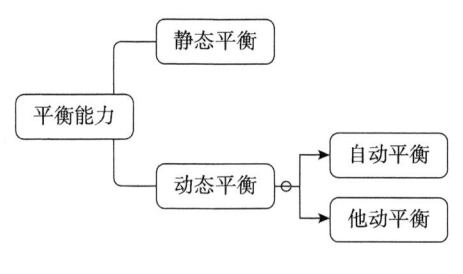

```
          ┌── 静态平衡
平衡能力 ──┤
          └── 动态平衡 ──┬── 自动平衡
                        └── 他动平衡
```

图 3-23　平衡能力

二、平衡能力的评价体系构建

根据青少年体能发展规律，基础教育阶段是青少年平衡能力快速发展的敏感期；平衡能力已被列入课程标准中作为体能发展水平的目标。因此，对青少年平衡能力的提升十分必要，相关测试也从静态平衡能力和动态平衡能力两方面开展。

（一）平衡能力的评定指标及动作模式

以人体运动动作结构为标准，构建青少年平衡能力的评定指标及动作模式，见表 3-19。

表 3-19　青少年平衡能力的评定指标及动作模式

一级指标	二级指标	动作模式
A1 静态平衡	B1 静态徒手	C1 半蹲双臂前伸
		C2 单脚支撑腿前屈
		C3 单脚支撑腿后伸
		C4 单脚支撑合掌于胸前
		C5 单脚支撑一腿屈
		C6 单脚支撑异侧臂前伸
		C7 单脚支撑上肢侧上举
		C8 单脚支撑+同侧上下肢前伸
	B2 静态器械	C9 侧跨步
		C10 单脚踩杠铃片
		C11 手持哑铃单脚支撑
		C12 器械单脚支撑，双臂前伸
		C13 器械单脚支撑

续表

一级指标	二级指标	动作模式
A2 动态平衡	B3 动态徒手	C14 单脚支撑+异侧脚前后摆动
		C15 单脚支撑+异侧脚左右摆动
		C16 单脚支撑+上肢节奏性上举
		C17 原地摆臂后撤腿
		C18 单脚支撑+直腿平板蹲起
	B4 动态器械	C19 正面越障
		C20 侧面跨障
		C21 挺身
		C22 哑铃平衡

（二）平衡能力评定动作示范

青少年平衡能力评定动作示范见表 3-20。

表 3-20 青少年平衡能力评定动作示范

动作模式	动作示范	动作模式	动作示范
C1 半蹲双臂前伸		C3 单脚支撑腿后伸	
C2 单脚支撑腿前屈		C4 单脚支撑合掌于胸前	

续表

动作模式	动作示范	动作模式	动作示范
C5 单脚支撑一腿屈		C8 单脚支撑+同侧上下肢前伸	
C6 单脚支撑异侧臂前伸		C9 侧跨步	
C7 单脚支撑上肢侧上举		C10 单脚踩杠铃片	

续表

动作模式	动作示范	动作模式	动作示范
C11 手持哑铃单脚支撑		C14 单脚支撑+异侧脚前后摆动	
C12 器械单脚支撑，双臂前伸		C15 单脚支撑+异侧脚左右摆动	
C13 器械单脚支撑		C16 单脚支撑+上肢节奏性上举	

续表

动作模式	动作示范	动作模式	动作示范
C17 原地摆臂后撤腿		C20 侧面跨障	
C18 单脚支撑 + 直腿平板蹲起		C21 挺身	
C19 正面越障		C22 哑铃平衡	

（三）不同水平阶段的平衡能力评价结构体系

根据青少年的身心发展规律，制定了不同水平阶段的平衡能力评价结构体系，见表 3-21。

表 3-21 不同水平阶段的青少年平衡能力评价结构体系

一级指标	二级指标	水平一	水平二	水平三	水平四	水平五
A1 静态平衡	B1 静态徒手	C1/C2	C3	C4	C5/C6	C7/C8
	B2 静态器械	C9	C10	C11	C12	C13
A2 动态平衡	B3 动态徒手	C14	C15	C16	C17	C18
	B4 动态器械	C19	C19	C20	C21	C22

三、平衡能力的发展机制及训练方法

（一）平衡能力的发展规律及特点

平衡能力在不同年龄阶段的发展具有差异性，其伴随着人体机能系统的发展而获得发育、成熟或退化。但这种伴随关系绝不是简单的线性关系，而是一种极为复杂的曲线关系。在青少年时期，平衡能力随着机体的发育而趋于稳定，以青少年的身体机能状态良好为前提，其与生长发育成正相关，在 15~20 岁发育趋向成熟，在 50~60 岁开始出现衰退迹象。此外，平衡能力的发展在性别层面上也呈现出差异性。相关研究表明，在青少年时期，女生的平衡能力要强于男生，主要是由于此阶段女生上体窄细，重心低；而随着男生前庭系统稳定性的提高以及肌肉力量的增加，男女生平衡能力的差异开始减小。

（二）平衡能力的影响因素

从生物力学的角度而言，影响人体平衡的因素主要是支撑面积、支撑面的稳定性、重心高度、体重等[92]。基于平衡能力的运动生理学基础，影响平衡能力的因素主要分为主观内部因素和客观外部因素两方面。其中，主观内部因素包括前庭功能的发展程度、视觉及空间感知能力、触觉的输入和敏感度、自身本体感觉的敏锐程度及其效率，此外还包括自身情绪状态、肌肉的力量水平、关节灵活程度及软组织柔韧度、主动肌与拮抗肌的协调水平等；客观外部因素包括身体与支撑面的接触面积、动作进行时支撑面的稳定性、其他环境影响因素等。同时，平衡能力还受自身年龄、体重、身高、参加运动锻炼的情况等因素的影响。

（三）平衡能力的训练方法

基于平衡能力的发展规律，在不同年龄阶段应结合青少年的身心发展规律及特点开展不同的平衡能力训练。良好的平衡能力可以增加运动效果，在一定程度上减少运动损伤[93]。3~6岁（关键时期），通过非稳定性训练可以改善幼儿的前庭功能以及本体感觉与视觉的相互配合能力，使大脑更加充分发育，促进神经系统的快速发展，逐步加强幼儿的下肢力量、踝关节稳定性；6~7岁，通过协调性训练发展儿童的单腿平衡能力，以及动作动态变化中机体神经系统对肌肉协调的控制能力，培养空间感；7~10岁，通过反应性训练提高儿童的反应速度、动作效率以及对时空变化的感知水平；10~14岁，通过综合性训练培养青少年的整体性平衡能力，包含稳定姿态的控制能力，由静到动或由动到静的动作变化过程中的姿态控制能力、完成度和连贯性，进一步提高神经系统对肌肉的控制水平，从而能更加精细化地完成平衡类动作。

四、不同运动项目对平衡能力的影响

结合青少年时期的身体发育水平、肌力特点、运动兴趣及身体耐受情况，重点选取舞蹈、游泳、跳绳、球类等项目进行研究分析。

1. 舞蹈对青少年平衡能力的影响

舞蹈类项目对青少年下肢肌肉力量的提升效果明显，尤其是膝关节和踝关节的灵活程度及协调性。在舞蹈练习过程中，髋关节、胯部等身体部位的摆动或旋转等动作均需主动调节自身平衡，同时，音乐节奏可刺激前庭，加强前庭感觉的灵敏性。通过舞蹈类训练或在训练中加入舞蹈动作干预手段，可在一定程度上提高青少年的平衡能力。

2. 游泳对青少年平衡能力的影响

游泳过程本身即是维持身体平衡、保持身体协调的过程，游泳的身体姿势是头、躯干、髋部和下肢在一条直线上,这种姿势可以最大限度地减小游泳者遇到的最大阻力——形状阻力。平衡能力是有效提升游泳技术的基础;游泳过程中,水的压力既可对关节的摩擦进行缓冲,同时也能提升肌肉力量,身体更强健。因此,就青少年尤其是儿童而言,游泳更有助于降低摔跌风险。

3. 跳绳对青少年平衡能力的影响

跳绳训练能够极大地提高青少年的体适能、心血管及呼吸系统的机能水平,同时其因便于开展、负荷低、安全性高而被诸多学校纳入日常体育练习。在跳绳过程中,可进一步提高腰部、背部及腿部肌肉力量,而且跳绳训练对膝关节、踝关节的灵活度均具有积极影响。由此来看,跳绳对青少年的动态平衡调整及保持能力具有较好的促进作用。

4. 球类运动对青少年平衡能力的影响

球类运动能够提高青少年的灵敏性、速度、力量、爆发力、耐力等素质,同时培养其对周围情况迅速进行判断并作出的能力。各类球类运动中均有许多基本动作,通过球类运动健身,视觉、听觉、本体感觉、平衡能力等得到提高,尤其是被动平衡能力。此外,通过球类运动,可以提高青少年在受到外力干扰的情况下迅速调整并获得平衡的能力。

第四章　青少年不同运动方式的健康效益分析

第一节　运动方式与健康效益的内在联系分析

一、运动方式相关内容

体育运动方式主要包括频率、量度、时长和类型四个因素。运动频率是指单位时间内进行运动的频次，主要包括单次运动频率（短期频率）、周（月、年）运动频率（长期频率）。运动量度主要包括负荷强度、负荷量。运动时长指单次运动从开始到结束的持续时间，通常以秒、分钟或小时为单位。运动类型主要有氧运动和无氧运动。其中，有氧和无氧运动可以划分为低运动强度、中等运动强度和高运动强度三个等级。低运动强度和中等运动强度主要以有氧运动为主，高运动强度主要以无氧运动为主。

二、健康效益相关内容

广义的健康效益是指通过专门性体育锻炼而获得健康水平提升的收益，此收益应该包括生理（身体）与心理、社会适应等方面。狭义的健康效益则是针对身体方面的表达，其落脚点在"身"。毛泽东在《体育之研究》中对体育的解释"使身体平均发达"，其重点也放在了"身"上面，并对"身体"方面产生的效能作了阐述：使身体平均发达。不难理解，运动带给青少年最直接的健康效益，即体现在力量、灵敏、耐力、协调、速度和平衡能力方面，本章着重探讨运动方式给青少年这六个方面带来的健康效益。

三、青少年运动方式与健康效益的关系

(一) 运动频率

1. 短期频率 (单次训练内)

高练习密度 (短间歇+快动作速度),可以提升无氧代谢能力,增加肌肉爆发力,如高强度间歇训练。

低练习密度 (长间歇),适用于耐力训练或康复人群,可以降低乳酸堆积风险。

2. 长期频率 (周/月/年周期内)

每周 3~5 次 (中等强度),可以改善心肺功能 (VO_2max 提升 10%~20%),降低心血管疾病风险 15%~30%。

每周≥5 次 (混合强度),可以优化代谢灵活性,如胰岛素敏感性提高 20%~40%,但需监控过度训练的风险,心率变异性 (HRV) 下降 >10% 时需要调整。

(二) 运动量度

1. 负荷强度

低强度 (1.5~2.9MET[①]/RPE[②]10~11),可以促进脂肪氧化,燃脂占比达到 70%~80%,适合肥胖人群及运动恢复期人群。

中等强度 (3.0~5.9MET/RPE12~14),可以激活腺苷酸活化蛋白激酶 (AMPK) 通路,增强线粒体生物合成,提升基础代谢率 5%~8%。

高强度 (≥6.0MET/RPE15 以上),可以通过 HIF-1α 途径刺激糖酵解,

[①] MET 为 Metabolic Equivalent of Task 的缩写,表示代谢当量,指维持静息代谢所需要的耗氧量。
[②] RPE 为 Rating of Perceived Exertion 的缩写,意为自觉疲劳程度量表,是衡量训练强度的核心工具之一。

短期内消耗更多热量，后燃效应（EPOC）持续 24~48 小时。

2. 负荷量

中等强度持续运动，如 60 分钟/天，可以显著改善青少年的心血管代谢标志物水平，如低密度脂蛋白降低 8%~12%，高密度脂蛋白升高 5%~10%。

高强度间歇运动，如 4×4 分钟、90% HRmax 运动，可以提高无氧阈值，延长运动疲劳发生时间 20%~30%。

（三）运动时长

1. 单次运动时长

单次运动时长 <10 分钟，难以触发代谢适应，仅微血管短暂扩张。

单次运动时长 10~30 分钟，激活 IL-6 等肌细胞因子释放，改善免疫调节功能。

单次运动时长 30~60 分钟，可能导致皮质醇水平升高（过度应激），需配合抗阻训练来平衡分解代谢。

2. 长期累积时长

WHO 推荐的运动量（150~300 分钟/周，中等强度），全因死亡率降低 20%~30%。

超量运动（>600 分钟/周），边际效益递减，关节损伤风险增加 2~3 倍。

（四）运动类型

1. 有氧运动类的健康效益

有氧运动是一种长时间使用身体的大肌肉群、持续有节奏的运动模式。有氧运动作为一种中低强度、形式多样、安全性较高的运动类型，正在被越来越多的人所了解与接纳。其有利于提高心血管机能，维持血糖水平，改善神经功能，提高最大摄氧量，使静息时心率降低。当前有氧运动的主要研究热点在于"有氧运动+"，即把有氧运动与其他运动类型结合起来。典型的是把有氧运动与抗阻运动结合起来训练，最终得出结论，这种组合训练对于血糖控制的作用比单独使用一种训练方法更为显著。

2. 躯干稳定性和核心训练的健康效益

稳定性训练对动作姿态的控制能力尤为重要，青少年正处于机能、形态发展的关键期，加强核心稳定性训练，对培养良好的动作姿态、身体控制能力、身体形态具有积极意义。一般而言，核心肌群指肩关节以下、髋关节以上包括盆骨在内的所有肌群，由于人体的发力过程需要通过处于动力链的肌肉群协调来完成，因此核心训练的应用广泛。

（1）核心训练应用于运动康复方面。通过改善急性缺血性卒中（AIS）患者椎旁肌肉肌电活动（凸凹侧）的平衡性，显著降低其 Cobb 角，纠正青少年脊柱侧弯的不良体态[94]；以及通过增强姿态控制能力，进而改善下肢落地模式，降低膝盖压力，有助于降低前交叉韧带损伤风险。

（2）核心训练增强核心肌群力量。核心训练可以增加核心肌群力量，完善动作发力模式，提高动力链的"传输效率"，其可以通过增加腹直肌、腹外斜肌、竖直肌等核心肌肉的力量，增强躯干稳定性，锻炼到平时不易用到的肌肉群，例如髂腰肌、臀中肌等[95]，并减少运动损伤。此外，由于核心训练的方式多元，包括依靠自重、瑜伽球、普拉提等静态的训练手段和利用药球、壶铃、自身动作变化的动态的训练手段，因此可以与其他运动类型进行组合，使训练目的更加具有针对性。

（3）快速伸缩复合训练提高运动表现。快速伸缩复合训练是一种提高运动表现的常用训练方式，涉及肌肉肌腱单位的拉伸以及缩短，在拉伸缩短周期（SSC），肌肉先后经历快速的离心收缩和向心收缩，因此也叫复合收缩训练。其生理机制包括肌腱快速伸长而增加的弹性势能和牵张反射以及向心收缩时的张力。在这三个因素中，大多数学者认为在离心收缩转向向心收缩时的收缩速度对动作功率的大小起着关键作用。快速伸缩复合训练对于爆发力与速度的提高具有显著作用，特别是对处于速度与爆发力发展的高峰期的青少年；在篮球、足球、排球等高对抗性的项目中，快速伸缩复合训练对专项素质的发展也起着重要作用。也有研究提出，快速伸缩复合训练对大学生的健康体适能也有促进作用，如传统训练手段深蹲、蛙跳、杠铃负重等抗阻训练，以及小栏架、跳箱等新的训练手段。

（4）高强度间歇训练（HIIT）可以提高有氧能力，促进体质健康。高强度间歇训练中,以不小于无氧阈值或最大乳酸的负荷进行多次持续的运动,并且两次练习之间机体处于不完全恢复状态[96],甚至逐步减少间歇时间。高强度间歇训练作为一种能快速提高心率,并且间歇时间机体处于不完全恢复状态,心率始终保持在一个较高水平的运动,可以适当运用在体育课上,这不仅有利于提高青少年的有氧能力,而且对体质健康也有重要作用。高强度间歇训练在肥胖人群中有相当程度上的应用,正是因为其具有高强度、持续性、代谢水平较高、心肺负荷大的特征,对于体脂的减少具有很重要的作用。同时,训练的强度基本上在无氧阈值之上,这对于机体耐受乳酸能力的提高也是有利的,长期训练能提高心率恢复速率、氧运输速率、乳酸清除速率。

第二节 青少年不同运动方式的力量素质健康效益分析

青少年的年龄、健康水平、运动干预量度存在较大差异,其具体关系如何,需要通过大量的实验进行验证。本节通过汇总并分析大量的实验数据,以获取青少年力量素质的运动干预优化方案。

力量素质是基本运动素质之一,也是其他身体素质发展的基础。青少年处于肌肉质量和生长激素持续增加的时期,青少年时期是提升力量素质的窗口期。提升青少年力量素质不仅可以增强其运动能力,还可以降低20%~35%的死亡风险。当前,国内青少年力量素质较为薄弱,引体向上与仰卧起坐及格率不高,握力水平持续下降[97]。

基于以上原因,国内外学者对于青少年力量素质的运动干预方案开展了大量研究,其中以进行meta分析的研究为多,如对抗阻训练(复合训练、增强式训练、悬吊训练、核心训练)等运动干预方法进行系统评价,并证实其置信效果。但是,这些运动干预方法在运动方式、运动负荷、运动时间等方面存在较大的差异性,而且缺少对不同年龄普通青少年的阶段化干预方案研究。基于此,本节采用meta元分析,针对不同年龄阶段的青少年进行研究。具体设置了干预内容、干预对象年龄等调节变量,检验不同运动干预方案对青少年力量素质的干预效果,进而提出最优运动干预方案。

一、研究方法

（一）文献检索策略

检索中国学术期刊全文数据库（CNKI）、万方数据库、EBSCO、PubMed 和 Web of Science 数据库等 5 个数据库，中文主题词包括力量训练、阻力训练、自重训练、抗阻训练、增强式训练、复杂训练、负重训练、群组训练、儿童、青少年、肌力、力量素质、最大力量、快速力量、力量耐力、爆发力等，英文主题词包括 resistance training、strength training、weight training、power training、plyometric training、complex training、weight–bearing exercise、child、adolescent、young adult、youth、kids、teens、power、strength、physical strength、strength fitness、maximum force、strength endurance、power–endurance、muscular strength、rapid strength、explosiveness。检索策略为"主题词+自由词"，发表时间限制在 2000 年 1 月 1 日至 2024 年 9 月 12 日。文献纳入过程如图 4–1 所示。

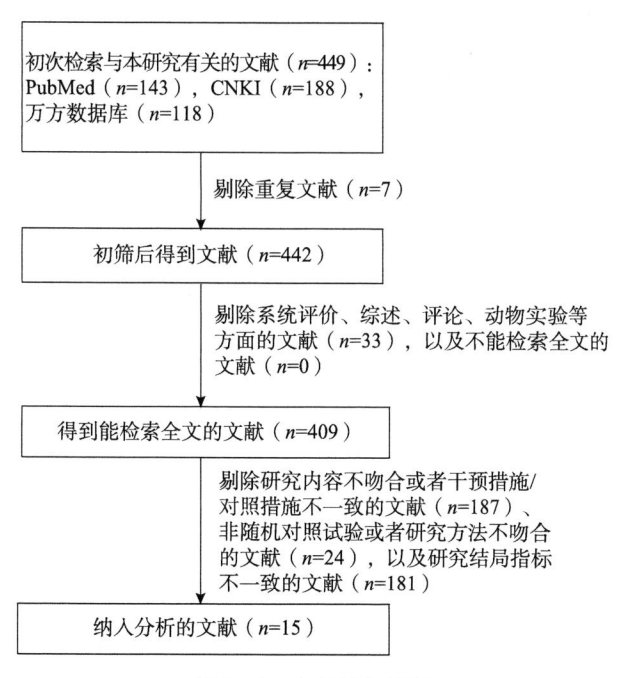

```
┌─────────────────────────────────────┐
│ 初次检索与本研究有关的文献（n=449）： │
│ PubMed（n=143），CNKI（n=188），      │
│ 万方数据库（n=118）                  │
└─────────────────────────────────────┘
              │  剔除重复文献（n=7）
              ▼
┌─────────────────────────────────────┐
│ 初筛后得到文献（n=442）              │
└─────────────────────────────────────┘
              │  剔除系统评价、综述、评论、动物实验等
              │  方面的文献（n=33），以及不能检索全文的
              │  文献（n=0）
              ▼
┌─────────────────────────────────────┐
│ 得到能检索全文的文献（n=409）        │
└─────────────────────────────────────┘
              │  剔除研究内容不吻合或者干预措施/
              │  对照措施不一致的文献（n=187）、
              │  非随机对照试验或者研究方法不吻合
              │  的文献（n=24），以及研究结局指标
              │  不一致的文献（n=181）
              ▼
┌─────────────────────────────────────┐
│ 纳入分析的文献（n=15）               │
└─────────────────────────────────────┘
```

图 4–1　文献纳入过程

（二）文献的纳入和排除标准

1. 文献的纳入标准

（1）研究对象为6~18岁健康青少年；（2）干预措施为各种类型的抗阻训练，包括自重、小负荷、中等负荷、大负荷抗阻训练，复合训练，增强式训练，悬吊训练，耐力训练；（3）对照组设置为传统的力量训练；（4）结局指标至少包括最大力量、纵跳、立定跳远、直线冲刺跑、胸前快速力量、爆发力、力量耐力之一；（5）实验研究设计需为随机对照（RCT）的实验研究。

2. 文献的排除标准

（1）研究对象为有运动背景的儿童或青少年；（2）研究未设置对照组；（3）结局指标受到营养剂干预，或是以自我评价指标为结局指标。

（三）文献的数据提取

根据研究的需要，采用独立双盲的评审方式对纳入文献的数据进行提取和录入，具体指标有文献第一作者及发表年份、实验组与对照组的样本数、样本性别、样本年龄（平均年龄）、干预方式、干预周期、干预频率、干预时间和结局指标等数据。

（四）文献的质量评估

按照循证医学研究标准，采用 Cochrane 的偏倚风险评价工具，对随机序列生成、分配隐藏、参与者盲法、评定者盲法、数据完整性、选择性报告、其他偏倚来源等7个纳入指标进行质量评估。评价标准为：大于或等于5分为低偏倚风险；3~4分为中等偏倚风险；2分（含2分）以下为高偏倚风险。

（五）文献的统计学分析

应用 Review Manager 软件，采用固定效应模型对多个研究数据间的同质性进行检验；采用随机模型对存在异质性的数据进行检验。为寻找各研究数据间存在异质性的原因，还进行了调节变量的亚组分析。

（1）异质性检验。采用 I^2 值衡量数据间的异质性。$I^2 < 50\%$ 为低异质性，

50% ≤ I^2 < 75% 为中等异质性，I^2 ≥ 75% 为高异质性。

（2）合并统计量检验。对多个研究数据的合并统计量进行差异性检验。$P ≤ 0.05$，表明具有统计学意义；$P > 0.05$，表明没有统计学意义。

（3）合并亚组数据。根据系统评价 meta 分析的公式，设亚组 A 的样本量为 N_1，均数为 M_1，标准差为 SD_1；亚组 B 的样本量为 N_2，均数为 M_2，标准差为 SD_2，则合并后的样本量 $N = N_1 + N_2$，均数 $M = (N_1M_1 + N_2M_2)/(N_1 + N_2)$，标准差：

$$SD = \sqrt{\frac{(N_1 - 1)SD_1^2 + (N_2 - 1)SD_2^2 + \frac{N_1N_2}{N_1 + N_2}(M_1^2 + M_2^2 - 2M_1M_2)}{N_1 + N_2 - 1}}$$

对于多亚组群，先合并前两个群组的数据，再与第三个群组的数据进行合并，以此类推。

二、文献研究结果

（一）文献纳入情况

1. 文献检索数据

依据检索策略，从三个数据库中检索得到文献 449 篇，然后筛选掉重复文献 7 篇，系统评价、综述、评论、动物实验等方面的文献 33 篇，再通过阅读全文剔除不能检索全文的文献、研究内容不吻合和结局指标不符合的文献等 392 篇，最终得到 17 篇文献。

2. 纳入文献的基本特征

纳入的 17 篇文献中，受试者年龄为 6~18 岁；干预内容有恒定负荷训练（高负荷抗阻训练、中等负荷抗阻训练、低负荷抗阻训练）、悬吊训练、复合式训练、平衡训练；单次干预时间主要为 30 分钟、60 分钟、90 分钟；干预频率主要集中在 2~3 次/周；干预周期为 6~19 周；结局指标为立定跳远、反向纵跳、深蹲跳、纵跳、冲刺跑、投掷球等，见表 4-1。

表 4-1 纳入文献的基本特征

序号	第一作者及发表年份	样本数/人	样本性别	样本年龄 ($M \pm SD$)/岁	干预方式	干预周期、频率、单次时间	结局指标
1	Tsolakis C K, 2004	C: 9 E: 10	C: 9男 E: 10男	C: 11.78±0.84 E: 12±0.82	中等强度力竭抗阻训练, 10RM	8周; 3次/周; 60分钟	手肘弯曲; 等长强度; 等张强度
2	Steele J, 2017	C: 16 E: 17	C: 10男+6女 E: 10男+7女	HL: 14±1 LL: 14±1	高负荷抗阻训练, 4~6RM 低负荷抗阻训练, 12~15RM	9周; 2次/周	卧推: 最大卧推力量; 最大力量耐力
3	Meinhardt U, 2013	C: 48 E: 54	C: 28男+20女 E: 32男+22女	男子组 C: 12.2±1.3 E: 12.4±1.1 女子组 C: 11.8±1.1 E: 12.0±1.1	中等负荷抗阻训练, 60%1RM	19周; 2次/周; 45分钟	坐式蹬腿; 卧推
4	Marta C, 2012	C: 39 GR: 41 GCON: 45	C: 18男+21女 GR: 19男+22女 GCON: 21男+24女	男子组 C: 10.8±0.5 GR: 10.7±0.4 GCON: 10.7±0.5 女子组 C: 10.8±0.5 GR: 10.8±0.4 GCON: 10.7±0.5	自重抗阻训练 自重抗阻训练+耐力训练	8周; 2次/周; 45~60分钟	推球; 立定跳远; 纵跳; 20米冲刺跑

续表

序号	第一作者及发表年份	样本数/人	样本性别	样本年龄 ($M \pm SD$)/岁	干预方式	干预周期、频率、单次时间	结局指标
5	Marta C, 2019	C: 18 RT: 19 ST: 20	C: 18 男 RT: 19 男 ST: 20 男	C: 10.81±0.57 RT: 10.71±0.43 ST: 10.92±0.45	小负荷抗阻训练悬吊训练	8周；2次/周；45分钟	纵跳；立定跳远；投掷药球；20米冲刺跑
6	Lu Y, 2022	C: 91 GS: 89 CST: 92 GS+CST: 90	C: 44男+47女 GS: 45男+44女 CST: 48男+44女 GS+CST: 45男+45女	C: 14.46±1.78 GS: 14.54±1.07 CST: 14.59±1岁 GS+CST: 14.42±1.04	自重抗阻训练	12周；3次/周；7~10分钟	握力；50米冲刺跑；800/1000米跑；跳远
7	Lloyd S R, 2016	C: 20 PT: 20 TST: 20 CT: 20	C: 20男 PT: 20男 TST: 20男 CT: 20男	C A组: 12.8±0.2 B组: 16.2±0.3 PT A组: 12.7±0.3 B组: 16.4±0.2 TST A组: 12.6±0.3 B组: 16.3±0.3 CT A组: 12.7±0.3 B组: 16.2±0.3	PT：自重抗阻训练 TST：10RM 抗阻训练 CT：10RM 抗阻训练+自重抗阻训练	6周；2次/周；90分钟	20米冲刺跑；纵跳；力量反应指数
8	Katsikari K, 2020	C: 17 E: 17	C: 17女 E: 17女	9~11	自重抗阻训练	10周；2次/周；60分钟	力量反应指数；反向纵跳；纵跳；深蹲跳
9	Lee I, 2006	C: 21 E: 26	C: 21男 E: 26男	12.3±0.3	渐进抗阻训练，10RM	12周；3次/周；60~75分钟	纵跳；立定跳远；从胸前推篮球；40米冲刺跑

续表

序号	第一作者及发表年份	样本数/人	样本性别	样本年龄($M\pm SD$)/岁	干预方式	干预周期、频率、单次时间	结局指标
10	Granacher U, 2011 (1)	C: 15 E: 15	C: 7女+8男 E: 6女+9男	C: 6.6±0.5 E: 6.7±0.5	平衡练习	4周; 3次/周; 60分钟	反向深蹲跳
11	Granacher U, 2011 (2)	C: 14 E: 14	C: 7女+7男 E: 8女+6男	C: 16.8±0.7 E: 16.7±0.6	30%~40% 1RM	8周; 2次/周; 90分钟	反向深蹲跳; 腿部最大等长收缩力量增长率; 中心压力
12	Faigenbaum D A, 2002	C: 13 E1: 22 E2: 20	21女+34男	C: 9.3±1.5 E1: 10.2±1.4 E2: 9.7±1.4	1RM	8周; 1~2次/周; 90分钟	握力; 跳远; 纵跳; 卧推; 腿举
13	Faigenbaum D A, 2001	C: 12 HL: 15 ML: 16 CT: 12 MB: 11	C: 3女+9男 HL: 5女+10男 ML: 4女+12男 CT: 5女+7男 MB: 5女+6男	C: 8.6±2.2 HL: 7.8±1.4 ML: 8.5±1.6 CT: 8.3±1.2 MB: 9.2±1.6	高负荷训练 中等负荷训练 复合训练 药球训练	8周; 2次/周; 90分钟	最大卧推力量; 最大卧推耐力
14	Cohen D D, 2021	C: 41 E: 58	C: 41女 E: 58女	C: 13.2±0.7 E: 13.3±1.1	由3~15次, 1组, 40%~50% 1RM, 增至4组×10次, 75%~85% 1RM	22周; 2次/周; 60分钟	握力; 立定跳远; 仰卧起坐; 开合跳

续表

序号	第一作者及发表年份	样本数/人	样本性别	样本年龄 ($M \pm SD$)/岁	干预方式	干预周期、频率、单次时间	结局指标
15	Othman B A, 2020	C: 13 LP: 15 EFlex: 15	性别未标明	C: 11.3±0.5 LP: 11.7±0.8 EFlex: 11.6±0.7	3~4组, 6~10RM	8周; 3次/周; 60分钟	握力; 反向纵跳; 最大自主等长收缩; 膝关节伸展力; 肘关节屈伸力
16	Alves R A, 2016 (1)	GC: 44 GS: 41 GCOM1: 45 GCOM2: 38	GC: 23女+21男 GS: 22女+19男 GCOM1: 24女+21男 GCOM2: 17女+21男	GC: 10.9±0.5 GS: 10.8±0.4 GCOM1: 10.8±0.5 GCOM2: 11.0±0.5	自重训练 力量训练+有氧训练	8周; 2次/周; 60分钟	反向纵跳; 20米冲刺跑; 立定跳远; 投掷球
17	Alves R A, 2016 (2)	GC: 44 GAS: 39 GSA: 45	GC: 23女+21男 GAS: 16女+23男 GSA: 24女+21男	GC: 10.9±0.5 GAS: 10.8±0.5 GSA: 11.1±0.5	自重训练+有氧训练	8周; 2次/周; 90分钟	立定跳远; 反向纵跳; 20米冲刺跑; 投掷球

注：1. GR 为自重抗阻训练；GCON 为抗阻训练；GCOM 为抗阻训练+耐力训练；C 为对照组（控制组）；E 为实验组；CST 为核心力量训练；GS 为综合素质训练；CST+GS 为综合素质目标设定结合核心力量训练；RT 为（对抗外部阻力的）抗阻训练；ST 为悬吊训练；PT 为增强式训练；TST 为传统力量训练；HL 为高负荷训练；ML 为中等负荷训练；CT 为复合训练；MB 为药球训练；LP 为腿举训练；EFlex 为单侧肘屈伸训练；GCOM 为力量训练结合有氧训练；GC 为无训练对照组；GAS 为有氧预训练+力量训练；GSA 为力量预训练+有氧训练。

2. RM 是 Repetition Maximum 的缩写，用于表示训练者在某一重量下能够标准完成动作的最高次数（直至力竭），1RM 表示完成一次某个特定动作的最大重量；% 1RM 表示一次动作完成时所用单次负荷最大负荷量的比例。

3. 部分文献中未明确列出单次干预时间，故表中未体现，但不影响分析结果。

3. 纳入文献的方法学评估

采用 Review Manager 软件，依据 Cochrane 风险评价手册对纳入的文献进行质量评估，其有 7 个评价指标，包括随机序列生成、分配隐藏、参与者盲法、评定者盲法、数据完整性、选择性报告、其他偏倚。对每个指标的回答有三个答案，分别为"低风险""不清楚""高风险"。评分≥5 分为高质量文献（14篇），评分为 3~4 分为中等质量文献（2 篇），评分在 2 分（含 2 分）以下为低质量文献（1 篇），如图 4-2 和图 4-3 所示。

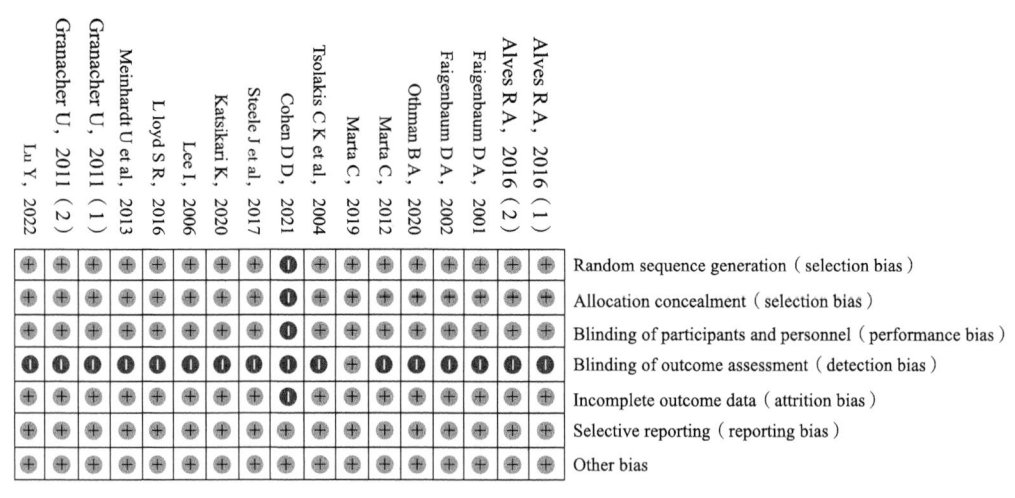

注："+"表示达标；"-"表示未达标。

图 4-2 纳入文献的方法学质量评估示意

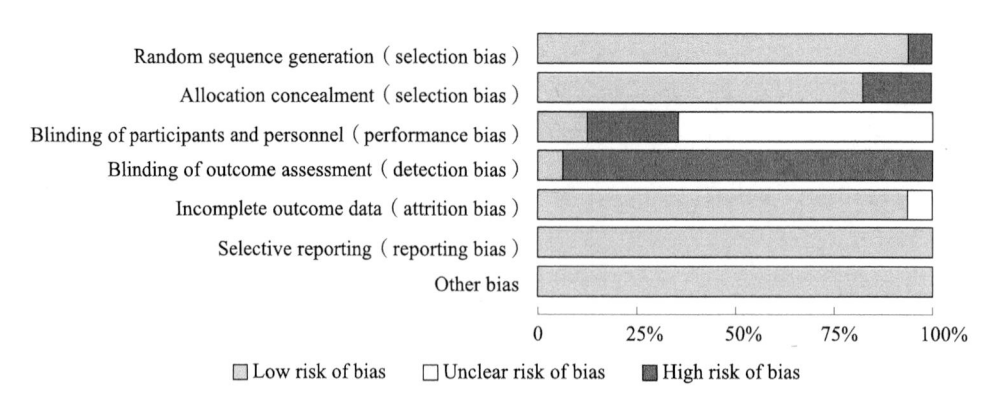

图 4-3 纳入文献的方法学质量评估各项占比

(二) 研究结果之一：最大力量的运动干预效果

1. 最大力量的运动干预效果分析

（1）整体效应检验。对于最大力量，检验指标主要为1RM，因此检索时关注主要测试上肢卧推最大力量和下肢负重深蹲最大力量的文献。17篇文献中，关于上肢最大力量测试的文献有4篇，下肢负重深蹲最大力量测试的文献有2篇。首先，对上肢卧推最大力量测试指标相关文献进行汇总，见表4-2；然后，对4篇文献的运动干预对象进行整体效应检验。结果显示，9组数据的MD值为2.96，95%置信区间为[1.48, 4.44]，$P<0.00001$，具有统计学意义，表明抗阻训练能够提升青少年的最大力量，如图4-4所示。对纳入的文献进行整体同质性检验，$I^2=91\%$，$P<0.0001$，说明多组数据间存在异质性，故采用随机效应模型分析。本次meta分析中多组数据间存在异质性，说明存在潜在调节变量的可能。

表4-2 测试上肢卧推最大力量的相关文献统计　　　　（单位：千克）

第一作者及发表年份	实验组均数	实验组标准差	实验组组样本数	对照组均数	对照组标准差	对照组样本数	干预方式及对象
Steele J, 2017	4.60	2.80	17人	4.44	2.80	16人	高负荷强度干预
Meinhardt U, 2013	14.40	4.70	22人	4.10	2.10	13人	男子实验对象
	12.40	3.70	22人	3.90	2.00	13人	女子实验对象
Faigenbaum D A, 2002	2.00	2.48	22人	0.80	1.25	13人	每周一次干预
	2.50	3.21	20人	0.80	1.25	13人	每周两次干预
Faigenbaum D A, 2001	1.30	2.48	11人	0.90	1.40	12人	MB
	4.20	3.36	15人	0.90	1.40	12人	HL
	4.00	1.30	16人	0.90	1.40	12人	ML
	1.70	0.88	12人	0.90	1.40	12人	CT

（2）发表偏倚性检验。对9组数据进行偏移性检验，具体结果如图4-5所示。对漏斗图进行分析，发现散点均衡地分布在偏上位置，偏倚结果在接受范围内，研究不存在明显的发表偏倚。

◎ 青少年体育运动效益评估及健康模式建构

Study or Subgroup	抗阻训练			传统训练			Weight	Mean Difference IV, Random, 95% CI	Mean Difference IV, Random, 95% CI
	Mean	SD	Total	Mean	SD	Total			
AVERY D. FAIGENBAUM 2001(CT)	12.4	3.7	12	3.9	2	12	9.8%	8.50 [6.12, 10.88]	
AVERY D. FAIGENBAUM 2001(HL)	2	2.47991935	15	0.8	1.2489996	12	11.6%	1.20 [-0.24, 2.64]	
AVERY D. FAIGENBAUM 2001(MB)	14.4	4.7	11	4.1	2.1	12	8.5%	10.30 [7.28, 13.32]	
AVERY D. FAIGENBAUM 2001(ML)	4.6	2.8	16	4.44	2.8	12	10.4%	0.16 [-1.94, 2.26]	
AVERY D. FAIGENBAUM 2002(1D)	2.5	3.20780299	22	0.9	1.2489996	13	11.5%	1.70 [0.20, 3.20]	
AVERY D. FAIGENBAUM 2002(2D)	1.3	2.48	20	0.9	1.4	13	11.8%	0.40 [-0.93, 1.73]	
James Steele,etc 2017 (HL)	4.2	3.36	17	0.9	1.4	16	11.1%	3.30 [1.56, 5.04]	
Udo Meinhardt, etc 2013(F)	4	1.3	22	0.9	1.4	20	12.6%	3.10 [2.28, 3.92]	
Udo Meinhardt, etc 2013(M)	1.7	0.88	32	0.9	1.4	28	12.8%	0.80 [0.20, 1.40]	
Total (95% CI)			167			138	100.0%	2.96 [1.48, 4.44]	

Heterogeneity: Tau² = 4.38; Chi² = 91.27, df = 8 (P < 0.00001); I² = 91%
Test for overall effect: Z = 3.91 (P < 0.0001)

图 4-4 抗阻训练对最大力量干预效果的 meta 分析森林图①

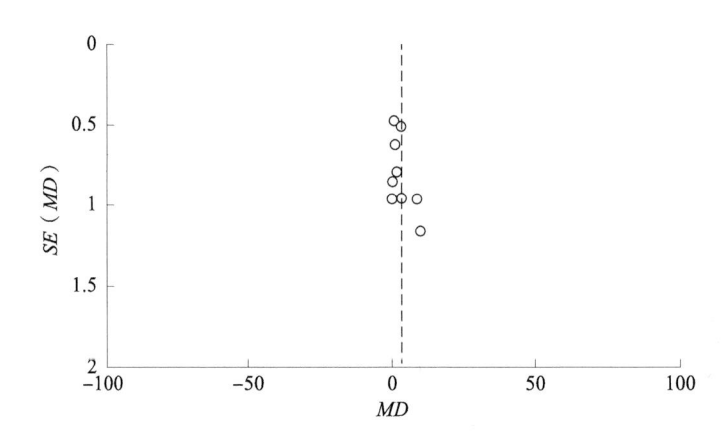

图 4-5 抗阻训练对最大力量干预效果的 meta 分析漏斗图

2. 抗阻训练对最大力量影响效果的年龄亚组分析

整体效应检验：通过对文献进行研究分析，对不同年龄阶段的青少年采取的抗阻训练方式也不相同。对最大力量运动干预方案中年龄亚组 5~11 岁组的 6 组数据进行分析，发现对小学组采取运动干预手段能提升最大力量（$MD=1.72$，$P=0.0005<0.05$），且具有统计学意义，如图 4-6 所示。同时，对纳入的文献进行同质性检验，$I^2=70\%$，$P=0.005$，表明 6 组数据之间存在中等异质性。对 12~15 岁组的 3 组数据进行分析，发现运动干预手段能提升学生的最大力量（$MD=6.33$，$P<0.00001$），且具有统计学意义，如图 4-6 所示。对纳入的文献进行同质性检验，$I^2=95\%$，$P=0.04$，表明 3 组数据之间存在高异质性。因此，采用随机效应模型分析，进一步探索多组数据间异质性的产生原因。

---

① 图中关于各文献的第一作者及发表年份表达形式与正文不同，但不致引起误解，且考虑到截图不便大量修改，故形式保留。全书处理方式同此。——编辑注

	抗阻训练			传统训练				Mean Difference	Mean Difference
Study or Subgroup	Mean	SD	Total	Mean	SD	Total	Weight	IV, Random, 95% CI	IV, Random, 95% CI
1.3.1 5-11岁									
AVERY D. FAIGENBAUM 2001(CT)	1.7	0.88	12	0.9	1.4	12	11.6%	0.80 [-0.14, 1.74]	
AVERY D. FAIGENBAUM 2001(HL)	4.2	3.36	15	0.9	1.4	12	10.8%	3.30 [1.42, 5.18]	
AVERY D. FAIGENBAUM 2001(MB)	1.3	2.48	11	0.9	1.4	12	11.0%	0.40 [-1.27, 2.07]	
AVERY D. FAIGENBAUM 2001(ML)	4	1.3	16	0.9	1.4	12	11.6%	3.10 [2.08, 4.12]	
AVERY D. FAIGENBAUM 2002(1D)	2	2.47991935	22	0.8	1.2489996	13	11.4%	1.20 [-0.04, 2.44]	
AVERY D. FAIGENBAUM 2002(2D)	2.5	3.20780299	20	0.8	1.2489996	13	11.1%	1.70 [0.14, 3.26]	
Subtotal (95% CI)			96			74	67.5%	1.72 [0.75, 2.70]	
Heterogeneity: Tau² = 1.00; Chi² = 16.60, df = 5 (P = 0.005); I² = 70%									
Test for overall effect: Z = 3.46 (P = 0.0005)									
1.3.2 12-15岁									
James Steele,etc 2017 (HL)	4.6	2.8	17	4.44	2.8	16	10.8%	0.16 [-1.75, 2.07]	
Udo Meinhardt, etc 2013(F)	12.4	3.7	22	3.9	2	20	10.9%	8.50 [6.72, 10.28]	
Udo Meinhardt, etc 2013(M)	14.4	4.7	32	4.1	2.1	28	10.9%	10.30 [8.50, 12.10]	
Subtotal (95% CI)			71			64	32.5%	6.33 [0.34, 12.31]	
Heterogeneity: Tau² = 27.09; Chi² = 64.14, df = 2 (P < 0.00001); I² = 97%									
Test for overall effect: Z = 2.07 (P = 0.04)									
Total (95% CI)			167			138	100.0%	3.24 [1.21, 5.27]	
Heterogeneity: Tau² = 9.03; Chi² = 147.08, df = 8 (P < 0.00001); I² = 95%									
Test for overall effect: Z = 3.13 (P = 0.002)									
Test for subgroup differences: Chi² = 2.22, df = 1 (P = 0.14), I² = 54.9%									

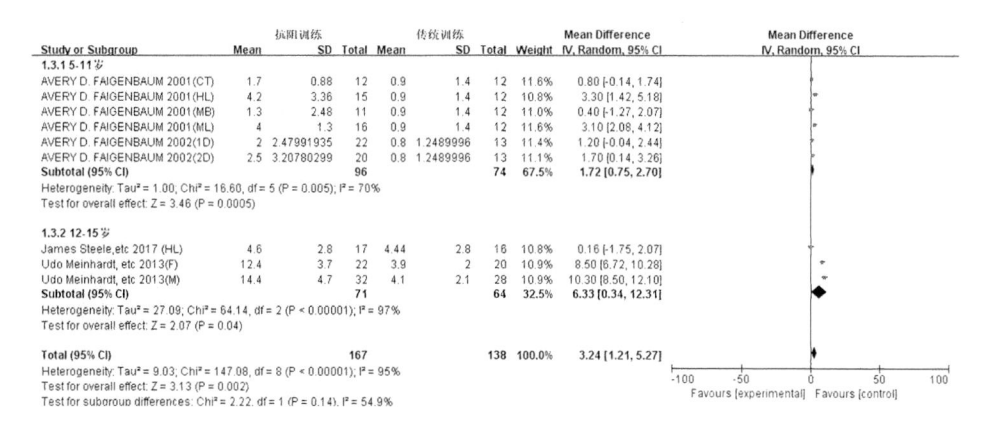

图 4 - 6　抗阻训练对最大力量干预效果的年龄亚组 meta 分析森林图

发表偏倚性检验：从图 4 - 7 可以看出，散点分布在偏上的位置，基本左右平衡，但左侧几篇文献稍微存在一些偏倚，不是很严重，对结果不会造成太大的影响，表明偏倚结果可以接受，各研究间不存在明显的发表偏倚。

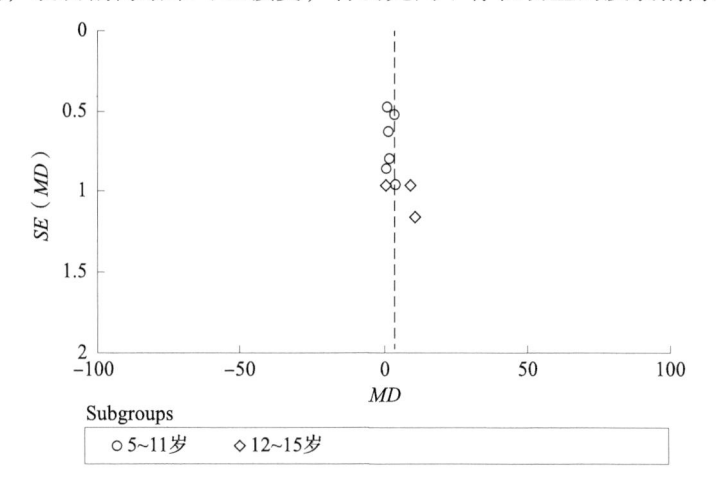

图 4 - 7　抗阻训练对最大力量干预效果的年龄亚组 meta 分析漏斗图

（1）不同抗阻训练对 5~11 岁青少年最大力量的干预效果。

整体效应检验。对抗阻训练对 5~11 岁青少年最大力量的干预效果进行亚组分析，具体结果如图 4 - 8 所示，按照效应量的排序为：最大负荷抗阻训练（$MD = 3.30$，$P = 0.0006$）＞中等渐进抗阻训练（$MD = 2.53$，$P = 0.0002$）＞复合训练（$MD = 0.80$，$P = 0.09$）＞药球训练（$MD = 0.40$，$P = 0.64$）。这意味着，最大负荷抗阻训练对 5~11 岁青少年的最大力量干预产生的效应量最大，

◎ 青少年体育运动效益评估及健康模式建构

其次是中等渐进抗阻训练,药球训练的效应量最小。4个组别的效应量中,只有中等渐进抗阻训练和最大负荷抗阻训练的 P 值小于 0.05,具有显著性。

Study or Subgroup	抗阻训练			传统训练			Weight	Mean Difference IV, Random, 95% CI	Mean Difference IV, Random, 95% CI
	Mean	SD	Total	Mean	SD	Total			
1.2.1 药球训练									
AVERY D. FAIGENBAUM 2001(MB)	1.3	2.48	11	0.9	1.4	12	18.0%	0.40 [-1.27, 2.07]	
Subtotal (95% CI)			11			12	18.0%	0.40 [-1.27, 2.07]	
Heterogeneity: Not applicable									
Test for overall effect: Z = 0.47 (P = 0.64)									
1.2.2 最大负荷抗阻训练									
AVERY D. FAIGENBAUM 2001(HL)	4.2	3.36	15	0.9	1.4	12	16.4%	3.30 [1.42, 5.18]	
Subtotal (95% CI)			15			12	16.4%	3.30 [1.42, 5.18]	
Heterogeneity: Not applicable									
Test for overall effect: Z = 3.45 (P = 0.0006)									
1.2.3 中等渐进抗阻训练									
AVERY D. FAIGENBAUM 2001(ML)	4	1.3	16	0.9	1.4	12	23.1%	3.10 [2.08, 4.12]	
AVERY D. FAIGENBAUM 2002(1D)	2	2.47991935	22	0.8	1.2489996	13		Not estimable	
AVERY D. FAIGENBAUM 2002(2D)	2.5	3.20780299	20	0.8	1.2489996	12	18.8%	1.70 [0.14, 3.26]	
Subtotal (95% CI)			36			25	41.9%	2.53 [1.18, 3.88]	
Heterogeneity: Tau² = 0.53; Chi² = 2.17, df = 1 (P = 0.14); I² = 54%									
Test for overall effect: Z = 3.68 (P = 0.0002)									
1.2.4 复合训练									
AVERY D. FAIGENBAUM 2001(CT)	1.7	0.88	12	0.9	1.4	12	23.7%	0.80 [-0.14, 1.74]	
Subtotal (95% CI)			12			12	23.7%	0.80 [-0.14, 1.74]	
Heterogeneity: Not applicable									
Test for overall effect: Z = 1.68 (P = 0.09)									
Total (95% CI)			74			61	100.0%	1.84 [0.65, 3.03]	
Heterogeneity: Tau² = 1.32; Chi² = 15.86, df = 4 (P = 0.003); I² = 75%									
Test for overall effect: Z = 3.03 (P = 0.002)									
Test for subgroup differences: Chi² = 9.59, df = 3 (P = 0.02), I² = 68.7%									

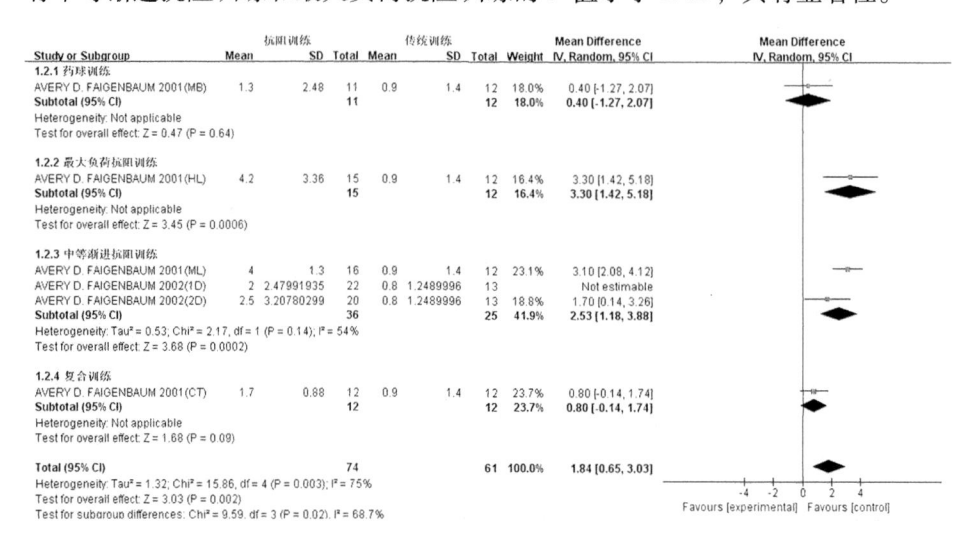

图 4-8 不同抗阻训练对 5~11 岁青少年最大力量干预效果的 meta 分析森林图

发表偏倚性检验:从图 4-9 可以看出,散点分布在偏上的位置,基本左右平衡,表明偏倚结果可以接受,各研究间不存在明显的发表偏倚。

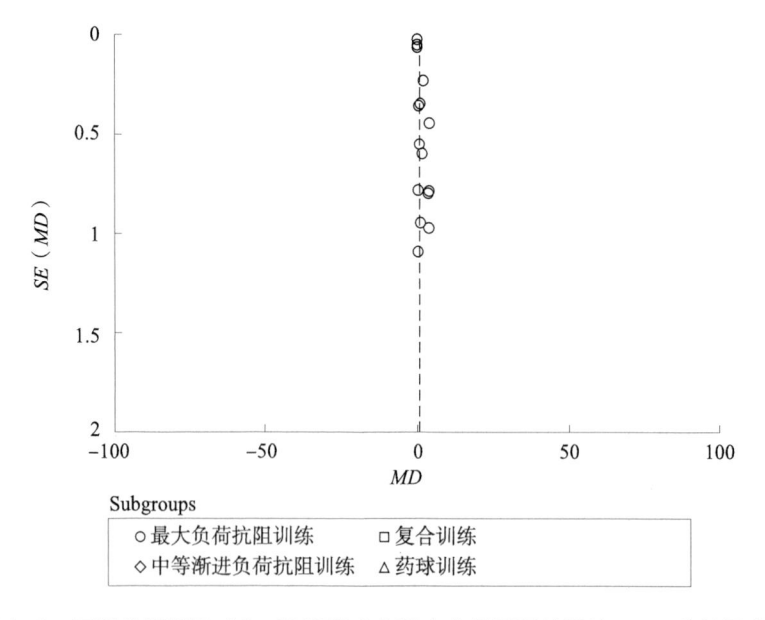

图 4-9 不同抗阻训练对 5~11 岁青少年最大力量干预效果的 meta 分析漏斗图

（2）不同抗阻训练对12~15岁青少年最大力量的干预效果。

整体效应检验：对抗阻训练对12~15岁青少年最大力量的干预效果进行亚组分析，具体结果如图4-10所示，高强度抗阻训练对最大力量产生的效应量最大（$MD=3.30$，$P=0.0006$），其次是复合抗阻训练（$MD=1.93$，$P=0.09$）。2个组别中，高强度抗阻训练的干预效果具有显著性，复合抗阻训练的干预效果不具有显著性。这表明对于12~15岁青少年，高强度抗阻训练对最大力量的干预效果好于复合抗阻训练。

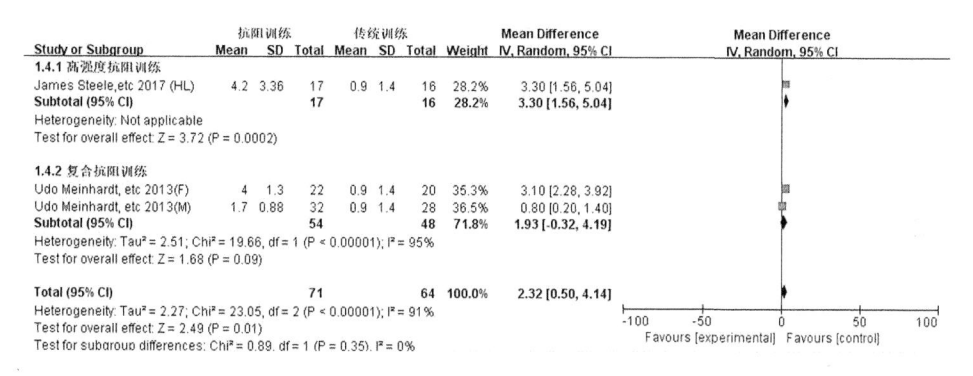

图4-10 不同抗阻训练对12~15岁青少年最大力量干预效果的meta分析森林图

发表偏倚性检验：从图4-11可以看出，散点分布在偏上的位置，基本左右平衡，表明偏倚结果可以接受，各研究间不存在明显的发表偏倚。

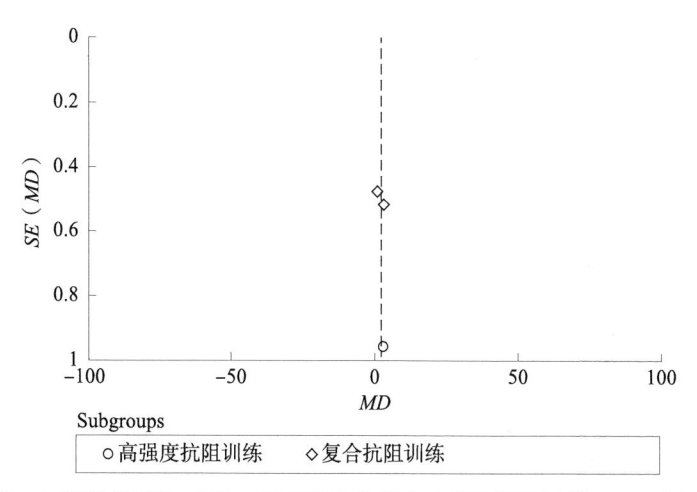

图4-11 不同抗阻训练对12~15岁青少年最大力量干预效果的meta分析漏斗图

3. 青少年最大力量的最佳运动干预方案

(1) 5~11岁青少年最佳运动干预方案。Faigenbaum设计的中等强度的渐增负荷的抗阻训练对小学组青少年的最大力量产生最大的效应,由此可以引用其运动干预方案,具体见表4-3。

表4-3 5~11岁青少年最大力量的最佳运动干预方案

干预方式	干预时间	干预频率	强度	干预方案结构	干预动作
中等强度的渐增负荷的抗阻训练	8周	2次/周;组间间歇2分钟	重复10~15RM;5%~10%渐增负荷;1千克药球	10分钟低—中等强度有氧运动和拉伸;30~40分钟力量训练;10分钟拉伸与再生练习	仰卧卷腹、俯卧两头起、腿推、腿伸展、腿屈、坐姿胸推、胸交叉、拉力下拉、坐姿划船肩推、二头肌屈曲和三头肌伸展

(2) 12~15岁青少年最佳运动干预方案。最佳的高强度抗阻训练方案为Steele等设计的干预方案,对初中组青少年的最大力量产生最大的效应量,具体见表4-4。

表4-4 12~15岁青少年最大力量的最佳运动干预方案

干预方式	干预时间	干预频率	强度	干预方案结构	干预动作
高强度抗阻训练	9周	2次/周;组间间歇1~2分钟	重复4~6RM;5%~10%递增负荷;每次2组	未描述	腿举、膝伸展、杠铃卧推、哑铃飞鸟、拉背下拉、坐姿划船、仰卧起坐、举腿

(三) 研究结果二:快速力量的运动干预效果

查阅相关文献可知,快速力量的测试指标主要集中在立定跳远、爆发力指数、冲刺跑、纵跳等,其中纵跳和爆发力指数已被证明是评估青少年神经肌肉性能的有效且可靠的方法,纵跳组内相关系数为0.93,爆发力指数组内相关系数为0.90[98]。对纳入文献选取纵跳作为统计指标,具体汇总数据见表4-5。

表4-5 通过运动干预快速力量且纵跳作为统计指标的相关文献（单位：千克）

序号	第一作者及发表年份	实验组均数	实验组标准差	实验组样本数	对照组均数	对照组标准差	对照组样本数	干预方式
1	Marta C，2012	0.62	0.20	19人	0.65	0.20	18人	GR，B
2	Marta C，2012	0.51	0.10	22人	0.57	0.10	21人	GR，G
3	Marta C，2012	0.61	0.10	21人	0.65	0.20	18人	GCON，B
4	Marta C，2012	0.54	0.10	24人	0.57	0.10	21人	GCON，G
5	Marta C，2019	1.05	1.05	19人	0.85	3.46	18人	RT，B
6	Marta C，2019	1.79	2.17	20人	0.85	3.46	18人	ST，B
7	Lloyd S R，2016	0.04	0.07	10人	0.10	1.88	10人	pre-PHV，PT，B
8	Lloyd S R，2016	0.09	0.05	10人	0.10	1.88	10人	pre-PHV，CT，B
9	Lloyd S R，2016	0.40	1.13	10人	0.01	0.01	10人	post-PHV，PT，B
10	Lloyd S R，2016	4.20	1.04	10人	0.01	0.01	10人	post-PHV，CT，B
11	Lee I，2006	1.30	1.08	26人	0.30	1.28	21人	—
12	Granacher U，2011（1）	1.30	0.90	15人	-0.60	0.01	15人	—
13	Granacher U，2011（2）	2.10	1.94	14人	-1.80	3.08	14人	—
14	Faigenbaum D A，2002	1.20	3.35	22人	0.70	1.19	13人	1次/周
15	Faigenbaum D A，2002	2.10	2.24	20人	0.70	1.19	13人	2次/周
16	Alves R A，2016（1）	1.10	2.61	41人	0.40	2.45	44人	—

注：GR为自重抗阻训练；GCON为抗阻训练+耐力训练；B表示干预对象性别为男；G表示干预对象性别为女；RT为（对抗外部阻力的）抗阻训练；ST为悬吊训练；PT为增强式训练；CT为复合训练；pre-PHV表示体重快速增长期前；post-PHV表示体重快速增长期后。

1. 快速力量的运动干预效果分析

（1）整体效应检验。以纵跳为统计指标的16组样本中，运动干预方式主要为抗阻训练、复合训练、增强式训练、悬吊训练、抗阻训练+耐力训练等。对16组样本进行整体效应检验，结果显示MD值为0.77，95%置信区间为[0.52，1.01]，且具有统计学意义（$Z=6.16$，$P<0.00001$），这表明运动干预能够提升青少年的快速力量素质，如图4-12所示。对纳入的文献进行整体同质性检验，$I^2=94\%$，$P<0.00001$，表明16组样本数据之间存在异质性，应用随机效应模型分析。16组数据间存在异质性，说明存在潜在调节变量的可能。

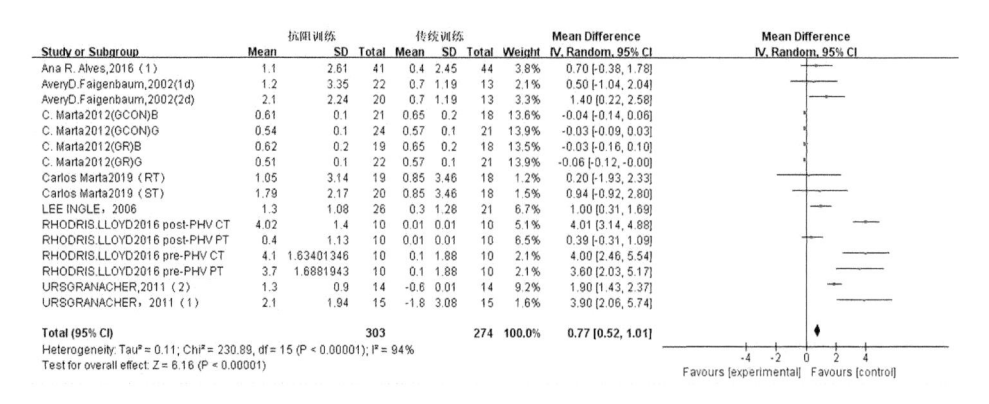

图4-12　不同抗阻训练对青少年快速力量干预效果的 meta 分析森林图

（2）发表偏倚性检验。从图4-13可以看出，散点分布集中于偏上位置，左右基本平衡，表明偏倚结果可以接受，各研究间不存在明显的发表偏倚。

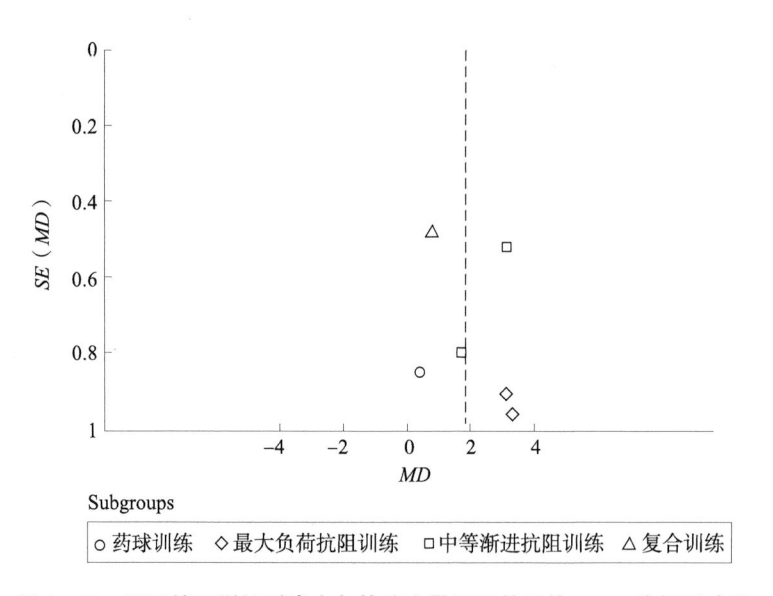

图4-13　不同抗阻训练对青少年快速力量干预效果的 meta 分析漏斗图

2. 快速力量运动干预效果的年龄亚组分析

对相关文献进行汇总分析，青少年快速力量的干预方式主要包括高中低负荷抗阻训练、复合训练、增强式训练、悬吊训练等。分析不同干预方式对5～

11 岁和 12~15 岁年龄亚组的青少年快速力量的影响效果,以获得不同训练方式的快速力量干预效益。

(1) 整体效应检验。

根据上述研究结论,青少年快速力量抗阻训练干预效果存在异质性。对于不同年龄的青少年,抗阻训练干预效果存在较大差异,如图 4-14 所示。由此,按照青少年年龄进行分组,分为 5~11 岁(小学组)与 12~15 岁(初中组)。对 16 个样本按照年龄进行分组,其中 5~11 岁 10 组样本,12~15 岁 4 组样本。进行 meta 分析,发现两个亚组研究存在异质性,故采用随机效应模型分析。对于 5~11 岁年龄组与 12~15 岁年龄组,抗阻训练的干预效果存在差异性,组间数据的异质性需进行进一步探索。

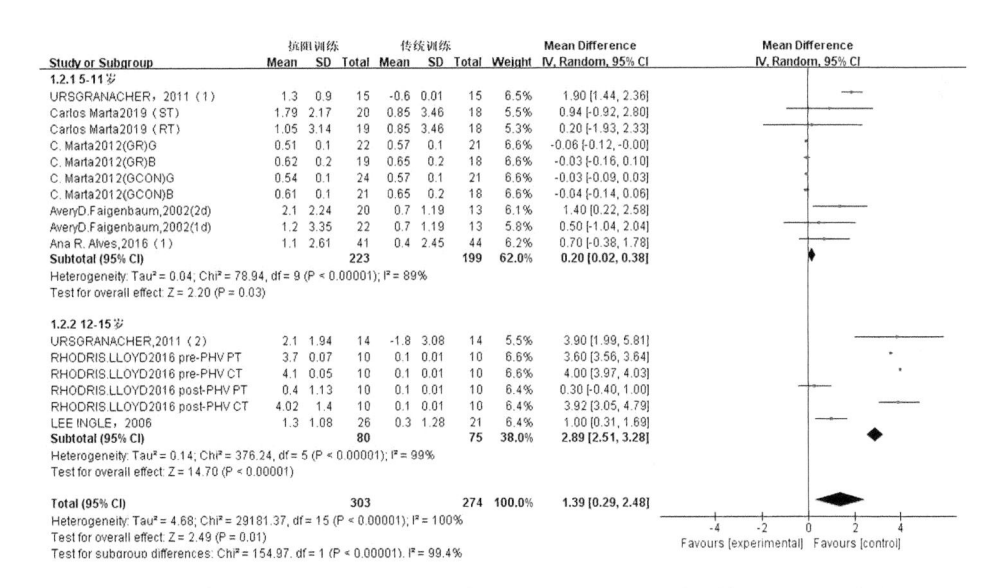

图 4-14 抗阻训练对不同年龄亚组青少年快速力量干预效果的 meta 分析森林图

对于 5~11 岁组,抗阻训练对快速力量有较好的干预效果($MD = 0.20$,$P = 0.03 < 0.05$),具有统计学意义;在异质性方面,$I^2 = 89\%$,$P < 0.00001$,表明样本之间存在异质性,高度怀疑不同的抗阻训练方式会影响干预效果,需进行进一步探索。

对于 12~15 岁组,整体效应量结果显示 $MD = 2.89$,$P < 0.00001$,具有统计学意义,表明抗阻训练能够提升 12~15 岁青少年的快速力量。在异质性方面,$I^2 = 99\%$,$P < 0.00001$,表明样本之间存在异质性,高度怀疑不同的抗阻

训练方式会影响干预效果，需进行进一步探索。

（2）发表偏倚性检验。从图4-15可以看出，散点分布集中于偏上位置，左右基本平衡，表明偏倚结果可以接受，各研究间不存在明显的发表偏倚。

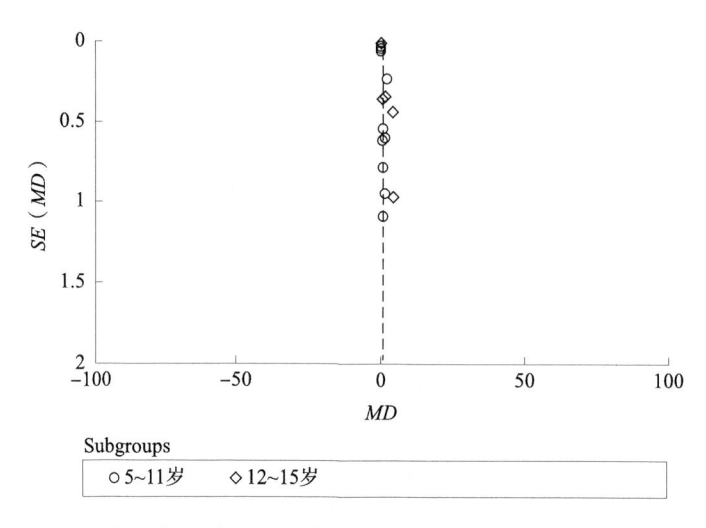

图4-15 抗阻训练对不同年龄亚组青少年快速力量干预效果的 meta 分析漏斗图

（3）不同抗阻训练对5~11岁青少年快速力量干预效果的分析。

1）整体效应检验。对干预效果进行 meta 分析，结果发现，复合训练、悬吊训练、增强式训练、小负荷抗阻训练的干预效果不存在非常显著的差异性（$I^2=63.9\%$，$P=0.04$），均能提升5~11岁青少年的快速力量，分析其中原因，主要是因为训练时间均为8周，训练周期较短，干预效果尚未表现出非常显著的差异。对四种训练方法按照干预效果进行排序，以期为5~11岁青少年快速力量训练提供参考，具体为：小负荷抗阻训练（$MD=1.07$，$P=0.03<0.05$）>悬吊训练（$MD=0.94$，$P=0.32>0.05$）>复合训练（$MD=0.70$，$P=0.20>0.05$）>增强式训练（$MD=-0.94$，$P=0.02<0.05$），如图4-16所示。

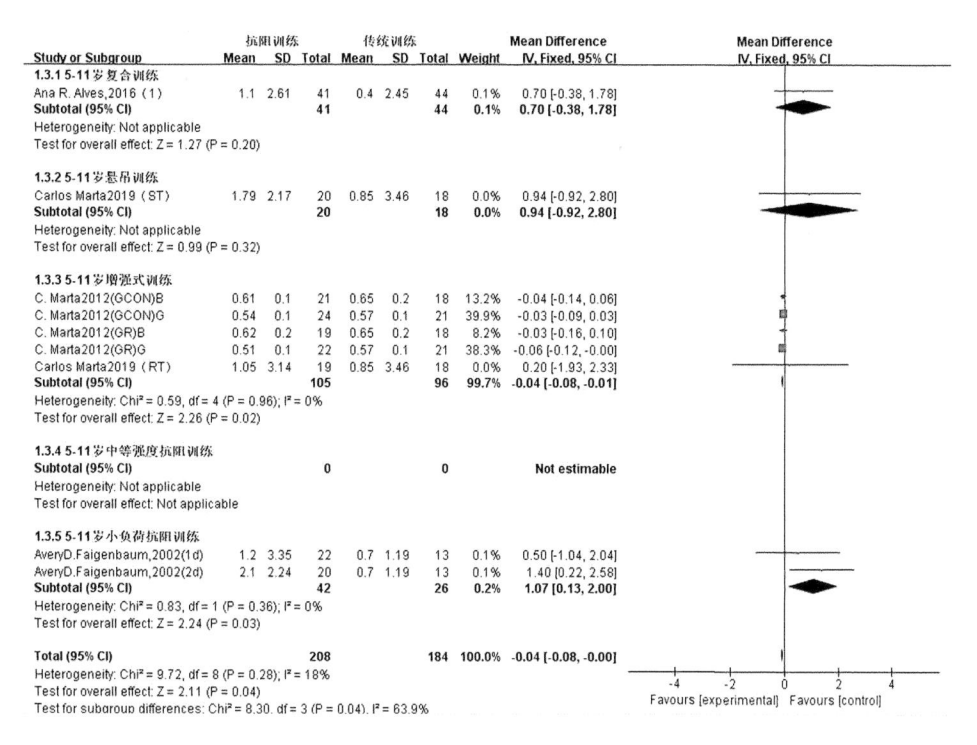

图 4-16　不同抗阻训练对 5~11 岁青少年快速力量干预效果的 meta 分析森林图

2) 发表偏倚性检验。从图 4-17 可以看出，散点分布集中于偏上位置，左右基本平衡，表明各研究间不存在明显的发表偏倚。

（4）不同抗阻训练对 12~15 岁青少年快速力量干预效果的分析。

1) 整体效应检验。对 4 组 12~15 岁青少年快速力量运动干预效果数据进行 meta 分析，结果显示，复合训练、增强式训练、小负荷抗阻训练的干预效果不存在显著差异性（$I^2=0$，$P=0.46$）；三种训练方式均能提升 12~15 岁青少年的快速力量（$MD=3.06$，$P=0.0006$），具有统计学意义。但是，相对于传统训练方法，复合训练（$MD=4.00$，$P<0.00001$）、小负荷抗阻训练（$MD=3.90$，$P<0.0001$）和增强式训练（$MD=2.27$，$P<0.0001$）的干预效果存在显著性差异。三种训练方法按照干预效果排序为：复合训练 > 小负荷抗阻训练 > 增强式训练，如图 4-18 所示。

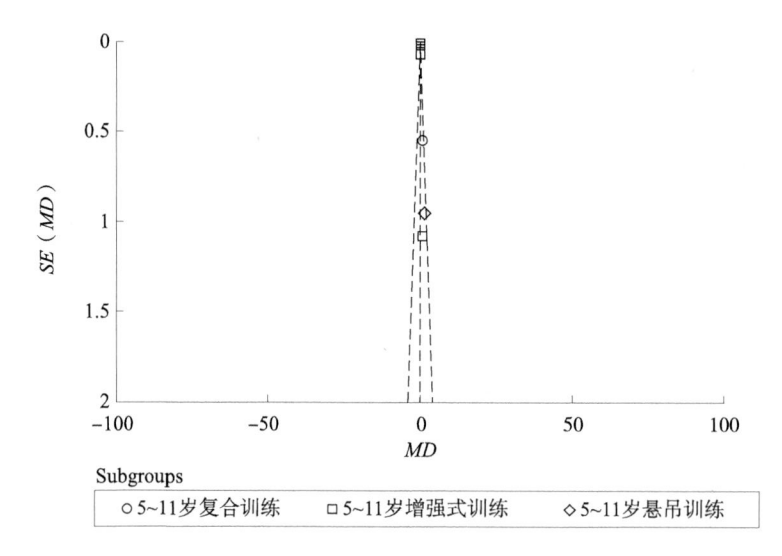

图 4-17 不同抗阻训练对 5~11 岁青少年快速力量干预效果的 meta 分析漏斗图

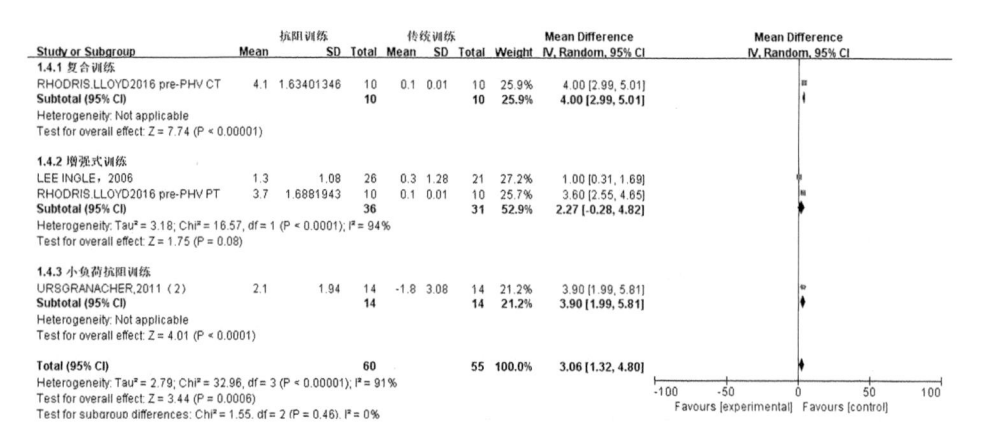

图 4-18 不同抗阻训练对 12~15 岁青少年快速力量干预效果的 meta 分析森林图

2）发表偏倚性检验。从图 4-19 可以看出，散点分布集中于偏上位置，左右基本平衡，表明各研究间不存在明显的发表偏倚。

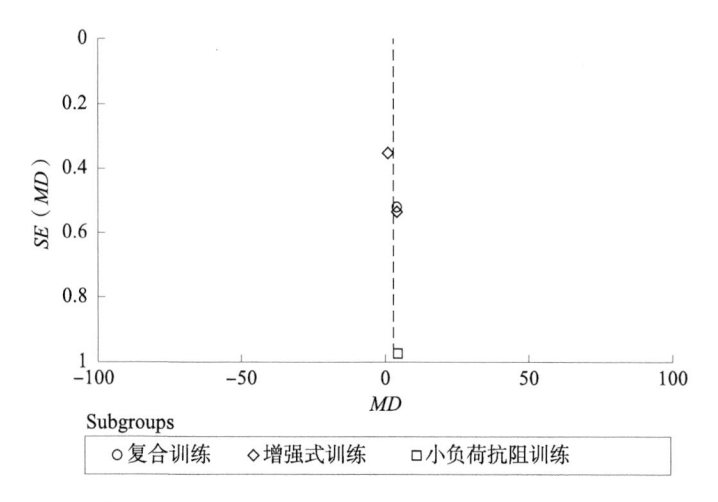

图 4-19 不同抗阻训练对 12~15 岁青少年快速力量干预效果的 meta 分析漏斗图

3. 青少年快速力量的最佳运动干预方案

（1）5~11 岁青少年快速力量的最佳运动干预方案。基于上述研究结论，引用 Marta 设计的增强式训练方案[99]。训练方案的第一部分为中等强度热身运动，主要内容包括慢跑、动态拉伸运动以及关节专门性运动。其中，动态拉伸运动包括背部、胸部、肩部和侧面伸展，以及股四头肌、小腿、腹股沟和腘绳肌的伸展；关节运动包括缓慢的圆周运动，既有顺时针的也有逆时针的，直到整个关节看起来都能顺畅转动。第二部分为力量训练（表 4-6），训练时间为 45~60 分钟，组间休息时间为 1~2 分钟。第三部分为 5 分钟的静态拉伸运动。

表 4-6 5~11 岁青少年快速力量增强式训练方案（次数×组数）

课次	动作							
	体侧投掷 1 千克药球	胸前 3 千克药球投掷	头顶 1 千克药球投掷	头顶 3 千克药球投掷	反向移动跳上箱子	跳跃过 3 个障碍	冲刺跑	20 米折返跑
第 1 次	2×8	2×8	2×8	2×8	1×5	5×4	4×20 米	75%
第 2 次	2×8	2×8	2×8	2×8	1×5	5×4	4×20 米	75%
第 3 次	2×8	2×8	2×8	2×8	3×5	5×4	3×20 米	75%
第 4 次	2×8	2×8	2×8	2×8	3×5	5×4	3×20 米	75%
第 5 次	6×8		6×8		3×5	2×3	3×20 米	75%
第 6 次	6×8		6×8		4×5	2×3	3×20 米	75%

续表

课次	动作							
	体侧投掷 1千克药球	胸前3千克药球投掷	头顶1千克药球投掷	头顶3千克药球投掷	反向移动跳上箱子	跳跃过3个障碍	冲刺跑	20米折返跑
第7次		2×5		2×8	4×5	3×3	4×20米	75%
第8次		2×5		2×8	5×5	4×3	4×20米	测试
第9次		3×5		3×8	5×5	4×3	4×30米	75%
第10次		3×5		3×8	5×5	4×3	4×30米	75%
第11次		3×5		3×8	5×5	4×3	4×30米	75%
第12次		2×5			4×5		3×40米	75%
第13次		2×5		3×8	4×5	4×3	3×40米	75%
第14次	1×5		3×8		2×5	4×3	4×40米	75%
第15次				2×8	2×4		2×30米	75%
第16次				2×8	2×4		2×30米	75%

（2）12～15岁青少年快速力量最佳运动干预方案。依据上述对于12～15岁青少年快速力量运动干预方式的排序，筛选最适合12～15岁青少年的快速力量干预方式，为Lloyd设计的复合训练方案。该方案训练为期6周，每周2次。具体方案见表4-17。

表4-7　12～15岁青少年快速力量最佳运动干预方案

周次	训练内容	组数	重复次数
1	跳下着地	3	6
	后蹲	3	10
	立定跳远	3	6
	杠铃弓步	3	10
2	后蹲	3	10
	单腿前跳稳定落地	2	10
	分腿蹲跳下着地	3	6
	杠铃弓步	3	10
3	后蹲	3	10
	袋鼠跳	3	8
	杠铃弓步	3	10
	多组双侧跳跃	4	4

续表

周次	训练内容	组数	重复次数
4	后蹲	3	10
	交替腿跳跃	3	10
	杠铃弓步	3	10
	多组双侧跳障碍	5	3
5	后蹲	3	10
	交替腿跳跃	3	8
	杠铃弓步	3	10
	单侧弹跳	2	10
6	下落跳	4	4
	后蹲	3	10
	力量跨步跳障碍	3	8
	杠铃弓步	3	10

（四）研究结果三：力量耐力的运动干预效果

力量耐力的测试指标主要为抗固定负重的重复次数，文献检索所得的文献中，对于力量耐力进行测试的文献有2篇，样本数据有5组，汇总见表4-8。

表4-8 力量耐力抗阻训练干预的样本数据汇总 （单位：千克）

序号	第一作者及发表年份	实验组均数	实验组标准差	实验组样本数	对照组均数	对照组标准差	对照组样本数	干预方式
1	Steele J，2017	5.23	3.20	17人	4.80	3.60	16人	HL
2	Faigenbaum D A，2001	3.10	2.50	15人	1.70	1.10	12人	HL
3	Faigenbaum D A，2001	5.20	3.60	16人	1.70	1.10	12人	HL
4	Faigenbaum D A，2001	5.90	3.10	12人	1.70	1.10	12人	CT
5	Faigenbaum D A，2001	3.10	2.70	11人	1.70	1.10	12人	MB

1. 整体效应检验

对复合训练、高强度抗阻训练、中等强度抗阻训练等5样本数据进行整体效应检验，结果显示5组样本数据的 MD 值为2.21，95%置信区间为 [0.90，3.52]，且具有统计学意义（$Z=3.30$，$P=0.001$），这表明抗阻训练能够提升青少年的力量耐力，具体如图4-20所示。

Study or Subgroup	中高强度抗阻训练、复合训练			无抗阻、低抗阻			Weight	Mean Difference IV, Random, 95% CI	Mean Difference IV, Random, 95% CI
	Mean	SD	Total	Mean	SD	Total			
AVERY D. FAIGENBAUM 2001 (CT)	5.9	3.1	12	1.7	1.1	12	19.7%	4.20 [2.34, 6.06]	
AVERY D. FAIGENBAUM 2001 (HL)	3.1	2.5	15	1.7	1.1	12	23.7%	1.40 [-0.01, 2.81]	
AVERY D. FAIGENBAUM 2001 (MB)	3.1	2.7	11	1.7	1.1	12	21.0%	1.40 [-0.31, 3.11]	
AVERY D. FAIGENBAUM 2001 (ML)	5.2	3.6	16	1.7	1.1	12	19.6%	3.50 [1.63, 5.37]	
James Steele,etc 2017 (HL)	5.23	3.2	17	4.8	3.6	16	16.1%	0.43 [-1.90, 2.76]	
Total (95% CI)			71			64	100.0%	2.21 [0.90, 3.52]	

Heterogeneity: Tau² = 1.37; Chi² = 10.58, df = 4 (P = 0.03); I² = 62%
Test for overall effect: Z = 3.30 (P = 0.0010)

图 4-20 不同抗阻训练对青少年力量耐力干预效果的 meta 分析森林图

对纳入的文献进行整体同质性检验，$I^2 = 62\%$，$P = 0.03$，说明样本数据之间存在异质性，故可采用随机效应模型分析可能存在的潜在调节变量。

2. 发表偏倚性检验

从图 4-21 可以看出，散点分布集中于偏上位置，且左右基本平衡，表明偏倚结果可以接受，各研究间不存在明显的发表偏倚。

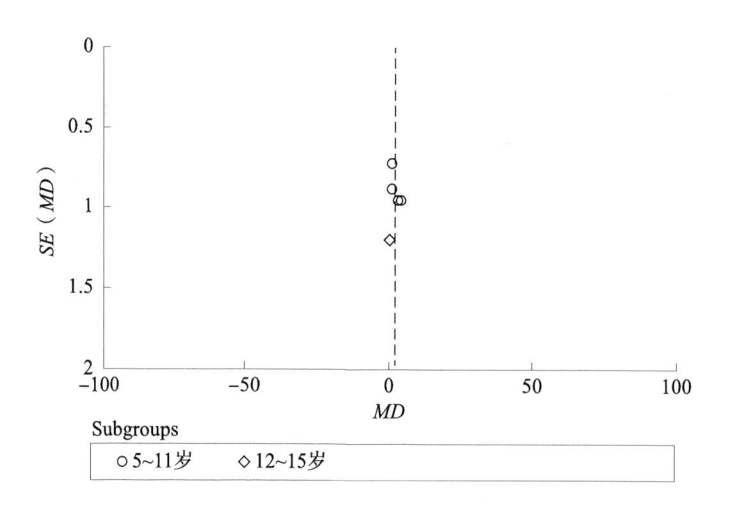

图 4-21 不同抗阻训练对青少年力量耐力干预效果的 meta 分析漏斗图

3. 运动干预对力量耐力影响效果的年龄亚组分析

（1）整体效应检验。

按照 5~11 岁（小学组）与 12~15 岁（初中组）对文献样本数据进行分组，分析结果如图 4-22 所示，抗阻训练对于不同年龄段青少年的力量耐力干预效果存在差异性。

Study or Subgroup	中高强度抗阻训练、复合训练			无抗阻、低抗阻				Mean Difference	Mean Difference
	Mean	SD	Total	Mean	SD	Total	Weight	IV, Random, 95% CI	IV, Random, 95% CI
2.2.1 5-11岁									
AVERY D. FAIGENBAUM 2001 (CT)	5.9	3.1	12	1.7	1.1	12	19.7%	4.20 [2.34, 6.06]	
AVERY D. FAIGENBAUM 2001 (HL)	3.1	2.5	15	1.7	1.1	12	23.7%	1.40 [-0.01, 2.81]	
AVERY D. FAIGENBAUM 2001 (MB)	3.1	2.7	11	1.7	1.1	12	21.0%	1.40 [-0.31, 3.11]	
AVERY D. FAIGENBAUM 2001 (ML)	5.2	3.6	16	1.7	1.1	12	19.6%	3.50 [1.63, 5.37]	
Subtotal (95% CI)			54			48	83.9%	2.54 [1.14, 3.95]	
Heterogeneity: Tau² = 1.29; Chi² = 8.16, df = 3 (P = 0.04); I² = 63%									
Test for overall effect: Z = 3.55 (P = 0.0004)									
2.2.2 12-15岁									
James Steele,etc 2017 (HL)	5.23	3.2	17	4.8	3.6	16	16.1%	0.43 [-1.90, 2.76]	
Subtotal (95% CI)			17			16	16.1%	0.43 [-1.90, 2.76]	
Heterogeneity: Not applicable									
Test for overall effect: Z = 0.36 (P = 0.72)									
Total (95% CI)			71			64	100.0%	2.21 [0.90, 3.52]	
Heterogeneity: Tau² = 1.37; Chi² = 10.58, df = 4 (P = 0.03); I² = 62%									
Test for overall effect: Z = 3.30 (P = 0.0010)									
Test for subgroup differences: Chi² = 2.32, df = 1 (P = 0.13), I² = 56.9%									

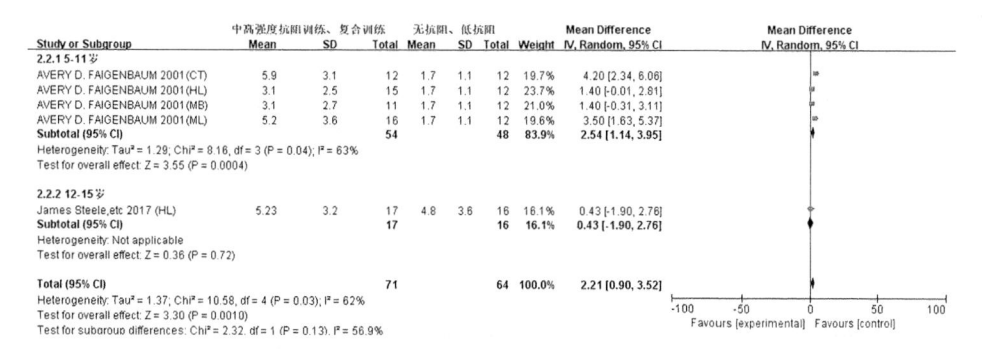

图 4-22　抗阻训练对不同年龄亚组青少年力量耐力干预效果的 meta 分析森林图

其中，对于 5~11 岁年龄组的青少年，4 组样本抗阻训练干预方案对于力量耐力的干预效果显著（$Z=3.55$，$P=0.0004$），表明高强度抗阻训练、中等强度抗阻训练、复合训练、药球训练能够提升学生的力量耐力。但是 $I^2=63\%$，$P=0.04$，表明 4 组样本数据存在异质性，不同抗阻训练的干预效果之间存在差异性，需进一步分析。

对于 12~15 岁年龄组青少年，分析高强度抗阻训练与低强度抗阻训练对力量耐力的干预效果，其结果为 $Z=0.36$，$P=0.72$，说明不具有统计学意义，但高强度抗阻训练与低强度抗阻训练对 12~15 岁青少年的力量耐力干预均适用。

（2）发表偏倚性检验。从图 4-23 可以看出，散点集中分布在偏上的位置，基本左右平衡，表明偏倚结果可以接受，各研究间不存在明显的发表偏倚。

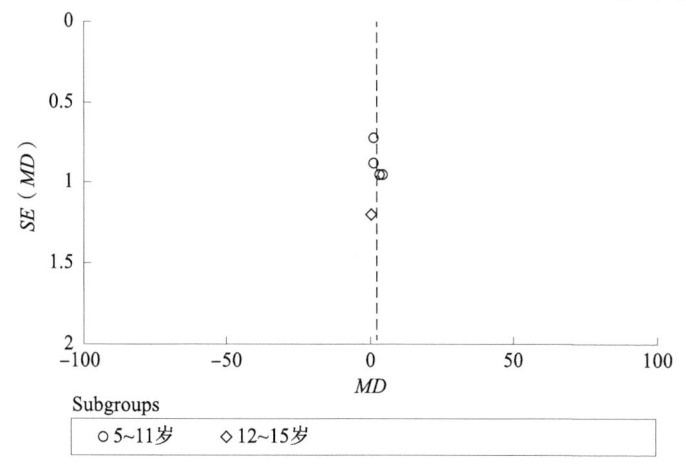

图 4-23　抗阻训练对不同年龄亚组青少年力量耐力干预效果的 meta 分析漏斗图

4. 不同年龄阶段青少年力量耐力的最佳运动干预方案

(1) 5~11岁年龄组青少年力量耐力的最佳运动干预方案。由于4组样本数据来自Faigenbaum的同一篇论文,可以对这4组样本数据进行对比,从而筛选出最佳干预方案。通过查阅文献,发现复合训练和中等强度抗阻训练对5~11岁青少年的力量耐力干预效果存在显著差异[100],其运动干预方案分别见表4-9、表4-10。

表4-9　5~11岁青少年力量耐力的最佳复合训练方案

干预方式	干预周期	干预频率	强度	干预方案结构	干预动作
复合训练	8周	2次/周	重复13~15RM,5%~10%递增负荷;6~8次投掷药球,动作间隔10秒	未描述	腹部弯曲,下背部伸展,腿推,腿伸展,腿弯举,髋外展,俯身划船,坐姿划船,腹屈,前拉

表4-10　5~11岁青少年力量耐力的最佳中等强度抗阻训练方案

干预方式	干预周期	干预频率	强度	干预方案结构	干预动作
中等强度抗阻训练	8周	2次/周	重复13~15RM,5%~10%递增负荷	未描述	腹部弯曲,下背部伸展,腿推,腿伸展,腿弯举,髋外展,俯身划船,坐姿划船,腹屈,前拉

(2) 12~15岁年龄组青少年力量耐力的最佳运动干预方案。样本数据来自Steele的同一篇论文。通过查阅文献,发现高强度抗阻训练与低强度抗阻训练对青少年力量耐力的干预效果不存在显著性差异。因此,12~15岁青少年力量耐力的最佳运动干预方案为高强度抗阻训练和低强度抗阻训练,具体见表4-11、表4-12。

表4-11　12~15岁青少年力量耐力的高强度抗阻训练方案

干预方式	干预周期	干预频率	强度	干预方案结构	干预动作
高强度抗阻训练	9周	2次/周	重复4~6RM,5%~10%递增负荷,每次2组,组间间歇1~2分钟	未描述	腿举,膝伸展,杠铃卧推,哑铃飞鸟,拉背下拉,坐姿划船,仰卧起坐,举腿

表4-12　12~15岁青少年力量耐力的低强度抗阻训练方案

干预方式	干预周期	干预频率	强度	干预方案结构	干预动作
低强度抗阻训练	9周	2次/周	重复12~15RM，5%~10%递增负荷，每次2组，组间间歇1~2分钟	未描述	腿举，膝伸展，杠铃卧推，哑铃飞鸟，拉背下拉，坐姿划船，仰卧起坐，举腿

三、小结

第一，抗阻训练能够提升青少年的最大力量素质，但是不同训练方法的干预效果存在异质性。其中对于5~11岁青少年，最大力量的训练效应量从高到低依次为最大负荷抗阻训练、中等渐进抗阻训练、复合训练、药球训练；对于12~15岁青少年，最大力量的抗阻训练干预效果排序为高强度抗阻训练、复合抗阻训练。

第二，抗阻训练、复合训练、增强式训练、悬吊训练、抗阻训练结合有氧训练能够提升青少年的快速力量素质，但是不同训练方法的干预效果存在异质性。对于5~11岁青少年，快速力量的运动干预效果高低排序为小负荷抗阻训练、悬吊训练、复合训练、增强式训练。

第三，复合训练、高强度抗阻训练、中等强度抗阻训练等训练方法能够提升青少年的力量耐力素质，但多个研究表明它们之间存在异质性，复合训练和中等强度抗阻训练对5~11岁青少年的力量耐力有较好的干预效果，高强度抗阻训练和低强度抗阻训练对12~15岁青少年的力量耐力有较好的干预效果。

第四，根据青少年的力量素质发展特征选择最优的运动干预方法，以获取最大的干预效益。具体训练方案可以参照不同年龄阶段的青少年力量素质的子素质的最佳干预方案。

第三节　青少年不同运动方式的灵敏素质健康效益分析

为了探寻对于提高青少年灵敏素质有效的运动干预，厘清研究对象的差异性、适宜的训练强度、何种练习形式、结局指标是否能反映研究目标等问题，本节从反应灵敏、移动灵敏和动作灵敏三个维度出发，采用 meta 分析，在总结前人关于运动干预对灵敏素质提升效果的研究之上展开深入的研究，为青少年灵敏素质的发展提供循证依据。

一、研究方法

（一）文献检索策略

两名研究人员检索中英文数据库，其中中文数据库包括中国知网（CNKI）、万方、维普，英文数据库包括 PubMed、Web of Science 等。检索的中文主题词包括"灵敏素质""灵敏性""运动训练""体育活动""体育教学""随机""随机对照实验"；英文主题词包括"Training Techniques""Sensitivity Qualities""Introductory Terms""Movement Sensitivity""Physical Activity""Physical Education""RCT"。检索策略为"主题词+自由词"，发表时间限制在 2015 年 1 月至 2023 年 12 月。

文献检索完毕后，将文献导入 NoteExpress 软件中进行除重；两名研究人员独立进行文献筛选，通过阅读文献标题和摘要进行初步筛选，再将有可能纳入的文献进行全文下载和阅读。文献筛选完毕后，由第三人进行文献库对照和整理。最终，将 23 篇文献纳入研究。

（二）文献的纳入与排除标准

1. 文献的纳入标准

（1）研究对象为儿童、青少年，包括小学、初中、高中和大一阶段的学生；（2）干预方式为各种类型的运动或活动，包括各种类型的体育教学活动和运动训练等；（3）对照组的运动方式为常规活动方式；（4）以反应灵敏、动作灵敏和移动灵敏为结局指标；（5）实验研究设计需为随机对照实验。

2. 文献的排除标准

（1）干预方式非运动性干预；（2）非灵敏素质结局指标；（3）非随机对

照实验；（4）数据不完整。

（三）文献的特征编码及数据提取

根据研究的需要，将最终纳入的文献的基本信息进行编码和提取，包括：文献的第一作者及发表年份，实验组和对照组的样本数、性别、年龄，干预方式，干预频率和周期、时间，结局指标等相关数据，见表4-13。

表4-13 纳入文献的基本特征统计

序号	第一作者及发表年份	样本数/人	样本性别	样本年龄 ($M \pm SD$)/岁	干预方式	干预周期、频率、单次时间	结局指标
1	宋程伟，2023	12	男	19~21	SAQ训练	10周 3次/周 ≥40分钟	①②③④⑤⑥⑦
2	刘瑶嘉，2023	E：6 C：6	男	未报告	SAQ训练	8周	③⑧
3	敖拉汉森，2023	E：12 C：12	男	16~18	SAQ训练	12周 3次/周 ≥20分钟	①③⑥⑧
4	王劲璇，2023	正向组：10 侧向组：10 C：10	女	16~18	不同方向快速伸缩复合训练	8周 3次/周	⑧
5	张晓凯，2020	E：20 C：20	E：10男+10女 C：10男+10女	8~12	多方向移动训练	8周 2次/周	⑧
6	桂振宇，2023	E：16 C：16	男	9~11	多方向移动训练	10周 2次/周 ≥40分钟	⑤⑧⑩
7	杜金池，2023	E：10 C：10	男	20.20±0.92	多方向移动训练	8周 3次/周	①⑤⑥⑧
8	刘守剑，2023	E：10 C：10	男	17.60±0.97	非稳定状态力量训练	12周 2次/周	⑥⑦⑧
9	王乃桐，2023	E：10 C：10	女	14.10±0.74	复合训练	8周 2次/周	⑤

续表

序号	第一作者及发表年份	样本数/人	样本性别	样本年龄($M \pm SD$)/岁	干预方式	干预周期、频率、单次时间	结局指标
10	尧子雄,2023	E：20 C：20	E：10男+10女 C：10男+10女	男：11.00±0.89 女：10.83±0.98	功能性训练	12周 2次/周 ≥45分钟	①⑤
11	孙婷婷,2023	E：10 C：10	E：5男+5女 C：5男+5女	13~14	功能性训练	12周 2次/周 ≥90分钟	①⑤⑥
12	彭鑫寅,2023	E：48 C：48	E：28男+20女 C：27男+21女	9~10	花样跳绳运动	12周 3次/周 ≥40分钟	⑧
13	毛念,2023	恰恰舞组：22 健身街舞组：22 常规课程组：22	恰恰舞组：11男+11女 健身街舞组：11男+11女 常规课程组：11男+11女	9~10	健身街舞与恰恰舞	9周 2次/周 ≥40分钟	①④⑤
14	魏威,2023	E：13 C：13	未报告	11~12	快速伸缩复合训练	10周 3次/周 ≥30分钟	⑥⑧
15	徐萌,2015	E：10 C：10	男	16.38±0.42	快速伸缩复合训练	8周 3次/周	⑥⑧
16	吴慧娟,2019	E：12 C：12	E：6男+6女 C：6男+6女	10.83±0.83	六角球训练	8周 3次/周 ≥30分钟	①④⑥
17	郑校清,2023	E：8 C：8	男	未报告	软梯训练	8周 2次/周	①③④⑥
18	戴祖友,2023	E：40 C：40	E：20男+20女 C：20男+20女	9~10	少儿趣味田径	12周 2次/周 ≥40分钟	⑤⑧⑨⑩
19	张博涵,2021	E：35 C：35	E：17男+18女 C：17男+18女	14.33±0.59	绳梯训练	12周 3次/周 ≥45分钟	①④⑥

续表

序号	第一作者及发表年份	样本数/人	样本性别	样本年龄 ($M \pm SD$)/岁	干预方式	干预周期、频率、单次时间	结局指标
20	张业辉，2023	E：21 C：20	男	17.05 ± 0.74	绳梯训练	8 周 2 次/周 10～15 分钟	⑤⑥⑧
21	杨伟童，2022	E：40 C：40	E：25 男 + 15 女 C：25 男 + 15 女	15～16	绳梯训练	15 周 2 次/周 ≥10 分钟	③④⑧
22	徐嘉韵，2022	E：16 C：16	E：8 男 + 8 女 C：8 男 + 8 女	9～12	小栏架训练	8 周 3 次/周	①⑤⑧
23	董英鑫，2023	E：29 C：29	E：23 男 + 6 女 C：23 男 + 6 女	男：19.87 ± 0.46 女：19.83 ± 0.40	羽毛球步法训练	2 次/周 ≥20 分钟	③⑥⑧

注：1. E 为实验组；C 为对照组；M 为平均值；SD 为标准差。
  2. "结局指标"列，①为 15 秒立卧撑；②为三角背向反应测试；③为十字象限跳；④为六边形跳；⑤为六角球测试；⑥为"T"形跑测试；⑦为"V"形跑测试；⑧为伊利诺伊测试；⑨为 505 灵敏测试；⑩为内布拉斯加灵敏测试。
  3. 衡量反应灵敏的结局指标为②⑤；衡量动作灵敏的结局指标为①③④；衡量移动灵敏的结局指标为⑥⑦⑧⑨⑩。
  4. 部分文献中未列出单次干预时间，故表中不作体现，但不影响分析结果。

（四）文献的质量评估

采用 Review Manager 软件，依据 Cochrane 风险评价手册对纳入的文献进行质量评估，其有 7 个评价指标，包括随机序列生成、分配隐藏、参与者盲法、评定者盲法、数据完整性、选择性报告、其他偏倚。对每个指标有三种评定结果，分别为"低风险""不清楚""高风险"，≥5 分为高质量（低度偏倚）文献，3～4 分为中等质量（中等偏倚）文献，2 分及以下为低质量（高度偏倚）文献。如图 4－24 所示，文献质量评估结果表明，纳入的 23 篇文献存在一定的偏倚。其中，有 15 篇文献存在低度偏倚风险，质量较高，其余的 8 篇文献均存在中等偏倚风险，如图 4－25 所示。

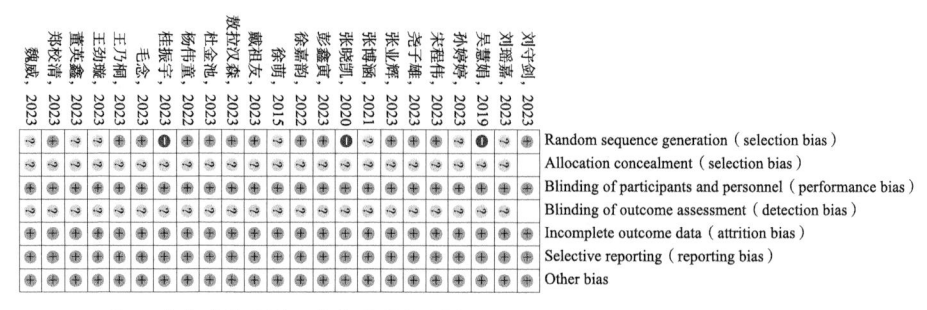

注："+"表示达标;"-"表示未达标。

图 4-25 纳入文献的方法学质量评估示意

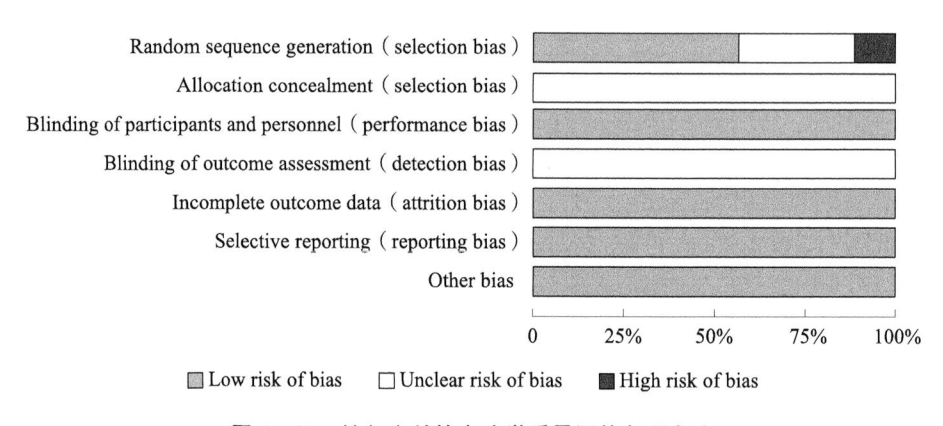

图 4-25 纳入文献的方法学质量评估各项占比

(五) 文献的统计学处理

对纳入的 23 篇文献通过 Review Manager 软件进行 meta 分析,并依据异质性差异设置调节变量进行亚组分析。本节采取两种方法来纳入效应量。第一种方法是当结局指标为连续性变量,且结局指标的单位及测试方法相同时,采用加权均数差(MD)及其 95% 置信区间(95% CI)作为效应量指标;第二种是当结局指标的单位及测试方法不同时,采用标准化均数差(SMD),通过公式换算得到。通过查看森林图,当 $P \leq 0.05$ 时,合并效应具有显著性水平;$P < 0.01$ 时,具有非常显著性水平。利用 I^2 值来评价异质性,$I^2 < 50\%$ 为低异质性,采用固定效应模型;$50\% \leq I^2 < 75\%$ 为中等异质性或者 $I^2 \geq 75\%$ 为高异质性,采用随机效应模型。

二、灵敏素质整体研究结果

对纳入文献的运动干预方案对青少年灵敏素质发展的影响效果进行整体检验。多个研究间同质性检验采用固定效应模型，若存在异质性则选用随机效应模型。经检验发现，各研究间存在异质性，如图4-26所示，故采用随机效应模型。

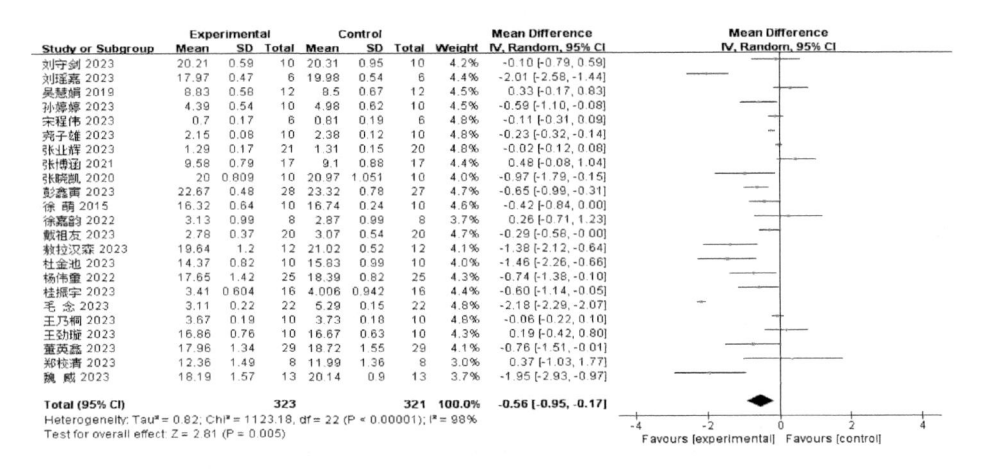

图4-26 运动干预对青少年灵敏素质发展影响效果的 meta 分析森林图

（一）整体效应检验

对选取的全部样本进行整体效应检验，发现运动干预具有提高青少年灵敏素质的效果。$I^2=98\%$，$P<0.00001$，说明多个研究间存在异质性，故采用随机效应模型分析；同时，这一结果也反映出存在潜在调节变量的可能。

根据 Cohen 的常规解释，效应量等于或小于 0.2 为小效应，0.2~0.80 为中等效应，0.8 以上为大效应。数值前的"-"表示青少年反应时间缩短。运动干预对灵敏素质影响的合并效应量为 -0.56，说明运动干预在一定程度上达到了提高青少年灵敏素质的效果。双尾检验的结果 $P=0.005$ 表示多组数据的合并统计量具有统计学意义；95% 置信区间为 [-0.95，-0.17]，说明运动干预下灵敏素质发展取得较好的效果。

（二）运动干预对青少年反应灵敏发展效果影响的 meta 分析

在青少年反应灵敏方面，纳入文献 7 篇，纳入被试样本 213 人。如图 4-27 所示，异质性检验结果显示，$I^2=99\%$，表示具有高异质性，故采用随机效应模型进行 meta 分析；合并效应量 $SMD=-0.54$，95% 置信区间为 $[-1.34, 0.26]$，说明运动干预对青少年的反应灵敏发展具有明显的促进作用；双尾检验的结果 $P=0.18$ 则表示多项研究的合并效应量不具有统计学意义。

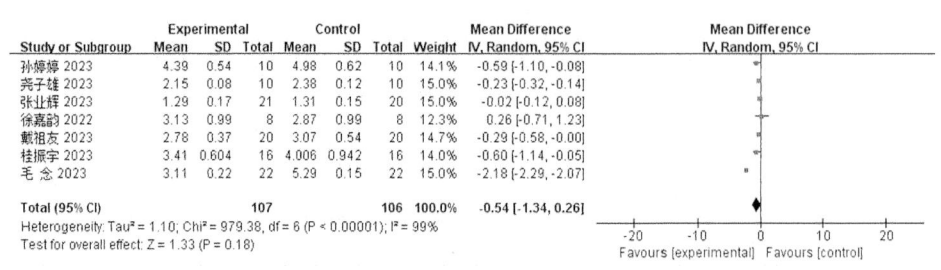

Study or Subgroup	Experimental Mean	SD	Total	Control Mean	SD	Total	Weight	Mean Difference IV, Random, 95% CI
孙婷婷 2023	4.39	0.54	10	4.98	0.62	10	14.1%	-0.59 [-1.10, -0.08]
尧子雄 2023	2.15	0.08	10	2.38	0.12	10	15.0%	-0.23 [-0.32, -0.14]
张业辉 2023	1.29	0.17	21	1.31	0.15	20	15.0%	-0.02 [-0.12, 0.08]
徐嘉韵 2022	3.13	0.99	8	2.87	0.99	8	12.3%	0.26 [-0.71, 1.23]
戴祖友 2023	2.78	0.37	20	3.07	0.54	20	14.7%	-0.29 [-0.58, -0.00]
桂振宇 2023	3.41	0.604	16	4.006	0.942	16	14.0%	-0.60 [-1.14, -0.05]
毛念 2023	3.11	0.22	22	5.29	0.15	22	15.0%	-2.18 [-2.29, -2.07]
Total (95% CI)			107			106	100.0%	-0.54 [-1.34, 0.26]

Heterogeneity: Tau² = 1.10; Chi² = 979.38, df = 6 (P < 0.00001); I² = 99%
Test for overall effect: Z = 1.33 (P = 0.18)

图 4-27 运动干预对青少年反应灵敏发展效果影响的 meta 分析森林图

（三）运动干预对青少年动作灵敏发展效果影响的 meta 分析

在青少年动作灵敏方面，纳入文献 4 篇，纳入被试样本 86 人。如图 4-28 所示，异质性检验结果显示，$I^2=49\%$，低异质性，故采用固定效应模型进行 meta 分析；合并效应量 $SMD=0.01$，属于小效应，95% 置信区间为 $[-0.17, 0.19]$，分析数值前的"+"表示单位时间内完成的动作次数提升了，表明运动干预对青少年动作灵敏发展具有明显的促进作用；$P=0.90$，表示多项研究的合并效应量不具有统计学意义。

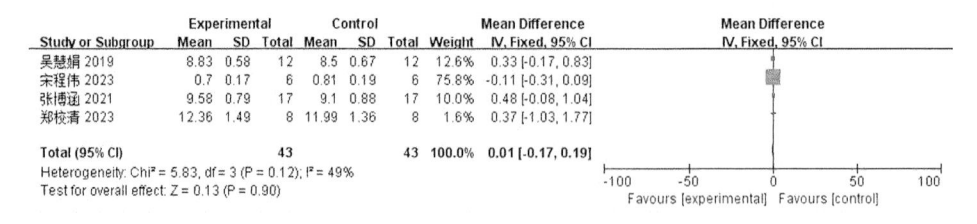

Study or Subgroup	Experimental Mean	SD	Total	Control Mean	SD	Total	Weight	Mean Difference IV, Fixed, 95% CI
吴慧娟 2019	8.83	0.58	12	8.5	0.67	12	12.6%	0.33 [-0.17, 0.83]
宋程伟 2023	0.7	0.17	6	0.81	0.19	6	75.8%	-0.11 [-0.31, 0.09]
张博涵 2021	9.58	0.79	17	9.1	0.88	17	10.0%	0.48 [-0.08, 1.04]
郑校清 2023	12.36	1.49	8	11.99	1.36	8	1.6%	0.37 [-1.03, 1.77]
Total (95% CI)			43			43	100.0%	0.01 [-0.17, 0.19]

Heterogeneity: Chi² = 5.83, df = 3 (P = 0.12); I² = 49%
Test for overall effect: Z = 0.13 (P = 0.90)

图 4-28 运动干预对青少年动作灵敏发展效果影响的 meta 分析森林图

（四）运动干预对青少年移动灵敏发展效果影响的 meta 分析

在青少年移动灵敏方面，纳入文献 13 篇，纳入被试样本 393 人。如图 4-29

所示，异质性检验结果显示，$I^2 = 76\%$，表示具有中等异质性，故采用随机效应模型进行 meta 分析；合并效应量 $SMD = -0.82$，95%置信区间为 [-1.15，-0.49]，运动干预对青少年移动灵敏的发展有一定的促进作用；$P < 0.00001$ 则表示多项研究的合并效应量具有统计学意义。

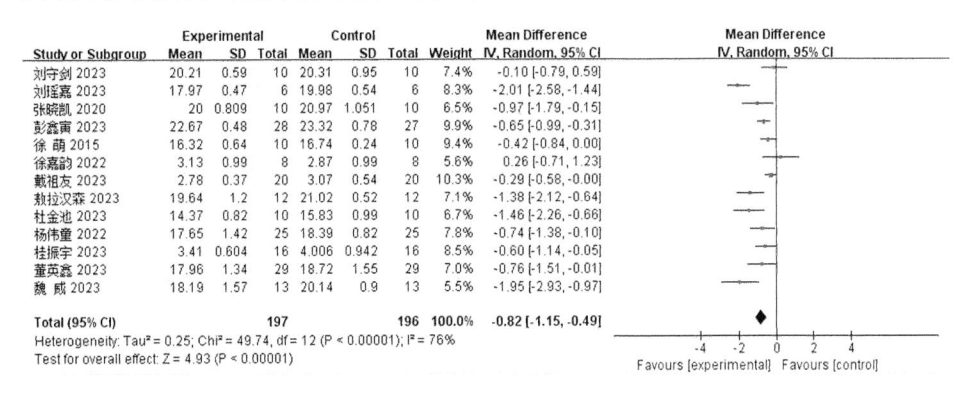

Study or Subgroup	Experimental Mean	SD	Total	Control Mean	SD	Total	Weight	Mean Difference IV, Random, 95% CI	Mean Difference IV, Random, 95% CI
刘守剑 2023	20.21	0.59	10	20.31	0.95	10	7.4%	-0.10 [-0.79, 0.59]	
刘瑶嘉 2023	17.97	0.47	6	19.98	0.54	6	8.3%	-2.01 [-2.58, -1.44]	
张晓凯 2020	20	0.809	10	20.97	1.051	10	6.5%	-0.97 [-1.79, -0.15]	
彭鑫寅 2023	22.67	0.48	28	23.32	0.78	27	9.9%	-0.65 [-0.99, -0.31]	
徐 萌 2015	16.32	0.64	10	16.74	0.24	10	9.4%	-0.42 [-0.84, 0.00]	
徐嘉韵 2022	3.13	0.99	8	2.87	0.99	8	5.6%	0.26 [-0.71, 1.23]	
戴祖友 2023	2.78	0.37	20	3.07	0.54	20	10.3%	-0.29 [-0.58, -0.00]	
敖拉汉森 2023	19.64	1.2	12	21.02	0.52	12	7.1%	-1.38 [-2.12, -0.64]	
杜金池 2023	14.37	0.82	16	15.83	0.99	10	7.7%	-1.46 [-2.26, -0.66]	
杨伟童 2022	17.65	1.42	25	18.39	0.82	25	7.8%	-0.74 [-1.38, -0.10]	
桂振宇 2023	3.41	0.604	16	4.006	0.942	16	8.5%	-0.60 [-1.14, -0.05]	
董英嘉 2023	17.96	1.34	29	18.72	1.55	29	7.7%	-0.76 [-1.51, -0.01]	
魏 威 2023	18.19	1.57	13	20.14	0.9	13	5.5%	-1.95 [-2.93, -0.97]	
Total (95% CI)			197			196	100.0%	-0.82 [-1.15, -0.49]	

Heterogeneity: Tau² = 0.25; Chi² = 49.74, df = 12 (P < 0.00001); I² = 76%
Test for overall effect: Z = 4.93 (P < 0.00001)

Favours [experimental] Favours [control]

图 4-29　运动干预对青少年移动灵敏发展效果影响的 meta 分析森林图

三、青少年反应灵敏的运动干预因素调节效应分析

为了准确探讨运动干预对青少年反应灵敏发展效果的影响，设置干预方式、单次时间、干预周期、年龄和性别五个调节变量进行亚组分析，见表 4-14。

表 4-14　运动干预对青少年反应灵敏发展效果影响的调节效应检验

调节变量	同质性检验			类别	SMD 及 95%置信区间	双尾检验		文献数量/篇	样本数/人
	x^2	P	$I^2/(\%)$			Z	P		
干预方式	0.12	0.73	0	功能性训练	-0.32 [-0.63, -0.01]	2.05	0.04	2	40
				其他	-0.51 [-1.52, 0.51]	0.98	0.33	6	185
单次时间	1.85	0.17	45.9	≥40 分钟	-0.67 [-1.60, 0.26]	1.41	0.16	6	168
				<40 分钟	-0.02 [-0.12, 0.08]	0.40	0.69	1	41
干预周期	0.24	0.63	0	8~10 周	-0.68 [-2.42, 1.07]	0.76	0.45	3	101
				10 周及以上	-0.24 [-0.36, -0.12]	3.92	<0.0001	5	124
年龄	0.78	0.38	0	9~12 岁	-0.63 [-1.76, 0.49]	1.10	0.027	5	15273
				12 岁及以上	-0.12 [-0.31, 0.07]	1.22	0.22	3	
性别	0.80	0.37	0	男	-0.49 [-1.19, 0.22]	1.35	0.18	8	225
				女	-0.16 [-0.23, -0.10]	4.79	<0.00001	4	96

(一) 不同干预方式对青少年反应灵敏发展效果影响的亚组分析

通过设置运动干预方式调节变量进行亚组分析,具体分为两个类别,分别是功能性训练和其他(SAQ训练、多方向移动训练、健身街舞与恰恰舞、少儿趣味田径、绳梯训练、小栏架训练),评价不同的运动干预方式对青少年反应灵敏发展效果的影响。两个类别在效应量差异上为高度异质性(I^2 = 99% > 50%),表明运动干预和青少年的反应灵敏发展存在一定的相关性。其中,功能性训练 $SMD = -0.32$, 95% CI = [-0.63, -0.01], $P = 0.04$,说明其在促进青少年反应灵敏发展方面略逊于"其他"干预方式。

(二) 不同单次干预时间对青少年反应灵敏发展效果影响的亚组分析

通过设置单次干预时间调节变量进行亚组分析,具体分为大于或等于40分钟、小于40分钟,对比分析不同单次干预时间对青少年反应灵敏发展效果的影响。两个类别在效应量差异上为低异质性($I^2 = 45.9\% < 50\%$),表明单次干预时间对青少年的反应灵敏发展效果是有影响的,但是异质性较低。其中单次时间大于或等于40分钟的运动干预效应量 $SMD = -0.67$, 95% CI = [-1.60, 0.26],说明在促进青少年反应灵敏发展方面优于单次干预时间小于40分钟的运动干预。

(三) 不同干预周期对青少年反应灵敏发展效果影响的亚组分析

通过设置干预周期调节变量进行亚组分析,具体分为两个类别,分别是8~10周和10周及以上,分析不同干预周期对青少年反应灵敏发展效果的影响情况。两个类别在效应量差异上为无异质性($I^2 = 0$),表明干预周期对青少年反应灵敏的发展效果是有影响的,但未表现出异质性。其中,8~10周对应的效应量为-0.68,且 $P = 0.45$,并且8~10周的运动干预效果更显著。

(四) 年龄对青少年反应灵敏发展效果影响的亚组分析

通过设置不同年龄调节变量进行亚组分析,具体分为9~12岁和12岁及以上两个类别,它们对青少年反应灵敏发展效果的影响无异质性($I^2 = 0$),但不同年龄对青少年的反应灵敏发展效果存在一定的影响。其中,对于9~12岁的研究对象,运动干预对其反应灵敏的发展效果产生了较好的影响

($SMD = -0.63$),且具有统计学意义($P = 0.027$)。

(五)性别对青少年反应灵敏发展效果影响的亚组分析

通过设置性别调节变量进行亚组分析,它们对青少年反应灵敏发展效果的影响为无异质性($I^2 = 0$),表明不同年龄对青少年的反应灵敏发展的存在一定的影响。运动干预对男生($SMD = -0.49$,95% CI = [-1.19, 0.22],$Z = 1.35$)和女生($SMD = -0.16$,95% CI = [-0.23,-0.10],$Z = 4.79$)的反应灵敏均有提升作用,且运动干预对男生的影响效果优于女生。

四、青少年动作灵敏的运动干预因素调节效应分析

为了准确探讨运动干预对青少年动作灵敏发展效果的影响,设置干预方式、单次时间、干预周期、年龄和性别五个调节变量进行亚组分析,见表4-15。

表4-15 运动干预对青少年动作灵敏发展效果影响的调节效应检验

调节变量	同质性检验			类别	SMD 及95%置信区间	双尾检验		文献数量/篇	样本数/人
	x^2	P	$I^2/$(%)			Z	P		
干预方式	5.83	0.12	48.6	SAQ训练	-0.11 [-0.31, 0.09]	1.06	0.29	1	12
				六角球训练	0.33 [-0.17, 0.83]	1.29	0.20	1	24
				绳梯训练	0.48 [-0.08, 1.04]	1.67	0.09	1	34
				软梯训练	0.37 [-1.03, 1.77]	0.52	0.60	1	16
单次时间	5.58	0.06	64.1	≥45分钟	0.48 [-0.08, 1.04]	1.67	0.09	1	24
				<45分钟	0.05 [-0.37, 0.46]	0.23	0.82	2	36
干预周期	1.78	0.18	43.9	8~10周	0.04 [-0.28, 0.36]	0.24	0.81	3	52
				10周及以上	0.48 [-0.08, 1.04]	1.67	0.09	1	34
年龄	5.43	0.02	81.6	9~14岁	0.40 [0.02, 0.77]	2.08	0.04	2	58
				14岁及以上	-0.11 [-0.31, 0.09]	1.06	0.29	1	12
性别	0.16	0.69	0	男	0.39 [0.03, 0.76]	2.14	0.03	3	74
				女	0.26 [-0.29, 0.81]	0.92	0.36	1	36

(一)不同干预方式对青少年动作灵敏发展效果影响的亚组分析

通过设置运动干预方式调节变量进行亚组分析,具体分别为SAQ训练、

六角球训练、绳梯训练、软梯训练，评价不同运动干预方式对青少年动作灵敏发展效果的影响情况。四个类别在效应量差异上为低异质性（$I^2 = 48.6\% < 50\%$），表明运动干预方式对青少年的动作灵敏发展有一定影响，但差异不大。其中，绳梯训练对青少年动作灵敏发展效果的影响具有中等合并效应（$SMD = 0.48$，$95\% CI = [-0.08, 1.04]$），且绳梯训练在促进青少年动作灵敏发展方面优于其他干预方式。

（二）不同单次干预时间对青少年动作灵敏发展效果影响的亚组分析

通过设置单次干预时间调节变量进行亚组分析，具体分为大于或等于45分钟和小于45分钟，对比分析不同单次干预时间对青少年动作灵敏发展效果的影响情况。两个类别在效应量差异上为中等异质性（$I^2 = 64.1\% > 50\%$），表明单次干预时间对青少年的动作灵敏发展有影响。其中，单次干预时间大于或等于45分钟对应的效应量 $SMD = 0.48$，$95\% CI = [-0.08, 1.04]$，$P = 0.09$，达到了中等效应。单次干预时间大于或等于45分钟的运动在促进青少年动作灵敏发展方面优于小于45分钟的运动干预。

（三）不同干预周期对青少年动作灵敏发展效果影响的亚组分析

通过设置干预周期调节变量进行亚组分析，具体分为两个类别，分别是8~10周、10周及以上，分析不同干预周期对青少年动作灵敏发展效果的影响情况。两个类别在效应量差异上为低异质性（$I^2 = 43.9\%$），表明干预周期对青少年动作灵敏的发展有一定的影响。两个类别对应的效应量分别为 $SMD = 0.04$、$P = 0.81$ 和 $SMD = 0.48$、$P = 0.09$，说明10周及以上的运动干预效果更显著。

（四）年龄对青少年动作灵敏发展效果影响的亚组分析

通过设置不同年龄调节变量进行亚组分析，具体分为9~14岁和14岁及以上两个类别，它们对青少年动作灵敏发展效果的影响具有高度异质性（$I^2 = 81.6\% > 75\%$），表明年龄对青少年的动作灵敏的发展效果存在一定的影响。其中，对于9~14岁研究对象，年龄产生的效应量较大（$SMD = 0.40$），$P = 0.04$ 表示具有统计学意义。

（五）性别对青少年动作灵敏发展效果影响的亚组分析

共有4篇文献对青少年的动作灵敏进行了性别区分，其中有1篇文献仅涉及女生。通过设置性别调节变量进行亚组分析，结果显示它们对青少年动作灵敏发展效果的影响无异质性（$I^2=0<50\%$），但是性别对接受运动干预的青少年的动作灵敏发展效果存在一定的影响。运动干预对男生的影响（$SMD=0.39$，$P=0.03$）要优于女生（$SMD=0.26$，$P=0.36$）。

五、青少年移动灵敏的运动干预因素调节效应分析

为了准确探讨运动干预对青少年移动灵敏发展的影响，设置干预方式、单次时间、干预周期、年龄和性别五个调节变量进行亚组分析，见表4-16。

表4-16 运动干预对青少年移动灵敏发展效果影响的调节效应检验

调节变量	同质性检验			类别	SMD及95%置信区间	双尾检验		文献数量/篇	样本数/人
	x^2	P	$I^2/(\%)$			Z	P		
干预方式	9.78	0.008	79.6	SAQ训练 多方向移动训练 其他	-1.74 [-2.35, -1.13] -0.88 [-1.51, -0.25] -0.65 [-0.96, -0.34]	5.58 2.74 4.15	<0.00001 0.006 <0.0001	2 3 8	36 72 285
单次时间	11.09	0.004	82	<40分钟 ≥40分钟	-1.59 [-2.18, -0.99] -0.53 [-0.79, -0.27]	5.26 4.04	<0.00001 <0.0001	2 3	50 127
干预周期	1.28	0.26	21.7	8~10周 10周及以上	-1.09 [-1.64, -0.54] -0.71 [-1.09, -0.32]	3.89 3.61	0.0001 0.0003	6 7	146 247
年龄	0	1	0	9~12岁 12岁及以上	-0.76 [-1.15, -0.38] -0.76 [-1.17, -0.36]	3.87 3.72	0.0001 0.0002	6 6	189 192
性别	1.09	0.3	8.1	男 女	-0.83 [-1.17, -0.49] -0.45 [-1.07, 0.17]	4.75 1.42	<0.00001 0.16	11 6	309 187

（一）不同干预方式对青少年移动灵敏发展效果影响的亚组分析

通过设置运动干预方式调节变量进行亚组分析，具体分别为SAQ训练、多方向移动训练和其他（非稳定状态力量训练、花样跳绳运动、快速伸缩复

合训练、少儿趣味田径、绳梯训练、小栏架训练、羽毛球步法训练等),通过这三类运动干预方式评价不同干预方式对青少年移动灵敏发展效果的影响情况。三类运动干预方式在效应量差异上为高异质性($I^2 = 79.6\% > 75\%$),表明干预方式对青少年的移动灵敏发展有一定的影响。其中,SAQ 训练对青少年移动灵敏发展效果的影响较好,$SMD = -1.74$,且 $P < 0.00001$,其在促进青少年的移动灵敏发展方面优于其他干预方式。

(二) 不同单次干预时间对青少年移动灵敏发展效果影响的亚组分析

通过设置单次干预时间调节变量进行亚组分析,具体分为大于或等于 40 分钟、小于 40 分钟,对比分析不同单次干预时间对青少年移动灵敏发展效果的影响情况。两个类别在效应量差异上为高异质性($I^2 = 90.3\% > 75\%$),表明单次干预时间对青少年移动灵敏的发展有一定的影响。其中,大于或等于 40 分钟对应的效应量 $SMD = -0.53$,$95\% \text{CI} = [-0.79, -0.27]$,单次干预时间大于或等于 40 分钟的运动干预在促进青少年动作灵敏发展方面优于小于 40 分钟的运动干预。

(三) 不同干预周期对青少年移动灵敏发展效果影响的亚组分析

通过设置干预周期调节变量进行亚组分析,具体分为两个类别,分别是 8~10 周、10 周及以上,分析不同干预周期对青少年动作灵敏发展效果的影响情况。两个类别在效应量差异上为低异质性($I^2 = 21.7\%$),干预周期对青少年动作灵敏的发展是有影响的。两个类别效应量分别为 $SMD = -1.09$ 和 $SMD = -0.71$,且 P 分别为 0.0001 和 0.0003,具有统计学意义,表明 8~10 周的运动干预效果更显著。

(四) 年龄对青少年移动灵敏发展效果影响的亚组分析

通过设置不同年龄调节变量进行亚组分析,具体分为 9~12 岁和 12 岁及以上两个类别,它们对青少年移动灵敏发展效果的影响为无异质性($I^2 = 0$),表明年龄对青少年的动作灵敏发展效果有影响但不大。两个年龄类别的效应量均为 $SMD = -0.76$,并且 P 分别为 0.0001 和 0.0002,具有统计学意义。

(五) 性别对青少年移动灵敏发展效果影响的亚组分析

共有 17 篇文献对青少年动作灵敏进行了性别区分,其中有 6 篇文献涉及女生。通过设置性别调节变量进行亚组分析,结果显示,它们对青少年动作灵敏发展效果的影响为低异质性($I^2=8.1\%<50\%$),表明性别对青少年的移动灵敏发展效果有一定的影响。运动干预对男生的移动灵敏发展效果的影响($SMD=-0.83$)要大于女生($SMD=-0.45$),并且对男生的干预效果具有统计学意义。

六、敏感性分析

采用敏感性分析方法,可以避免个别研究在较大程度上影响整体 meta 分析。研究发现,运动干预对青少年灵敏素质的合并效应量 $SMD=-0.56$,$95\%\ CI=[-0.95,-0.17]$,$P=0.005$,$I^2=98\%$,剔除单个研究后合并效应 SMD 的范围为 $-0.61\sim-0.49$,I^2 的范围为 $83\%\sim98\%$,P 均小于 0.01。分析结果表明,纳入的数据敏感性比较低,对 meta 分析结果没有造成本质性的改变,具有一定的稳定性和可靠性。

七、发表偏倚性检验

运用 Review Manager 软件对纳入研究的 23 篇文献绘制 meta 分析漏斗图,对发表偏倚性进行定性分析。如图 4-30 所示,漏斗图基本对称,因此可以判断纳入的文献不存在发表偏倚。

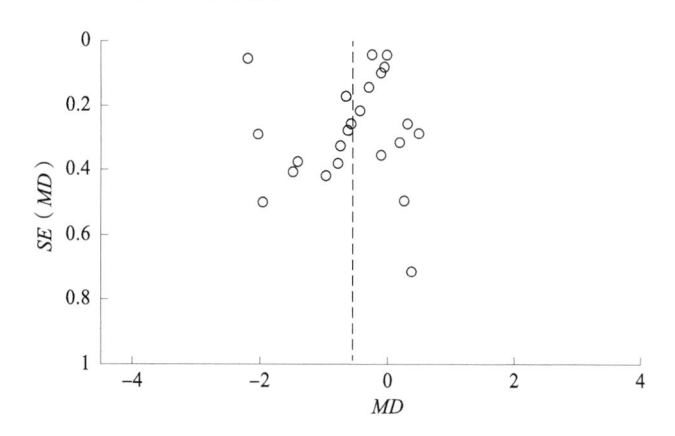

图 4-30 运动干预对青少年灵敏素质发展效果影响的 meta 分析漏斗图

八、小结

通过干预方式调节变量进行检验发现,在青少年反应灵敏方面,由于功能性训练类别的促进作用小于其他(SAQ训练、多方向移动训练、健身街舞与恰恰舞、少儿趣味田径、绳梯训练、小栏架训练),因此不建议使用功能性训练干预。但是,SAQ训练对青少年移动灵敏发展效果的影响效应($SMD = -1.74$)好于其他干预方式。

通过干预方案(干预周期、单次时间)进行调节效应检验发现,8~10周的运动干预分别对青少年反应灵敏发展效果和移动灵敏发展效果有较好的影响;10周以上运动干预对青少年动作灵敏发展效果有较好促进作用;单次干预时间控制在大于或等于40分钟对反应灵敏和移动灵敏的发展效果能起到较好的促进作用。

年龄和性别是青少年灵敏素质发展的两个重要影响因素。研究结果显示,在反应灵敏方面,9~12岁的合并效应量高于12岁以上,而动作灵敏方面9~14岁达到大合并效应量,但年龄对移动灵敏的发展效果没有较大的影响;相较于女生,运动干预普遍对男生的灵敏素质发展效果有较好的促进作用。

第四节 青少年不同运动方式的动作协调能力健康效益分析

动作协调能力是指个体在面对复杂的且突发的任务时,能够迅速、合理、经济且机智地完成的能力,是通过整合技能与神经系统而形成高效的运动模式的能力[101]。这种能力涵盖了空间定向、反应速度、平衡控制、感知判断、肢体协调以及本体感知等多个方面。在青少年的日常活动和运动表现中,动作协调能力扮演着至关重要的角色,它是速度、跳跃、敏捷性及相关运动技能发展的核心要素。协调性训练可以促进儿童对日常动作的控制力和应变能力,甚至可取得提升体能的效果。儿童的动作协调能力发展建立在基础运动技能的掌握之上,并对儿童大脑的神经发育过程有重要的影响[102]。研究表明,动作协调能力不足可能对个体的社交互动、情绪、学习、认知发展和记忆保持造成负面影响,并可能引发焦虑、抑郁、人格形成等心理问题[103,104],甚至还会造成感觉器官障碍和器官功能紊乱[105]。

本节旨在探索有效的运动干预措施,以提升青少年的协调能力。重点分析研究对象的个体差异性、适宜的训练强度、练习形式的选择以及结局指标与研究目标的对应性。具体而言,从肢体协调配合能力、空间定向能力以及感觉-知觉判断能力三个维度出发,对现有文献中关于运动干预对协调能力提升效果的研究进行系统性总结和深入分析,为青少年协调能力的发展提供科学、系统的循证支持。

一、研究方法

(一) 文献检索策略

对中英文数据库进行了检索,其中中文数据库有中国学术期刊全文数据库(CNKI)、万方、维普,而英文数据库则包括 PubMed 和 Web of Science 等。检索过程中,中文关键词包括"协调能力""协调性""运动训练""体育活动""体育教学""随机"以及"随机对照实验";英文关键词则包括"Training Techniques""Coordination Abilities""Entry Terms""Action Coordination""Sports Activities""Physical Education"和"RCT"。检索策略为"主题词+自由词",发表时间限制在 2013 年 5 月 30 日至 2024 年 5 月 30 日。

文献检索完成后,将所得文献导入 NoteExpress 软件进行去重处理。随后研究人员独立进行文献筛选,初步通过阅读文献的标题和摘要进行筛选,对于可能符合条件的文献则下载全文进行深入阅读。文献筛选结束后,由第三方对文献库进行对照和整理。最终,共有 21 篇文献被纳入研究。

(二) 文献的纳入与排除标准

1. 文献的纳入标准

(1) 研究对象限定为儿童和青少年,涵盖小学、初中及高中阶段的学生;(2) 干预措施应包括各种类型的运动或活动,例如不同形式的体育教学活动和运动训练;(3) 对照组应采用常规活动方式;(4) 研究设计必须是随机对照实验。

2. 文献的排除标准

(1) 研究对象为儿童或青少年运动员；(2) 干预措施为非运动性干预；(3) 结局指标与协调能力无关；(4) 研究设计为非随机对照实验；(5) 数据不完整。

(三) 文献的特征编码及数据提取

为了满足研究需求，检索人员独立且双盲地对纳入文献进行编码和数据提取，包括第一作者及发表年份、实验组与对照组的样本数、性别、年龄、干预方式、干预方案的细节（包括周期、频率和单次时间），以及研究的结局指标等，见表4-17。

表4-17 纳入文献的基本特征

序号	第一作者及发表年份	样本数/人	样本性别	样本年龄或年级	干预方式	干预周期、频率、单次时间	结局指标
1	王静, 2023	C: 35 E: 35	未报告	7~8岁儿童	软梯训练	13周；4次/周；15分钟	②①⑤⑥③
2	张世平, 2021	C: 180 E: 180	C: 90女 E: 90女	1~3年级儿童	运动视觉训练	13周；3次/周；10分钟	①⑦③
3	张敏, 2022 (1)	C: 18 E: 19	未报告	9~10岁女生	健美操	8周；2次/周；40分钟	②⑧
4	张敏, 2022 (2)	C: 18 E: 16	未报告	9~10岁女生	花样跳绳	8周；2次/周；40分钟	②⑧
5	杨紫涵, 2018	C: 50 E: 49	C: 24女 E: 23女	三年级学生	捆绑行动	12周；3次/周；20分钟	①⑤
6	王玲, 2020	C: 30 E: 30	C: 15女 E: 15女	7~8岁二年级儿童	排舞教学	16周；4次/周；40分钟	⑥③
7	刘勃, 2016	C: 31 E: 36	C: 12女 E: 12女	6~11岁儿童	街舞训练	14周；3次/周；100分钟	⑨
8	闫璐, 2017	C: 40 E: 40	C: 20女 E: 20女	16~18岁高中生	大众健美操	15周；3次/周；60分钟；心率控制在120~160次/分钟	④

续表

序号	第一作者及发表年份	样本数/人	样本性别	样本年龄或年级	干预方式	干预周期、频率、单次时间	结局指标
9	郑靖，2020	C：44 E：48	C：25女 E：48女	初中生	高强度间歇训练与功能性组合	12周	③
10	李勇，2022	C：200 E：200	C：80女 E：80女	水平二 水平三	轮滑	16周；3次/周；40分钟	①
11	谢兆瑞，2023	C：40 E：40	未报告	7～8岁二年级儿童	速度轮滑	14周；4次/周；40分钟	③
12	刘影，2023	C：30 E：30	C：15女 E：15女	11～12岁	花样跳绳	12周；3次/周；35分钟	①
13	董天琪，2018	C：60 E：60	C：30女 E：30女	8～9岁小学生	足球运动	10周；3～4次/周；40～60分钟	①
14	蒋巧云，2021	C：40 E：40	未报告	初二学生	花样跳绳	8周；3次/周；40分钟	①③
15	薄晓仕，2016	C：10 E：10	C：5女 E：5女	8～9岁儿童	羽毛球运动	10周；2次/周；45分钟	①③
16	袁宇佳，2023	C：40 E：40	C：20女 E：20女	7～9岁	花球啦啦操	12周；2次/周；40分钟	④⑤
17	徐铭阳，2019	C：25 E：25	未报告	7～8岁	牛仔舞	16周；2次/周；45分钟	②③
18	丁玉曼，2019	C：30 E：30	未报告	一、二年级学生	单腿甩脚球	16周；3次/周；20分钟	⑩
19	Philpott C，2021	C：110 E：120	C：35女 E：69女	12～16岁	FLAME项目	8周；20分钟	PMC
20	Lígia G. dos Santos Chaves Ribeiro，2010（1）	C：20 E：20	未报告	10岁	TG	16周；3次/周；20分钟	Bct
21	Lígia G. dos Santos Chaves Ribeiro，2010（2）	C：20 E：20	未报告	10岁	MG	16周；3次/周；20分钟	Bct

注：1. E为实验组；C为对照组；TG为传统运动训练；MG为成熟运动方案。

2. "结局指标"中，①为跳绳；②为交叉拍脚；③为十字象限跳；④为反复横跨；⑤为双脚角弓轻敲球；⑥为快速踩准；⑦为反弹六角球；⑧为反应尺；⑨为手眼协调；⑩为单手拍球；①②测试肢体配合能力；③④测试空间定向能力；⑤⑥⑦⑧⑨⑩测试感觉－知觉判断能力；PMC测试感知运动能力；Bct为Burpee's检验（协调性）。

3. FLAME项目是一种集合了柔韧性训练、下肢训练、敏捷性训练和耐力训练的综合性体能训练课程。

4. 部分文献中未列出单次干预时间，故表中不作体现，但不影响分析结果。

（四）文献的质量评估

仍然使用 Review Manager 软件，依据 Cochrane 风险评估手册，对纳入的文献进行质量评估。该评估包含七个关键指标：随机序列生成、分配隐藏、参与者盲法、评定者盲法、数据完整性、选择性报告以及其他偏倚。对每个指标有三种评定结果，分别为"低风险""不清楚"和"高风险"。达到或超过 5 分的文献为高质量文献，3~4 分的为中等质量文献，2 分及以下的则为低质量文献。文献质量评估结果（图 4-31）显示，纳入的 21 篇文献中存在一定程度上的偏倚。由于在运动干预研究中对参与者和研究人员实施双盲极为困难，因此这种偏倚主要源于实验设计未能实现双盲。在对纳入文献的方法学质量进行评估时，如图 4-32 所示，发现有 10 篇文献具有低偏倚风险，表明其质量较高，而其余 10 篇文献则显示出中度偏倚风险。

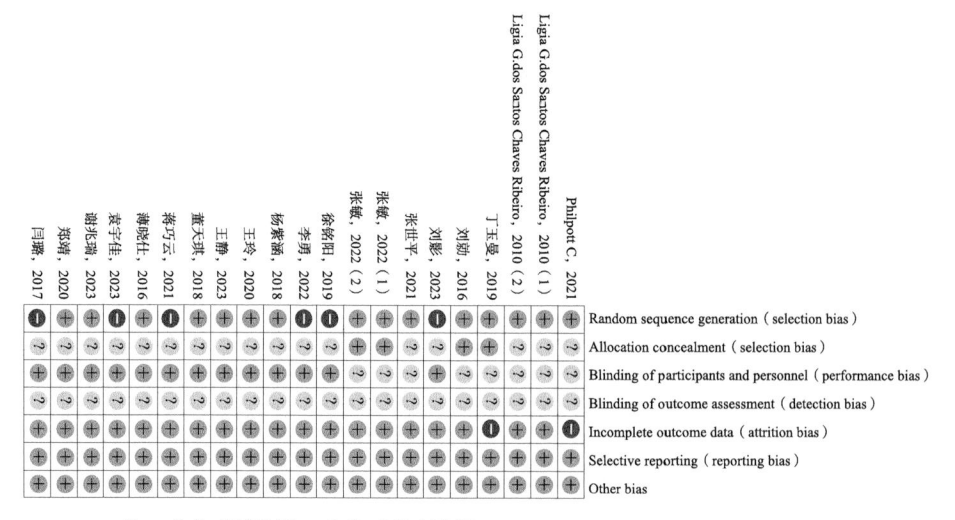

注："+"表示达标；"-"表示未达标。

图 4-31　纳入文献的方法学质量评估示意

（五）文献的统计学处理

通过运用 NoteExpress 软件进行文献管理，对纳入的 21 篇文献运用 Review Manager 软件进行 meta 分析，并根据异质性的差异，设置调节变量以进行进一步的亚组分析。

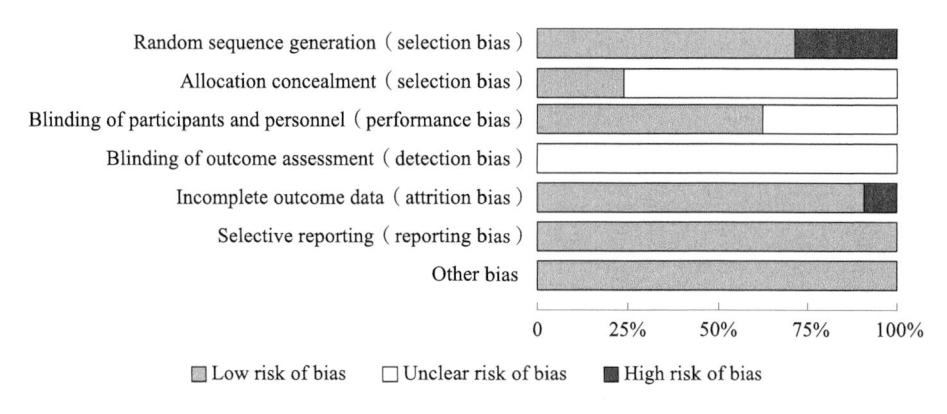

Random sequence generation (selection bias)
Allocation concealment (selection bias)
Blinding of participants and personnel (performance bias)
Blinding of outcome assessment (detection bias)
Incomplete outcome data (attrition bias)
Selective reporting (reporting bias)
Other bias

☐ Low risk of bias　☐ Unclear risk of bias　■ High risk of bias

图 4-32　纳入文献的方法学质量评估各项占比

在纳入文献数据的效应量处理上，本节采用了两种不同的方法。第一种方法适用于结局指标为连续性变量且单位及测试方法一致的情况，采用加权均数差（MD）及其95%置信区间（95% CI）作为效应量指标；第二种方法适用于结局指标单位及测试方法不一致的情况，此时采用标准化均数差（SMD），该值通过相应的公式换算得出。

在分析结果的解读上，通过森林图可以观察到，当 $P \leqslant 0.05$ 时，合并效应显示出显著性水平；当 $P < 0.01$ 时，则表明具有非常显著性水平。异质性的评估则通过 I^2 值进行，其中 $I^2 < 50\%$ 表示低异质性，适合采用固定效应模型；而中等异质性（$50\% \leqslant I^2 < 75\%$）和高异质性（$I^2 \geqslant 75\%$）则均采用随机效应模型进行分析。

二、动作协调能力整体研究结果

在分析多个研究的同质性时，首先应用了固定效应模型；若发现研究间存在异质性，则改用随机效应模型。经过检验，确认研究间存在异质性，因此最终采用了随机效应模型。

（一）整体效应检验

对所选样本进行整体效应检验，结果表明运动干预能有效提升青少年的协调能力。由于纳入的文献存在显著异质性（$I^2 = 84\%$，$P < 0.00001$），因此采用了随机效应模型来分析，这暗示了潜在调节变量的存在可能性。

依据 Cohen 的常规解释，效应量小于或等于 0.2 代表小效应，0.20~0.80 为中等效应，而 0.80 以上则视为大效应。在本节，运动干预对协调能力的综合效应量为 0.45，达到中等效应水平，意味着运动干预在一定程度上成功提升了青少年的协调能力。此外，双尾检验的结果 $P=0.0001$，说明合并后的效应量在统计学上具有显著性，其 95% 置信区间为 [0.22, 0.68]。这些数据共同表明，在运动干预下，青少年的协调能力得到了显著改善。

图 4-33　运动干预对青少年动作协调能力发展效果影响的 meta 分析森林图

（二）运动干预对青少年肢体协调能力发展效果影响的 meta 分析

在评估青少年肢体协调能力方面，纳入了 8 篇相关文献，涉及的被试样本量共计 578 人。异质性检验结果表明，I^2 值为 52%，这表明各研究之间存在中等异质性，因此选择使用随机效应模型进行分析。合并后的效应量 SMD 为 0.47（$P=0.04$），95% 置信区间为 [0.20, 0.74]。从森林图（图 4-34）可以看出，效应量介于 0.2 到 0.8 之间，属于中等效应，且运动干预对青少年肢体协调能力的发展效果具有显著的正面影响；$P=0.04$，表明多项研究合并后的效应量在统计学上具有显著性。

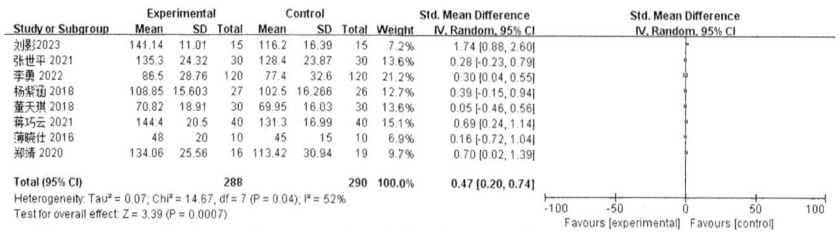

图 4-34　运动干预对青少年肢体协调能力发展效果影响的 meta 分析森林图

（三）运动干预对青少年空间定向能力发展效果影响的 meta 分析

在评估青少年的空间定向能力方面，纳入了 6 篇相关文献，涉及的被试样本量共计 380 人。异质性检验结果表明，$I^2 = 91\%$，这表明数据间存在高异质性，因此采用随机效应模型进行 meta 分析。分析结果显示，合并效应量 $SMD = 0.46$（$P < 0.00001$），属于中等效应，其 95% 置信区间为 [-0.30, 1.15]。通过森林图（图 4-35）可以观察到，运动干预对青少年空间定向能力的发展具有显著的促进效果；$P < 0.00001$，表明多项研究合并后的效应量在统计学上具有非常显著意义。因此可以得出结论，相较于对照组，运动干预可有效提升青少年的空间定向能力。

Study or Subgroup	Experimental Mean	SD	Total	Control Mean	SD	Total	Weight	Std. Mean Difference IV, Random, 95% CI
张世平 2021	18.23	5.46	30	21.79	5.3	30	16.9%	-0.65 [-1.17, -0.13]
徐铭阳 2019	18.12	1.51	25	17.16	1.46	25	16.6%	0.64 [0.07, 1.21]
王玲 2020	6	0.756	15	4.5	0.915	15	14.7%	1.74 [0.88, 2.60]
蒋巧云 2021	18.23	5.46	40	21.79	5.3	40	17.3%	-0.66 [-1.11, -0.20]
袁宇佳 2023	21.1	4.33	40	15.3	5.08	40	17.1%	1.22 [0.74, 1.70]
谢兆瑞 2023	16.975	2.213	40	15.975	2.106	40	17.3%	0.46 [0.01, 0.90]
Total (95% CI)			190			190	100.0%	0.43 [-0.30, 1.15]

Heterogeneity: Tau² = 0.74; Chi² = 56.86, df = 5 (P < 0.00001); I² = 91%
Test for overall effect: Z = 1.15 (P = 0.25)

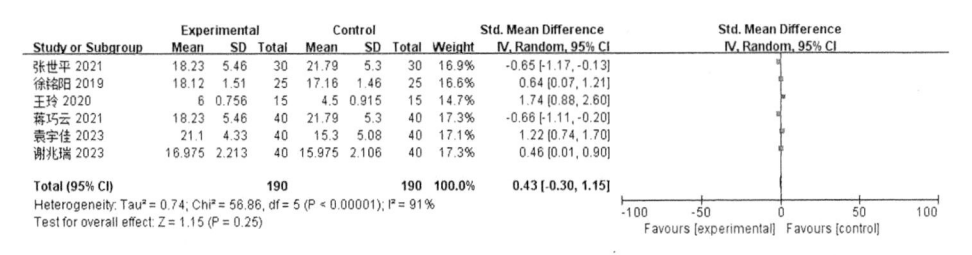

图 4-35　运动干预对青少年空间定向能力发展效果影响的 meta 分析森林图

（四）运动干预对青少年感觉-知觉判断能力发展效果影响的 meta 分析

在评估青少年的感觉-知觉判断能力方面，纳入了 8 篇相关文献，并对 387 名受试者进行了分析。异质性检验表明，$I^2 = 39\%$，这表明数据之间具有低异质性，因此选择固定效应模型进行分析。合并效应量 $SMD = -0.04$（$P = 0.12$），95% 置信区间为 [-0.25, 0.16]。从森林图（图 4-36）可以看出，运动干预对青少年感觉-知觉判断能力的发展具有促进效果，$P = 0.12$ 意味着多项研究合并后的效应量在统计学上并不显著。其可能原因是：协调能力是神经协调、肌肉协调和感觉-知觉协调三大系统的综合体现，特别是感觉-知觉判断能力，它依赖于视觉和听觉信息的输入，这些信息经过神经系统的处理后引发肌肉运动，而神经系统在很大程度上受先天因素的影响，因此短期的运动干预难以显著提升学生的感觉-知觉判断能力。

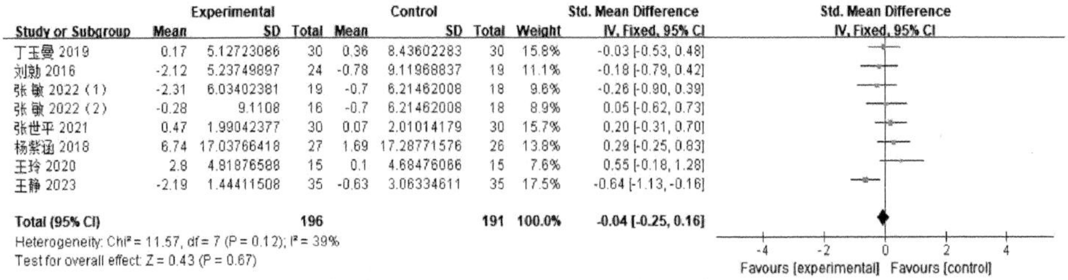
Experimental
Control
Std. Mean Difference
Std. Mean Difference
Study or Subgroup Mean SD Total Mean SD Total Weight IV, Fixed, 95% CI
IV, Fixed, 95% CI
丁玉曼 2019 0.17 5.12723086 30 0.36 8.43602283 30 15.8% -0.03 [-0.53, 0.48]
刘勍 2016 -2.12 5.23749897 24 -0.78 9.11968837 19 11.1% -0.18 [-0.79, 0.42]
张敏 2022 (1) -2.31 6.03402381 19 -0.7 6.21462008 18 9.6% -0.26 [-0.90, 0.39]
张敏 2022 (2) -0.28 9.1108 16 -0.7 6.21462008 18 8.9% 0.05 [-0.62, 0.73]
张世平 2021 0.47 1.99042377 30 0.07 2.01014179 30 15.7% 0.20 [-0.31, 0.70]
杨紫涵 2018 6.74 17.03766418 27 1.69 17.28771576 26 13.8% 0.29 [-0.25, 0.83]
王玲 2020 2.8 4.81876588 15 0.1 4.68476066 15 7.6% 0.55 [-0.18, 1.28]
王静 2023 -2.19 1.44411508 35 -0.63 3.06334611 35 17.5% -0.64 [-1.13, -0.16]
Total (95% CI) 196 191 100.0% -0.04 [-0.25, 0.16]
Heterogeneity: Chi² = 11.57, df = 7 (P = 0.12); I² = 39%
Test for overall effect: Z = 0.43 (P = 0.67)
-4 -2 0 2 4
Favours [experimental] Favours [control]

图 4－36　运动干预对青少年感觉－知觉判断能力发展效果影响的 meta 分析森林图

三、运动干预对青少年动作协调能力发展效果影响的亚组分析

（一）青少年肢体协调能力的运动干预因素调节效应检验

为了准确探讨运动干预对青少年肢体协调能力的影响，设置干预方式、单次时间、干预周期、年龄以及性别五个调节变量进行亚组分析（表 4－18）。国际上普遍接受的协调能力测试 MABC－2 分为 3～6 岁、7～10 岁、11～16 岁三个年龄段，根据研究实际情况，本研究将年龄分为 7～10 岁和 10 岁及以上两个年龄段。

表 4－18　运动干预对青少年肢体协调能力发展效果影响的调节效应检验

调节变量	同质性检验			类别	*SMD* 及 95% 置信区间	双尾检验		文献数量/篇	样本数/人
	x^2	*P*	I^2/(%)			*Z*	*P*		
干预方式	6.14	0.05	67.4	花样跳绳	18.67 [7.09, 30.25]	3.16	0.002	2	10
				球类运动	1.4 [−6.30, 9.09]	0.36	0.72	2	80
				其他	8.62 [3.60, 13.64]	3.36	0.008	4	388
单次时间	0.39	0.53	0	≤20 分钟	0.33 [−0.04, 0.71]	1.76	0.08	2	113
				＞20 分钟	0.51 [0.09, 0.94]	2.36	0.02	5	230
干预周期	0.53	0.47	0	8～12 周	0.34 [−0.11, 0.79]	1.49	0.14	3	160
				12 周及以上	0.56 [0.18, 0.95]	3.39	0.04	5	418
年龄	3.50	0.06	71.4	10 岁及以上	0.65 [0.26, 1.04]	3.31	0.009	5	438
				7～10 岁	0.16 [−0.17, 0.50]	0.97	0.33	3	140
性别	3.12	0.08	67.9	男	0.82 [0.36, 1.27]	3.32	0.004	10	631
				女	0.31 [−0.01, 0.64]	1.91	0.06	10	548

1. 干预方式对青少年肢体协调能力发展效果影响的亚组分析

通过设置干预方式调节变量进行亚组分析，具体分为三个类别，分别是花样跳绳、球类运动（足球运动、羽毛球运动）和其他（运动视觉训练、轮滑、捆绑行动和间歇 - 功能性联动组合训练），评价不同干预方式对青少年肢体协调能力发展效果的影响情况。三个类别的运动干预方式在效应量差异上为中等异质性（$I^2 = 67.4\% > 50\%$），表明干预方式对青少年的肢体协调能力发展效果有一定的影响。其中，花样跳绳对青少年肢体协调能力发展效果的影响具有最大合并效应，$SMD = 18.67$，95% CI 为 [7.09，30.25]，$P = 0.002$，说明花样跳绳在促进青少年肢体协调能力发展方面优于其他运动干预方式。

2. 单次时间对青少年肢体协调能力发展效果影响的亚组分析

通过设置单次时间调节变量进行亚组分析，具体分为小于或等于 20 分钟、大于 20 分钟，对比分析不同单次时间对青少年肢体协调能力发展效果的影响情况。两个类别在效应量差异上为低异质性（$I^2 = 0$），表明单次干预时间对青少年的肢体协调能力发展是有影响的。其中，20 分钟以上的效应量 $SMD = 0.51$，95% CI 为 [0.09，0.94]，$P = 0.02$，达到中等效应。分析表明，单次干预时间 20 分钟以上的运动在促进青少年肢体协调能力发展方面效果更好。

3. 干预周期对青少年肢体协调能力发展效果影响的亚组分析

通过设置干预周期调节变量进行亚组分析，具体分为两个类别，分别是 8~12 周、12 周及以上，分析不同干预周期对青少年肢体协调能力发展效果的影响情况。两个类别在效应量差异上为低异质性（$I^2 = 0$），表明干预周期对青少年的肢体协调能力发展具有一定的影响。两个类别效应量分别为 0.34 和 0.56，存在显著性差异，且具有统计学意义，并且 12 周及以上的运动干预效果更显著。

4. 年龄对青少年肢体协调能力发展效果影响的亚组分析

通过设置年龄调节变量进行亚组分析，具体分为 7~10 岁和 10 岁及以上两个类别，它们对青少年肢体协调能力发展效果的影响具有中等异质性（$50\% < I^2 = 71.4\% < 75\%$），表明年龄对青少年的肢体协调能力发展效果存

在一定的影响。其中，对于10岁及以上研究对象，运动干预对其肢体协调能力的发展效果产生中等效应（$SMD=0.65$），且具有统计学意义（$P=0.009$）。

5. 性别对青少年肢体协调能力发展效果影响的亚组分析

通过设置性别调节变量进行亚组分析，具体分为男生和女生两个类别，它们对青少年肢体协调能力发展效果的影响具有中等异质性（$50\% < I^2 = 67.9\% < 75\%$），表明性别对青少年的肢体协调能力的发展效果存在一定的影响。其中，对于男生，运动干预对男性青少年肢体协调能力的发展效果产生大效应（$SMD=0.82$），且具有统计学意义（$P=0.004$）。

（二）青少年空间定向能力的运动干预因素调节效应检验

为了准确探讨运动干预对青少年空间定向能力的影响，通过设置干预方式、单次时间、干预周期、年龄和性别五个调节变量进行亚组分析（表4-19）。

表4-19 运动干预对青少年空间定向能力发展效果影响的调节效应检验

调节变量	同质性检验			类别	SMD及95%置信区间	双尾检验		文献数量/篇	样本数/人
	x^2	P	$I^2/(\%)$			Z	P		
干预方式	3.86	0.05	74.1	舞蹈类	1.04 [0.52, 1.56]	3.90	<0.0001	3	160
				其他	0.11 [-0.66, 0.87]	0.28	0.78	3	220
单次时间	33.56	<0.00001	85	≤20分钟	0.53 [0.02, 1.05]	2.03	0.04	1	60
				>20分钟	0.72 [0.04, 1.14]	2.06	0.04	5	320
干预周期	40.80	<0.00001	88	8~12周	-0.66 [-1.11, -0.20]	2.85	0.004	1	80
				12周及以上	0.89 [0.57, 1.20]	5.56	<0.0001	5	300
年龄	40.80	<0.00001	88	10岁及以上	-0.66 [-1.11, -0.20]	2.85	0.004	1	80
				7~10岁	0.89 [0.57, 1.20]	5.56	<0.00001	5	300
性别	29.86	0.0001	77	男	0.85 [-0.12, 1.82]	1.72	0.001	4	110
				女	0.56 [-0.29, 1.41]	1.82	0.005	4	110

1. 干预方式对青少年空间定向能力发展效果影响的亚组分析

通过设置干预方式调节变量进行亚组分析，具体分为舞蹈类（牛仔舞、排舞教学和花球啦啦操）和其他（运动视觉训练、轮滑和花样跳绳），评价其对青少年的空间定向能力发展效果的影响情况。两个类别在效应量差异上为中等异质性（50%＜I^2＝74.1%＜75%），表明干预方式对青少年的空间定向能力发展效果有一定的影响。其中，舞蹈类对青少年空间定向能力发展效果的影响具有中等合并效应（SMD＝1.04），95%CI为［0.52，1.65］，P＜0.0001，在促进青少年空间定向能力发展方面优于"其他"干预方式，且具有统计学意义。

2. 单次时间对青少年空间定向能力发展效果影响的亚组分析

通过设置单次时间调节变量进行亚组分析，具体分为小于或等于20分钟、大于20分钟，对比分析不同单次时间对青少年空间定向能力发展效果的影响情况。两个类别在效应量差异上为高异质性（I^2＝85%＞75%），表明单次时间对青少年的空间定向能力发展效果有影响。其中，20分钟以上运动干预的效应量SMD＝0.72，95%CI为［0.04，1.14］，P＝0.04，达到了中等效应。说明单次时间20分钟以上的运动干预在促进青少年空间定向能力发展方面优于单次时间小于或等于20分钟的。

3. 干预周期对青少年空间定向能力发展效果影响的亚组分析

通过设置干预周期调节变量进行亚组分析，具体分为两个类别，分别是8～12周、12周及以上，分析不同干预周期对青少年空间定向能力发展效果的影响情况。两个类别在效应量差异上为高异质性（I^2＝88%＞75%），表明干预周期对青少年空间定向能力的发展效果是有影响的。两个类别效应量分别为SMD＝－0.66，95%CI为［－1.11，－0.20］和SMD＝0.89，95%CI为［0.57，1.20］，存在非常显著的差异，具有统计学意义，并且干预周期12周及以上的运动干预效果更好。

4. 年龄对青少年空间定向能力发展效果影响的亚组分析

通过设置年龄调节变量进行亚组分析，具体分为7～10岁和10岁及以上两个类别，它们对青少年空间定向能力发展效果的影响具有高异质性（I^2＝88%＞75%），表明年龄对青少年空间定向能力的发展效果存在一定的影响。其中，对于7～10岁研究对象，运动干预对其空间定向能力发展产生了大效应（SMD＝0.89），且P＜0.00001，具有统计学意义。

5. 性别对青少年空间定向能力发展效果影响的亚组分析

通过设置性别调节变量进行亚组分析,具体分为男生和女生两个类别,其对青少年空间定向能力发展效果的影响具有高异质性($I^2 = 77\% > 75\%$),表明性别与青少年的空间定向能力发展存在一定的相关性。其中,运动干预对男生的空间定向能力发展效果产生的效应量大($SMD = 0.85$),且 $P = 0.001$,具有统计学意义。

四、敏感性分析

进行敏感性分析,旨在防止任何单一研究对整体 meta 分析的异质性产生过度影响。研究结果显示,运动干预对青少年动作协调能力产生的综合效应量为 $SMD = 0.47$,95% 置信区间为 [0.22, 0.72],$P < 0.0002$,$I^2 = 80\%$。在排除个别研究后,综合效应量 SMD 的范围调整为 0.45~0.60,I^2 值范围则为 78%~84%,所有 P 值均小于 0.01。分析显示,纳入的数据敏感性较低,对 meta 分析结果未产生根本性改变,表现出一定的稳定性和可靠性。

五、发表偏倚性检验

利用 Review Manager 软件对纳入分析的 21 篇文献进行漏斗图的绘制,以进行发表性偏倚的定性评估。如图 4-37 所示,漏斗图基本对称,因此可以推断纳入的文献不存在发表偏倚。

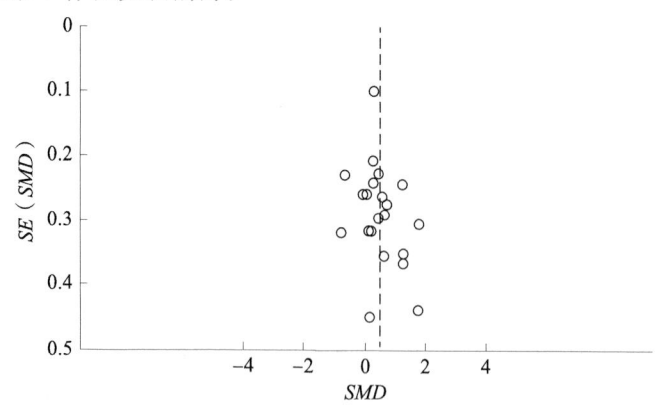

图 4-37 运动干预对青少年动作协调能力发展效果影响的 meta 分析漏斗图

六、小结

协调能力在生理学层面上，可归因于神经协调、肌肉协调以及感觉-知觉协调的相互作用[106]。运动干预对青少年动作协调能力发展效果的影响显示为中等效应（$SMD=0.47$），并且这一结果具有显著性，从而证实了运动干预能够促进青少年动作协调能力的发展。

第一，花样跳绳在促进青少年肢体协调能力发展方面的效应最为显著，其次是其他（运动视觉训练、轮滑、捆绑行动和间歇-功能性联动组合训练），最后是球类运动（足球运动、羽毛球运动）。

第二，花样跳绳能够长期有效地锻炼学生的腿部肌肉和脚踝力量[107]，而下肢肌肉在下肢各关节和骨骼的协调运作中发挥关键作用，直接影响下肢活动的协调性和稳定性。花样跳绳还能够提升学生的整体身体协调性[108]、反应能力、弹跳力，这些发现为花样跳绳在青少年体育训练中的应用提供了科学依据，并为进一步优化青少年体育教学方法提供了实证支持。

第三，舞蹈类运动对青少年空间定向能力发展效果的影响效应（$SMD=1.04$）显著高于"其他"干预方式（$SMD=0.11$）。舞蹈的执行主要依赖于肌肉和关节的本体运动感知，这一过程不仅锻炼肌肉感觉，也是培养协调能力的有效手段。通过舞蹈训练，可以提升肢体各部分的动作速度、节奏感以及动作协调性，进而增强关节和肌肉的运动感知，实现身体协调能力的提升。舞蹈类技术能力的核心在于对时间和空间的准确判断以及对身体的精确控制，在舞蹈训练中，旋转动作的留头、甩头要求练习者在旋转过程中快速而准确地定位头部方向，这种训练直接锻炼练习者的前庭感受器官，提高了空间定向的准确性。

第四，经过调节效应检验，发现干预方案（包括单次时间和干预周期）的调整对干预效果有影响。其中，干预周期为12周及以上的运动干预对青少年肢体协调能力和空间定向能力的影响分别达到中等合并效应（$SMD=0.56$）和大合并效应（$SMD=0.89$）；单次时间为20分钟以上的运动干预能够产生显著的中等效应。

第五，年龄是协调能力的重要影响因素，在青少年成长和发展的过程中，协调能力与年龄之间存在一定的关系，7~9岁的儿童协调能力变成对称协调，6~12岁的儿童神经兴奋过程显著占优，神经元之间的兴奋传导具有很高的可塑性，通过经验和学习可以调整和改变，从而适应不同的环境和任务[109]，对于儿童的运动技能学习、认知发展等能力至关重要[110]。

第六，对青少年的肢体协调能力和空间定向能力发展进行年龄亚组分析显示，在肢体协调能力方面，10岁及以上的合并效应量高于7~10岁，而空间定向能力方面7~10岁达到大合并效应量。

第七，性别对青少年的动作协调能力有一定的影响。研究发现，肢体协调能力和空间定向能力方面，男生的效应量高于女生；运动协调能力方面，11岁之前女生优于男生，11岁之后男生逐渐优于女生。8~9岁是女生运动协调能力发展的敏感期，9~10岁的女生在空间定向、视听觉特征方面的动作协调能力提升幅度高于男生，男生在快速位移中的动作协调能力提升幅度高于女生。

第五节　青少年不同运动方式的速度素质健康效益分析

增强青少年身体素质，促进青少年全面发展对建设体育强国具有不可替代的作用。我国针对青少年体质下降、身体素质指标不良率居高不下等情况，制订了青少年等特殊群体的体质健康干预计划，实施了青少年体育活动促进计划[111]。其中，速度素质不仅是身体素质的重要组成部分，也是体育运动中重要的生物运动能力之一。速度素质包括反应速度、动作速度、移动速度，三种素质既有区别又有联系。其中，移动速度由多个不同的动作速度组成（如途中跑的摆臂速度、前摆腿速度、后蹬速度），而反应速度是每个动作完成所必不可少的要素，并且三者并不是同优或同劣[112]。

速度素质的提高，不仅受个体身体、心理、环境等客观因素的影响，还受到后天的运动干预影响。运动干预即通过对受试对象的运动强度、负荷量、训练频率等因素的合理调控，在其训练阶段内达到一定的训练目的。运动干预可作为一个集合概念，包括运动项目、游戏活动、体育锻炼、日常出行等。研究表明，运动干预能提高青少年的速度素质，并且在干预方式方面，强化复合训练能有效提高动作速度[113]，核心训练能有效提高移动速度，但在反应速度方面收效甚微。同时，大多研究往往把速度素质研究归结到身体素质研究当中去，探求运动干预对速度素质的提升效果。这样的研究策略当然是值得肯定的，但是训练的同质化、过程的单调化、评价的浅薄化却凸显出来。在基础训练阶段，尤其是青少年时期，与以往注重直线速度、启动速度，忽视多方向、曲线、转身等训练手段相比，应更加注重训练内容和结构的合理性。无论是强化复合训练还是核心训练，都已在实践层面有所运用，但训练对象的差异性、不同运动干预方式下施以何种负荷量度、结局指标的评价是否能正确反映速度素质等这些问题都未得到解决。

因此，为了探寻对于提高青少年速度素质有效的运动干预，厘清研究对象的差异性、适宜的训练强度、何种练习形式、结局指标是否能反映研究目标等问题，本节从运动干预角度出发，采用meta分析，从反应速度、移动速度、动作速度方面分别进行比对分析，希冀为青少年速度素质的发展提供循证依据。

一、研究方法

（一）文献检索策略

两名研究人员对中英文数据库进行检索，中文数据库包括中国学术期刊全文数据库、维普、万方，英文数据库包括PubMed、Web of Science、EBSCO数据库。中文检索词包括"青少年""学生""速度素质""身体素质""训练方法""核心力量""训练""强化复合"，英文检索以（（"Adolescent"[Mesh]）AND（（velocity）OR（speed quality）））AND（（（（core stability training）OR（Eccentric Training））OR（plyometric Training））OR（Elastic band））为检索策略进行布尔逻辑运算，发表时间设置为从建库时间至2024年4月25日。文献检索结束后导入NoteExpress软件，由两名研究人员独立对文献初步查重以及题目和摘要的筛选。最终，29篇文献纳入本节研究。

（二）文献的纳入和排除标准

1. 文献的纳入标准

（1）研究对象为青少年（10～19岁）；（2）多种方式的运动干预，干预周期≥4周；（3）对照组为参加常规体育课或者常规身体活动的；（4）结局指标为速度类测试指标，包括50米跑、30米跑、10秒高抬腿、反应时等；（5）实验为随机对照实验。

2. 文献的排除标准

（1）参与对象非儿童或者青少年；（2）干预方式非运动性；（3）不能获取全文或会议摘要；（4）数据不完整或者非速度性结局指标；（5）非随机对照实验。

（三）文献的编码及数据提取

将纳入的文献进行编码，提取文献的基本信息，包括文献的第一作者及发表年份、对照组和实验组的样本数、干预方式、单次干预时间、干预周期、干预频率、运动强度、结局指标等数据，见表4-20。

表4-20 纳入文献的基本特征

序号	第一作者及发表年份	样本数/人		干预方式	干预内容			间歇时间/分	强度	结局指标
					频率/（次/周）	单次时间/分	周期/周			
1	张恩姬，2020	E：26	C：26	核心训练	3	40	12	N	≥	②
2	孙铭，2022	E：20	C：20	核心训练	2	15	12	1~1.5	≥	①②⑤
3	刘利敏，2016	E：15	C：15	核心训练	2	15	15	1	≥	①②③
4	高博，2020	E：16	C：17	功能训练	3	40	10	0.15~0.5	≥	②
5	吉宗香，2019	E：15	C：15	核心训练	3	10	16	0.5~0.75	≥	①②④
6	王嘉浩，2018	E：30	C：30	组合绳梯训练	2	15	16	1~2	N	①⑧
7	张鹏，2021	E：40	C：40	小栏架训练	2	15	12	未报告	≥	②
8	刘占富，2021	E：13	C：13	快速伸缩复合训练	3	45	8	1~3	<	②
9	徐振鹏，2022	E：15	C：15	快速伸缩复合训练	2	15	12	1~3	≥	②③
10	Artan R，2017	E：90	C：105	强化复合训练	3	60	12	0.75~1.5	N	③
11	Nobuaki T，2019	E：9	C：11	强化复合训练	1	60	8	N	≥	②
12	Angulo，2022	E：22	C：20	北欧式卷曲训练	2	未报告	6	3	N	⑥
13	Chaouachi，2014	E：18	C：14	强化复合训练	2	未报告	8	未报告	N	③
14	Lloyd，2016	E：20	C：20	强化复合训练	2	60	6	1~2	N	⑥
15	Michael C，2014	E：18	C：14	抗阻雪橇车训练	2	未报告	6	未报告	N	③
16	董瑞姣，2020	E：8	C：8	高强度间歇训练	2	20	8	N	<	②
17	熊金涛，2021	E：35	C：34	高强度间歇训练	3	12	12	N	<	②

续表

序号	第一作者及发表年份	样本数/人		干预方式	干预内容			间歇时间/分	强度	结局指标
					频率/(次/周)	单次时间/分	周期/周			
18	鞠星，2020	E：10	C：10	高强度间歇训练	3	20	8	N	<	②
19	郭志恒，2021	E：21	C：21	高强度间歇训练	2	15	12	N	<	②
20	许梦瑶，2023	E：15	C：15	高强度间歇训练	2	15	8	N	<	②
21	欧洋显，2024	E：22	C：22	高强度间歇训练	2	8	12	N	<	②
22	李明娟，2023	E：25	C：25	SAQ训练	3	40	12	N	≥	②
23	黄三晃，2023	E：10	C：10	羽毛球训练	3	45	12	N	≥	②
24	罗魁，2016	E：30	C：30	足球运动干预	3	40	10	N	≥	②
25	贺曦，2018	E：24	C：23	CrossFit训练	2	15	8	N	<	②
26	周航，2023	E：12	C：12	CrossFit训练	3	15	10	N	≥	②
27	孙凯，2018	E：12	C：12	CrossFit训练	5	15	12	N	≥	②
28	刘雪凤，2021	E：23	C：22	CrossFit训练	2	45	8	N	≥	②
29	袁健，2017	E：8	C：8	抗阻雪橇车训练	2	90	8	3	N	②

注：1. E 为实验组；C 为对照组。

2. "结局指标"列，①为原地高抬腿测试；②为 50 米跑；③为 30 米跑；④为视觉反应时；⑤极限测试（Extreme Test）；⑥为 20 米跑；⑦为反应时；⑧为声筒单反应时。

3. "<"为负荷强度小于 70% 1RM；"≥"为负荷强度大于或等于 70% 1RM；N 表示与本研究无关的数据。

（四）文献的质量评估

采用 Review Manager 软件，依据 Cochrane 风险评价手册对纳入的文献进行质量评估，其有 7 个评价指标，包括随机序列生成、分配隐藏、参与者盲法、评定者盲法、数据完整性、选择性报告、其他偏倚。对每个指标有三种评定结果，分别为"低风险""不清楚""高风险"。对于纳入的文献，评分≥5 分为高质量文献（6 篇），评分 3~4 分为中等质量文献（23 篇），评分在 2 分及以下为低质量文献（无）。由于实验的特殊性，为保证受试人员在整个实验中的安全，需要告知受试人员测试目的，因此研究大多采取单盲，文献质量较高，如图 4-38、图 4-39 所示。

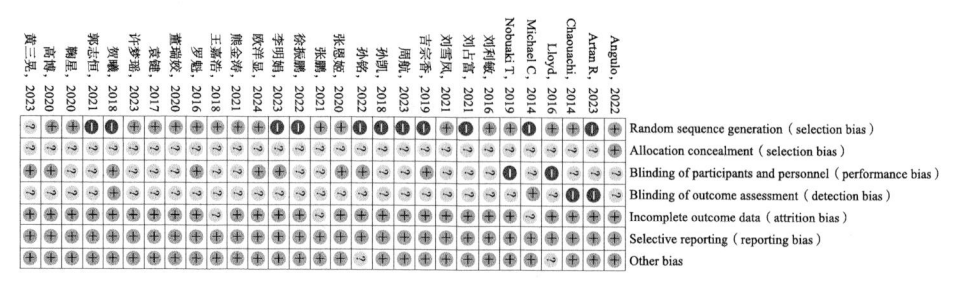

注："+"表示达标；"-"表示未达标。

图4-38 纳入文献的方法学质量评估示意

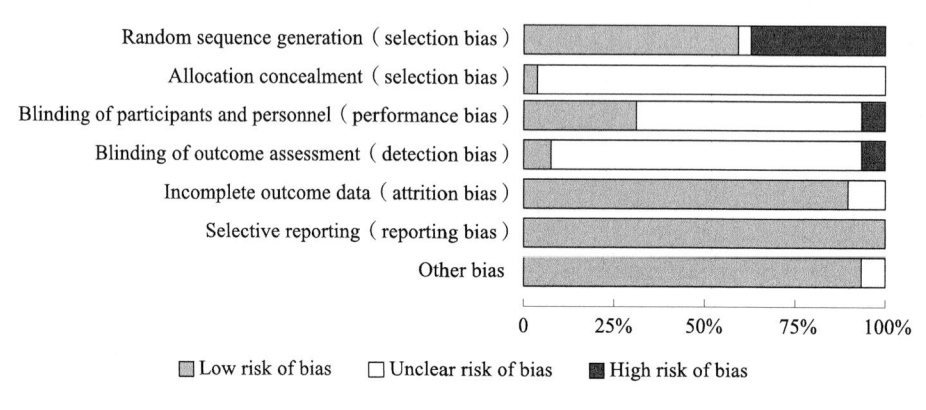

图4-39 纳入文献的方法学质量评估各项占比

（五）文献的统计学处理

使用NoteExpress软件进行文献管理，如进行文献的查重；依据后续的文献筛除等功能，对纳入的文献通过Review Manager软件进行meta分析，包括文献筛选流程图和文献质量评价图的制作，以及异质性检验、效应量合并、亚组分析、制作森林图和漏斗图并进行敏感性分析；依据异质性差异设置调节变量进行亚组分析。本节同样采取两种方法来纳入效应量。第一种方法是当结局指标为连续性变量，且结局指标单位及测试方法相同时，采用加权均数差（MD）及其95%置信区间（95% CI）作为效应量指标，利用文章原数据即可。第二种方法是当结局指标单位及测试方法不同时，采用标准化均数差（SMD），通过公式换算而得到。查看森林图，当$P \leq 0.05$时，合并效应具有显著性水平；$P < 0.01$为非常显著性水平。利用I^2值评价异质性，$I^2 < 50\%$为

低异质性,采用固定效应模型;当 50% ≤ I^2 < 75%(中等异质性)或者 I^2 ≥ 75%(高异质性)时,采用随机效应模型。

二、速度素质研究结果

(一)运动干预对青少反应速度发展效果影响的 meta 分析

在反应速度方面,纳入 4 篇文献,纳入样本数量 146 人。如图 4-40 所示,各研究具有中等异质性(I^2 = 56% > 50%),因此采用随机效应模型,合并效应量 SMD = -0.02,95% CI = [-0.54,0.49],P = 0.93。这些结果表明,合并效应量极小,并且没有显著性差异,无统计学意义。出现此效应量结果,一方面是由于关于反应速度的实证研究少,样本数量少;另一方面由于反应速度的特殊性,例如缺少针对提高青少年反应速度的训练方法、有效的测量方法和合适的测量工具,以及测量时环境和受试人员身体状态不确定等情况,这些都在不同程度上影响反应速度。因此,对于青少年反应速度的提高,还需要更多新的有效的训练方法,以及在测试方法等方面的革新,通过运用新方法,形成大量与此方面有关的研究,从而提供有质量的循证依据。

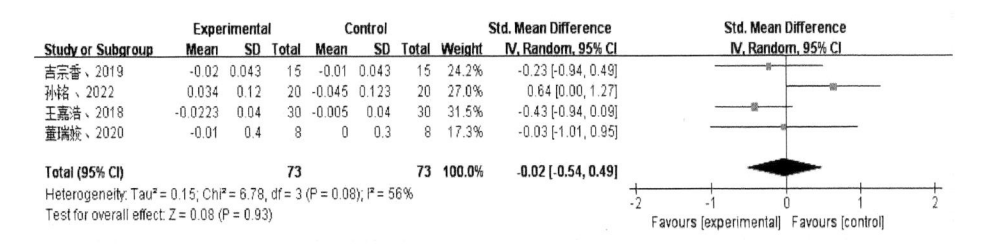

图 4-40 运动干预对青少年反应速度发展效果影响的 meta 分析森林图

(二)运动干预对青少年动作速度发展效果影响的 meta 分析

1. 整体效果检验

在动作速度方面,纳入 11 篇文献,纳入样本数量 521 人。如图 4-41 所示,各研究间具有高异质性(I^2 = 88% > 75%),因此采用随机效应模型;合并效应量为 SMD = -0.63,为中等偏高效应量,95% CI = [-1.21,-0.05],P =

0.03，表示具有显著性差异，有统计学意义，运动干预能提高青少年的动作速度。

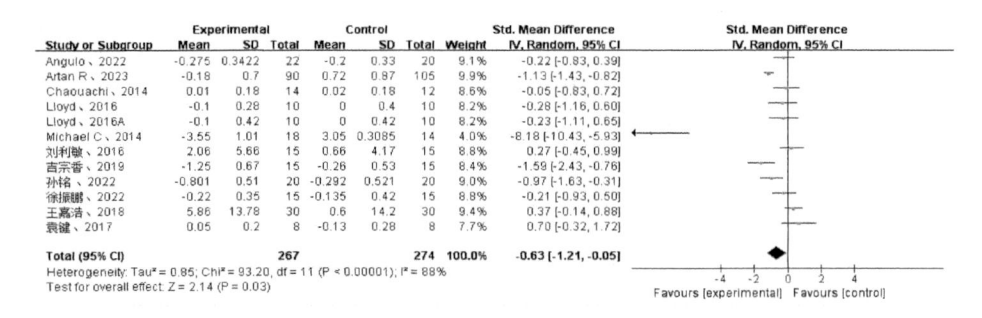

图 4-41　运动干预对青少年动作速度发展效果影响的 meta 分析森林图

2. 运动干预对青少年动作速度发展效果影响的亚组分析

纳入的关于动作速度的文献较多，并且各研究间具有高度异质性，为了准确探讨运动干预对青少年动作速度的影响，设置干预方式、单次时间、干预频率、间歇时间、干预周期五个调节变量进行亚组分析，见表 4-21。

表 4-21　运动干预对青少年动作速度发展效果影响的调节效应检验

调节变量	类别	文献数量/篇	SMD	95% CI	显著水平	异质性检验			样本数/人
						x^2	P	I^2/(%)	
干预方式	强化复合训练	4	-0.54	[-1.14, 0.05]	有显著性	4.84	0.18	38	509
	核心训练	3	-0.75	[-1.79, 0.29]	无显著性				
	抗阻雪橇车训练	2	-0.25	[-0.48, 0.97]	无显著性				
	其他方式	2	-0.33	[-0.48, 0.68]	无显著性				
单次时间	≤15 分钟	5	-0.58	[-0.94, -0.22]	非常显著	1.39	0.24	28	381
	>15 分钟	3	-0.85	[-1.11, -0.58]	非常显著				
间歇时间	≤1 分钟	2	-0.36	[-1.57, 0.86]	无显著性	0.01	1	0	441
	1~3 分钟	5	-0.35	[-1.01, 0.30]	无显著性				
	>3 分钟	2	-0.28	[-2.26, 1.50]	无显著性				

续表

调节变量	类别	文献数量/篇	SMD	95%CI	显著水平	异质性检验			样本数/人
						x^2	P	I^2/(%)	
干预周期	6~8周	5	-1.25	[-2.76, 0.27]	无显著性	3.14	0.21	36	515
	12周	3	-0.98	[-1.63, -0.32]	非常显著				
	15~16周	3	-0.10	[-0.94, 0.74]	无显著性				
干预频率	2次/周	8	-0.13	[-0.52, 0.26]	无显著性	7.80	0.005	87	541
	3次/周	3	-2.79	[-4.62, -0.96]	非常显著				

注：SMD 数值前的"-"代表时间缩短，意味着动作速度提高。

（1）不同干预方式对青少年动作速度发展效果影响的亚组分析。通过设置干预方式调节变量进行亚组分析，具体分为四个类别，分别是强化复合训练、核心训练、抗阻雪橇车训练、其他方式，评价不同的运动干预方式对青少年动作速度发展效果的影响情况。四个类别在效应量差异上为低异质性（I^2 = 38% < 50%），表明运动干预对青少年的动作素质发展是有影响的。在四个类别中，核心训练类别对青少年动作速度发展效果具有最大合并效应，SMD = -0.75，95% CI = [-1.79, 0.29]；其次是强化复合训练类别，SMD = -0.54，95% CI = [-1.14, 0.05]；再次是抗阻雪橇车训练，SMD = -0.25，95% CI = [-0.48, 0.97]；最后是其他方式，SMD = -0.33，95% CI = [-0.48, 0.68]。在四个类别中，只有强化复合训练达到中等效应，且具有显著性差异，而其余三种虽然有的也达到了中等效应，但却没有显著性差异，不具有统计学意义。

（2）不同单次干预时间对青少年动作速度发展效果影响的亚组分析。通过设置单次干预时间调节变量进行亚组分析，具体分为小于或等于15分钟、大于15分钟两个类别，评价不同干预时间对青少年动作速度发展效果的影响情况。两个类别在效应量差异上为低异质性（I^2 = 28% < 50%），表明干预时间对青少年的动作速度发展是有影响的。其中，干预时间大于15分钟的运动对青少年动作速度发展效果的影响大于干预时间小于或等于15分钟的运动，前者 SMD = -0.85，为大效应量，95% CI = [-1.11, -0.58]，P = 0.00001；后者 SMD = -0.58，为中等效应量，95% CI = [-0.94, -0.22]，P = 0.002；二者均有非常显著性差异。

（3）不同间歇时间对青少年动作速度发展效果影响的亚组分析。通过设置间歇时间调节变量进行亚组分析,具体分为三个类别,分别是小于或等于1分钟、1~3分钟、大于3分钟,评价不同间歇时间对青少年动作速度发展效果的影响情况。在三个类别中,间歇时间≤1分钟类别对青少年动作速度发展具有最大合并效应,$SMD = -0.36$,95% CI = [-1.57,0.86],$P = 0.86$;其次为1~3分钟类别,$SMD = -0.35$,95% CI = [-1.01,0.30],$P = 0.07$;最后是大于3分钟类别,$SMD = -0.28$,95% CI = [-2.26,1.50]。三个类别都达到中等效应,但是都没有显著性差异,无统计学意义。

(4) 不同干预周期对青少年动作速度发展效果影响的亚组分析。通过设置干预周期调节变量进行亚组分析,具体分为三个类别,分别是6~8周、12周、15~16周,评价不同干预周期对青少年动作速度发展效果的影响情况。三个类别在效应量上为低异质性($I^2 = 36\% < 50\%$),表明间歇时间对青少年的动作速度发展效果是有影响的。三个类别中,只有12周的类别表现为非常显著性差异,且具有统计学意义。

(5) 不同干预频率对青少年动作速度发展效果影响的亚组分析。通过设置干预频率调节变量进行亚组分析,具体分为2次/周和3次/周类别,评价不同干预频率对青少年动作速度发展效果的影响。两个类别在效应量上表现为高异质性($I^2 = 87\% > 75\%$),表明干预频率对青少年的动作速度发展效果是有影响的。其中,3次/周的类别对青少年动作速度发展效果的影响大于2次/周的类别,前者 $SMD = -2.79$,为大效应量,95% CI = [-4.62,-0.96],$P = 0.003$,非常显著;后者 $MD = -0.13$,95% CI = [-0.52,0.26],$P = 0.52$,但无统计学意义。

(三) 运动干预对青少年移动速度发展效果影响的 meta 分析

1. 整体效应检验

在移动速度方面纳入22篇文献,涉及样本数为832人。如图4-42所示,$I^2 = 74\%$,各研究间具有中等异质性,因此采用随机效应模型,合并效应量 $MD = -0.42$,中等效应,95% CI 为 [-0.56,-0.28],运动干预能提高青少年的位移速度,$P < 0.00001$,提示各项研究具有非常显著性水平。

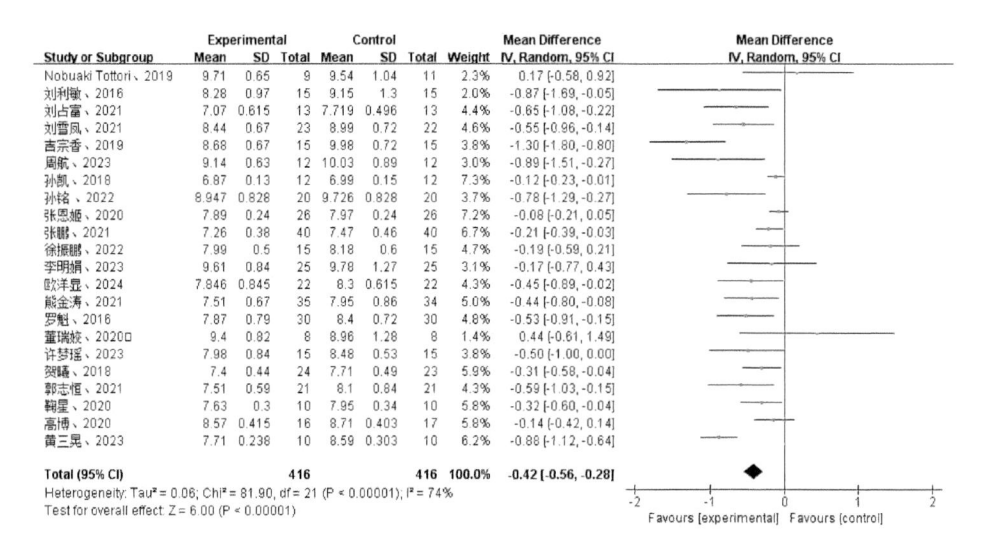

Study or Subgroup	Experimental Mean	SD	Total	Control Mean	SD	Total	Weight	Mean Difference IV, Random, 95% CI
Nobuaki Tottori、2019	9.71	0.65	9	9.54	1.04	11	2.3%	0.17 [-0.58, 0.92]
刘利敏、2016	8.28	0.97	15	9.15	1.3	15	2.0%	-0.87 [-1.69, -0.05]
刘占富、2021	7.07	0.615	13	7.719	0.496	13	4.4%	-0.65 [-1.08, -0.22]
刘雪凤、2021	8.44	0.67	23	8.99	0.72	22	4.6%	-0.55 [-0.96, -0.14]
吉宗香、2019	8.68	0.67	15	9.98	0.72	15	3.8%	-1.30 [-1.80, -0.80]
周航、2023	9.14	0.63	12	10.03	0.89	12	3.0%	-0.89 [-1.51, -0.27]
孙凯、2018	6.87	0.13	62	6.99	0.15	12	7.3%	-0.12 [-0.23, -0.01]
孙铭、2022	8.947	0.828	20	9.726	0.828	20	3.7%	-0.78 [-1.29, -0.27]
张恩妮、2020	7.89	0.24	26	7.97	0.24	26	7.2%	-0.08 [-0.21, 0.05]
张鹏、2021	7.26	0.38	40	7.47	0.46	40	6.7%	-0.21 [-0.39, -0.03]
徐振鹏、2022	7.99	0.5	15	8.18	0.6	15	4.7%	-0.19 [-0.59, 0.21]
李明娟、2023	9.61	0.84	25	9.78	1.27	25	3.1%	-0.17 [-0.77, 0.43]
欧洋昱、2024	7.846	0.845	22	8.3	0.615	22	4.3%	-0.45 [-0.89, -0.02]
熊金涛、2021	7.51	0.67	35	7.95	0.86	34	5.0%	-0.44 [-0.80, -0.08]
罗魁、2016	7.87	0.79	30	8.4	0.72	30	4.8%	-0.53 [-0.91, -0.15]
董瑞姣、2020□	9.4	0.82	8	8.96	1.28	8	1.4%	0.44 [-0.61, 1.49]
许梦瑶、2023	7.98	0.84	15	8.48	0.53	15	3.8%	-0.50 [-1.00, 0.00]
贺磊、2018	7.4	0.44	24	7.71	0.49	23	5.9%	-0.31 [-0.58, -0.04]
郭志恒、2021	7.51	0.59	21	8.1	0.84	21	4.3%	-0.59 [-1.03, -0.15]
鞠星、2020	7.63	0.3	10	7.95	0.34	10	5.8%	-0.32 [-0.60, -0.04]
高博、2020	8.57	0.415	16	8.71	0.403	17	5.8%	-0.14 [-0.42, 0.14]
黄三晃、2023	7.71	0.238	10	8.59	0.303	10	6.2%	-0.88 [-1.12, -0.64]
Total (95% CI)			416			416	100.0%	-0.42 [-0.56, -0.28]

Heterogeneity: Tau² = 0.06; Chi² = 81.90, df = 21 (P < 0.00001); I² = 74%
Test for overall effect: Z = 6.00 (P < 0.00001)

图 4-42 运动干预对青少年移动速度发展效果影响的 meta 分析森林图

基于纳入的关于移动速度的文献较多,并且各研究之间具有中等异质性,为了准确探讨运动干预对青少年移动速度发展效果的影响,设置干预方式、单次时间、干预频率、运动强度、运动周期五个调节变量进行亚组分析,结果见表 4-22。

表 4-22 运动干预对青少年移动速度发展影响的调节效应检验

调节变量	类别	文献数量/篇	MD	95% CI	显著水平	异质性检验 x^2	P	$I^2/(\%)$	样本数/人
干预方式	核心训练	5	-0.62	[-1.06, -0.17]	非常显著	1.84	0.77	0	185
	强化复合训练	3	-0.30	[-0.73, -0.14]	无显著性				76
	高强度间歇训练	6	-0.30	[-0.54, -0.07]	非常显著				221
	CrossFit 训练	4	-0.37	[-0.64, -0.09]	有显著性				140
	其他训练	4	-0.47	[-0.86, -0.08]	有显著性				210
单次时间	<15 分钟	3	-0.43	[-0.70, -0.16]	非常显著	0.54	0.76	0	230
	15~30 分钟	11	-0.52	[-0.75, -0.29]	非常显著				343
	≥30 分钟	8	-0.38	[-0.69, -0.08]	非常显著				259

续表

调节变量	类别	文献数量/篇	MD	95% CI	显著水平	异质性检验			样本数/人
						x^2	P	$I^2/(\%)$	
干预频率	1~2次/周	11	-0.43	[-0.63, -0.22]	非常显著	11.3	0.004	82	414
	3次/周	10	-0.46	[-0.69, -0.24]	非常显著				394
	4~5次/周	1	-0.12	[-0.23, -0.01]	有显著性				24
运动强度	<70% 1RM	8	-0.41	[-0.54, -0.27]	非常显著	4.25	0.24	76	294
	≥70% 1RM	14	-0.25	[-0.31, -0.18]	非常显著				538
干预周期	8周	7	-0.37	[-0.54, -0.20]	非常显著	3.32	0.19	40	188
	10~12周	13	-0.42	[-0.60, -0.24]	非常显著				392
	15~16周	2	-0.80	[-1.24, -0.37]	非常显著				252

2. 运动干预对青少年移动速度发展效果影响的亚组分析

（1）不同干预方式对青少年位移速度发展效果影响的亚组分析。通过设置干预方式调节变量进行亚组分析，具体分为五个类别，分别是核心训练、强化复合训练、高强度间歇训练、CrossFit训练，以及由其他四种训练（小栏架训练、SAQ训练、足球运动干预和羽毛球训练）组成的"其他训练"，评价不同干预方式对青少年移动速度发展效果的影响情况。五个类别在效应量差异上为低异质性（$I^2 = 0$），表明运动干预方式对青少年的移动速度发展是有影响的，但差别不大。"其他训练"由于研究数量单一，仅纳入亚组中，而不进行细致分析。另外四种类别的干预方式中，核心训练对青少年移动速度的发展具有最大的合并效应，$MD = -0.62$，$95\% CI = [-1.06, -0.17]$，为非常显著水平；其次是CrossFit训练，$MD = -0.37$，$95\% CI = [-0.64, -0.09]$，具有显著性差异；最后是高强度间歇训练和强化复合训练，$MD = -0.30$，效应量较小。

（2）不同单次干预时间对青少年移动速度发展效果影响的亚组分析。通过设置单次时间调节变量进行亚组分析，具体分为三个类别，分别是小于15分钟、15~30分钟、大于或等于30分钟，评价不同单次干预时间对青少年移动速度发展效果的影响情况。三个类别在效应量差异上为低异质性（$I^2 = 0$），表明单次干预时间对青少年的移动速度发展是有影响的。在三个类别的单次干预时间中，单次干预时间为15~30分钟的运动干预对青少年移动速度发展效果具有最大合并效应，$MD = -0.52$，95% CI = [-0.75，-0.29]，$P < 0.0001$；其次是小于 15 分钟类别，$MD = -0.43$，95% CI = [-0.70，-0.16]，$P = 0.002$；最后是大于或等于 30 分钟类别，$MD = -0.38$，95% CI = [-0.69，-0.08]，$P = 0.01$。三者都达到了中等效应，并且具有非常显著性差异。

（3）不同干预频率对青少年移动速度发展效果影响的亚组分析。通过设置干预频率调节变量进行亚组分析，具体分为三个类别，分别为每周 1~2 次、每周 3 次、每周 4~5 次，评价不同干预频率对青少年移动速度发展效果的影响情况。三个类别在效应量差异上为高异质性（$I^2 = 82\% > 75\%$），表明干预频率对青少年的位移素质发展是有影响的，且差异较大。其中，每周干预 3 次类别对青少年移动速度发展效果具有最大合并效应，$MD = -0.46$，95% CI = [-0.69，-0.24]，$P < 0.0001$；其次是每周 1~2 次类别，$MD = -0.43$，95% CI = [-0.63，-0.22]，$P < 0.0001$，其与每周 3 次类别都达到了中等效应，且均为非常显著性差异；最后是每周 4~5 次，$MD = -0.12$，95% CI = [-0.23，-0.01]，$P = 0.04$，效应为小效应，并且具有显著性差异。

（4）不同运动强度对青少年移动速度发展效果影响的亚组分析。通过设置运动强度调节变量进行亚组分析，具体分为两个类别，分别为小于 70% 1RM 类别和大于或等于 70% 1RM 类别，评价不同运动强度对青少年移动速度发展效果的影响情况。两个类别在效应量差异上为高异质性（$I^2 = 76\% > 75\%$），表明运动强度对青少年的位移速度发展是有影响的，且差异较大。其中，运动强度小于 70% 1RM 类别对青少年移动速度发展效果的影响大于运动强度大于或等于 70% 1RM 的类别。前者 $MD = -0.41$，95% CI = [-0.54，-0.27]，$P < 0.00001$；后者 $MD = -0.25$，95% CI = [-0.31，-0.18]。二者都达到了中等效应，并且具有非常显著性差异。

（5）不同干预周期对青少年移动速度发展效果影响的分析。通过设置干预强度调节变量进行亚组分析，具体分为三个类别，分别为 8 周、10~12 周、15~16 周，评价运动强度对青少年移动速度发展效果的影响情况。三个类别在效应量差异上为低异质性（$I^2 = 40\% < 50\%$），表明干预周期对青少年的位移速度发展是有影响的。其中，干预周期为 15~16 周的运动对青少年移动速度发展效果具有最大合并效应，$MD = -0.80$，95% CI = [-1.24，-0.37]，$P = $

0.0003，具有非常显著性差异；其次是 10~12 周类别的运动干预，$MD = -0.42$，95% CI = $[-0.60, -0.24]$，达到中等效应，并且具有非常显著性差异；最后是 8 周类别的运动干预，$MD = -0.37$，95% CI = $[-0.54, -0.20]$，$P < 0.001$，具有非常显著性差异。

三、敏感性分析

通过敏感性分析，评价研究结果的稳定性和异质性来源。在反应速度方面，SMD 范围为 $-0.31~0.17$，I^2 的范围为 $0~70\%$；在动作速度方面 SMD 范围为 $-0.79~-0.33$，I^2 的范围为 $80\%~90\%$；在移动速度方面，MD 范围为 $-0.45~-0.38$，I^2 的范围为 $64\%~76\%$。分析结果表明，无论是反应速度、动作速度还是移动速度，剔除某项研究后，合并效应量的点均落在总的合并效应量的 95% 置信区间内。因此，本节所纳入的各数据敏感性较低，meta 分析结果具有稳定性和可靠性。

四、发表偏倚性检验

通过 Review Manger 软件，对纳入文献进行发表偏倚性检验，即对动作速度、移动速度类文献绘制漏斗图。其中，动作速度类文献的漏斗图显示为不太对称，说明存在一定的发表偏倚，但是并没有杂乱地分布，因此这个偏倚程度可以接受。移动速度类文献基本平均分布在漏斗图两侧，说明基本不存在发表偏倚。

五、小结

反应速度、动作速度、移动速度为速度素质的下位概念，要具体探讨速度素质的提升效果，不可避免地，就要从这三个方面进行分析。诚然，速度素质是一个复合概念，对其了解也必须从多层面入手，并且，因为青少年时期是速度素质发展的高峰期[114]，因此本节以青少年为研究对象，对运动干预对青少年速度素质的发展效果影响进行了 meta 分析。研究结果表明，总体上运动干预对青少年速度素质的提升具有正向效果，具体表现在动作速度与移动速度方面，而这种正向的提升效果也与干预方式、运动强度、干预周期、单次干预的时间、干预频率、间歇时间等因素有关。

1. 动作速度的提升效果分析

第一，亚组分析结果显示，强化复合训练对动作速度提升效果高于其他方式；>15分钟的单次训练时间对动作速度提升效果的影响大于其他类别；间歇时间≤1分钟对动作速度提升效果的影响大于其他间歇类别；干预周期6~8周对动作速度提升效果的影响大于其他类别；干预频率上，3次/周对动作速度提升效果的影响大于2次/周。

第二，在运动干预方式方面，核心训练产生了最大合并效应量，但是无显著性差异；其次是强化复合训练，具有显著性差异。另外，抗阻雪橇车训练不仅效应量最小，而且无显著性差异。核心训练虽然有最大合并效应量，但是其对动作速度的提升效果有效性还有待商榷。分析认为出现这样的原因是，核心力量是人体稳定其核心的能力，是人体各种能力，包括力量、耐力、灵敏、柔韧、协调等在其核心部位的集中表现，它的训练形式是复杂而多样的。在整个核心训练过程中，核心肌群训练首要目的应当是提高核心肌群稳定性，促进肌肉放松而协调，进而提高力量素质，最后才有可能带来动作速度的提高。笔者认为这应是青少年经过核心训练后动作速度得到提高，却没有显著性差异的重要原因。因此，强化复合训练更适合用于提高青少年动作速度的实践。

第三，在间歇时间、干预周期、干预频率、单次干预时间方面，三个类别的间歇时间都达到了中等偏小效应量，并且没有显著性差异，说明间歇时间的选择与动作速度的提高没有必然关系；6~8周的干预周期对动作速度产生了最大效应量，并且纳入的文献也较多，样本量大，因此结果比较可靠；单次干预时间>15分钟以及每周训练3次都达到最大效应量，并且是大效应量。适当的训练可以促进神经系统的适应性改变，提高中枢神经系统的灵活性，促进动作速度。训练时间的适当延长一方面可以让青少年对所学技术进行更深层次的学习，另一方面人具有生物适应的长期性，这就需要有系统持续的训练[115]，每周3次以上的训练频率可以使训练效应稳步提高的同时一点一滴地实现各系统、各器官、各条肌肉，乃至各个细胞产生适应性变化。这也符合Janssen等[116]在对学龄儿童和青少年身体活动和健康之间关系的研究进行系统回顾的基础之上提出 5～17 岁的儿童和青少年应平均每天进行累计至少 60 分钟、最多几个小时的至少中等强度的身体活动，增加一定强度的肌肉和骨骼活动的结论。然而随着单次干预时间以及干预频率的降低，效应量逐渐下降。单次干预时间≤15 分钟以及干预频率每周 2 次的效应量都出现了明显下降，尤其后者效应量为小效应量（-0.13）并且无显著性差异。诚然，干预频率和干预周期的增加对于动作速度的提高是在一定范围内的，超过一定范围会出现负面效应，不仅不利于动作速度的提高，还会出现运动损伤。因此，运动周期在 6～8 周、干预频率 3 次/周、干预时间 >15 分钟能有效提高青少年的动作速度。

2. 移动速度的提升效果分析

第一，核心训练对青少年移动速度的提升效果好于其他干预方式；单次干预时间 15～30 分钟的训练对移动速度的提升效果好于其他单次干预时间类别的训练；每周干预 3 次对移动速度的提升效果好于其他干预频率类别；<70% 1RM 对青少年移动速度的提升效果好于其他运动强度类别；干预周期 15～16 周类别对青少年移动速度的提升效果好于其他干预周期类别。

第二，在干预方式方面，核心训练对移动速度产生了最大合并效应量，并且具有非常显著性差异，其原因是核心训练增加了核心肌群的力量，能使上下肢的力量通过核心部位传递协调发力，从而保证在整个位移过程中各肌群的精准参与，提高输出效率。另外，CrossFit 训练与高强度间歇训练及强化复合训练在效应量上相差不大，都为中等效应量。只有强化复合训练没有显著性差异。移动速度的提高是通过增加步长和步频实现的，一般而言这两个因素的关系是负相关，步频提高是支撑阶段减少地面接触时间的结果[117]，而在徐振鹏的实验中负荷强度较小，没有强调训练过程中的快速收缩，未能对速度爆发起作用。CrossFit 是一种交叉健身的运动形式，对于力量和心肺功能具有较高要求，这与高强度间歇训练的意义不谋而合。同时，CrossFit 训练在负荷上虽然与高强度间歇训练相似，但其健身的全面性、形式的多样化、练习内容的可生活化更加适应青少年时期速度素质提高的需求。然而效应量不高，则是由于其训练体系在我国尽管有一定推广,但不同人群、不同场地、不同器材对动作选择、强度安排、训练目的等方面要求不同,目前缺乏制定分类多样的 CrossFit 训练策略,也没有设置练习的"黄金动作"。因此,核心训练对于移动速度的提高非常具有显著性差异,CrossFit 训练对于移动速度的提高具有显著潜力。

第三,在运动周期方面,15~16 周类别有最大合并效应量,但由于只纳入 2 篇文献,可靠性欠佳,而 10~12 周类别纳入 13 篇文献,并且为中等效应量,这样的运动周期安排是符合青少年的生理适应机制的。机体的训练状态有获得、保持、消失的三个阶段,中小学学生通常一学期大概有四个月体育课,在四个月内既需要保持良好的训练状态完成训练目的,又要注意机体的训练状态变化,这就需要一个系统的规划,通过前 4~6 周的适应,在 8~10 周内巩固并保持训练状态,在后续的 2 周内进行测试。因此,将运动周期控制在 10~12 周对于提高学生移动速度的作用较大。

第四,运动强度、干预频率、单次干预的时间方面,获取的相关文献数量较多,其中运动强度 <70% 1RM 的有 8 篇,单次干预时间在 15~30 分钟的有 11 篇,干预频率每周 3 次的有 10 篇,这三个类别的效应量均高于其他相应类别,即以每周 3 次的运动频率、每次干预时间为 15~30 分钟,且运动强度 <70% 1RM 进行训练,此时能有效提高青少年的移动速度。世界卫生组织发布的《身体活动和久坐行为指南》中,最佳运动量的标准是每周 300 分钟中等强度运动或者 150 分钟大强度运动[118];并且在《健康中国行动(2019—2030)》中,鼓励每周进行 3 次以上也就是每次 30 分钟以上中等强度运动或者累计 150 分钟中等强度,或 75 分钟高强度身体活动;陈培杰等[119]则认为儿童和青少年的体育活动(中等强度到高强度的体育活动和高强度的体力活动)与身体素质和学习成绩之间存在正相关性。而身体素质的提高离不开一定的运动强度刺激;翟华楠等人对于适宜青少年的抗阻强度所得的结论也是 <70% 1RM。上述观点或结论几乎都与本节所得的结果相似。其中只有一处不同在于单次干预时间 15~30 分钟获得了最大效应量,造成这样的原因是本节的研究对象为非运动经历的青少年,并且大多是在我国学校体育教学体系下进行训练,一节体育课除去热身、队伍调整、放松活动等环节,真正干预的时间也就是在 15~30 分钟。因此在单次干预时间方面,对 15~30 分钟以及大于 30 分

钟两个类别的选择还需要在实证层面上进行进一步探讨。

3. 整体干预效果分析

上述研究表明，运动干预对青少年速度素质的提高具有积极作用，尤其体现在动作速度和移动速度方面。核心训练对于提高移动速度具有不可替代的作用，但对提高动作速度没有显著效应，但是强化复合训练对提高动作速度具有积极作用。单次干预时间大于或等于15分钟、运动频率每周3次的运动干预，可有效提高青少年的动作速度和移动速度。而间歇时间对动作速度的发展无显著性效应。运动强度上把小于70% 1RM作为适宜训练强度，更能促进青少年速度素质的发展。CrossFit训练作为大强度、多样化、生活化的一种运动方式，未来可能成为提高青少年速度素质的重要训练方法。

第六节　青少年不同运动方式的耐力素质健康效益分析

一、研究方法

（一）文献检索策略

检索了Web of Science、PubMed、万方和CNKI四个中英文数据库，发表时间为2000—2024年。其中，外文文献检索方案为（Aerobic training OR Continuous training OR High – intensity interval training OR Interval training OR Swim OR Endurance running）AND（Children OR Adolescents OR Youth OR Puberty OR Girls OR Boys）AND（Endurance OR Aerobic endurance OR Anaerobic endurance OR Cardiorespiratory endurance OR Muscular endurance）；中文数据库检索方案为（有氧训练OR持续训练OR高强性间歇训练OR间歇训练OR游泳运动OR耐力跑）AND（儿童OR青少年OR青年OR青春期OR儿童OR青少年OR女孩OR男孩）AND（耐力OR有氧耐力OR随机对照实验）。从四个数据库中共检索得到耐力素质相关文献1803篇。

(二) 文献的纳入和排除标准

1. 文献的纳入标准

(1) 关于青少年耐力素质的随机对照实验;(2) 提供样本量、均值、标准差,或者组内标准差、均值 95% 的置信区间;(3) 结局指标包括最大摄氧量、20 米穿梭跑、1000 米(800 米)跑、无氧耐力测试。

2. 文献的排除标准

(1) 研究方法为系统评价、文献综述;(2) 实验对象人员为专业运动员、幼儿、中年人、老年人;(3) 结局指标没有最大摄氧量、20 米穿梭跑、1000 米(800 米)跑、无氧耐力等相关测试指标;(4) 无法获取全文,或者全文不完整,或者实验组与对照组的基线存在差异。

(三) 文献的特征编码及数据提取

对纳入文献的相关数据进行统计,具体包括文献的第一作者及发表年份、实验组和对照组的样本数、性别、被试者年龄、干预方式、干预内容(单次干预时间、干预频率和干预周期)和结局指标等相关数据。

(四) 文献的质量评估

按照循证医学研究标准,采用 Cochrane 偏倚风险评价工具,对随机序列生成、分配隐藏、参与者盲法、评定者盲法、数据完整性、选择性报告、其他偏倚来源 7 个纳入指标进行质量评估。评价标准为:达到或超过 5 分为低度偏倚风险;3~4 分为中度偏倚风险;2 分及以下的为高度偏倚风险。

(五) 文献的统计学处理

应用 Review Manager 软件,采用固定效应模型对多个研究数据间的同质性进行检验;采用随机效应模型对存在异质性的数据进行检验;为寻找各研究间的异质性原因,还进行了调节变量的亚组分析。

(1) 异质性检验。采用 I^2 值衡量数据间的异质性,25%~50% 为低异质性，50%～75% 中等异质性，≥75% 为高异质性。

（2）合并统计量检验。对多个研究数据合并统计量进行差异性检验，$P \leq 0.05$，表明具有统计学意义；$P > 0.05$，没有统计学意义。

（3）合并亚组数据。根据系统评价 meta 分析的公式，设亚组 A 的样本量为 N_1，均数为 M_1，标准差为 SD_1；亚组 B 的样本量为 N_2，均数为 M_2，标准差为 SD_2，则合并后的样本量 $N = N_1 + N_2$，均数 $M = (N_1M_1 + N_2M_2)/(N_1 + N_2)$，标准差：

$$SD = \sqrt{\frac{(N_1 - 1)SD_1^2 + (N_2 - 1)SD_2^2 + \frac{N_1N_2}{N_1 + N_2}(M_1^2 + M_2^2 - 2M_1M_2)}{N_1 + N_2 - 1}}$$

对于多亚组群，先合并前两个群组数据，再与第三个进行合并，以此类推。

二、研究结果之一：文献研究结果

1. 文献检索结果

依据检索策略，从四个数据库中检索得到 1803 篇文献，然后筛选并排除重复文献 19 篇，系统评价、综述、评论、动物实验等方面的文献及无全文文献 1104 篇，再通过阅读全文排除数据不完整和结局指标不符合的文献 668 篇，最终得到文献 12 篇。

2. 纳入文献的基本特征

纳入的 12 篇文献中，受试者年龄在 8～19 岁之间；干预方式有力量训练、耐力训练、高强度训练、中等强度训练、高强度间歇训练、CrossFit 训练；单次干预时间主要为小于或等于 30 分钟、31～60 分钟、61～90 分钟；干预频率主要集中在 2～3 次/周；干预周期为 6～19 周；结局指标为 20 米冲刺跑、最大摄氧量、20 米穿梭跑、1000 米跑（男）或者 800 米跑（女）、心功能指数、肺活量及无氧表现测试等，见表 4-23。

第四章 青少年不同运动方式的健康效益分析

表 4-23 纳入文献的基本特征

序号	第一作者及发表年份	样本数/人	样本性别	年龄（$M \pm SD$）/岁	干预方式	干预周期、频率、单次时间	结局指标
1	Gavanda S, 2022	C: 13 E1: 14 E2: 13 E3: 17	男女均有	16~19 (17.3±1)	力量训练 耐力训练 HIIT 训练	6 周；2 次/周；65~75 分钟	20 米冲刺跑；20 米穿梭跑
2	Gejl K A, 2024	C: 35 E1: 23 E2: 27	男女均有	C: 17.9±0.9 E1: 17.9±0.8 E2: 17.8±0.8	中等强度训练 高强度训练	9 周；3 次/周；30 分钟	最大运动自行车测试实验；最大摄氧量
3	Eather N, 2015	C: 43 E: 55	C: 24 男+19 女 E: 24 男+31 女	15~16	CrossFit 训练（如深蹲跳、俯卧撑等）	8 周；2 次/周；50 分钟	心肺健康（穿梭跑测试）；肌肉健康
4	Tottori N, 2019	C: 29 E: 27	C: 15 女+14 男 E: 10 女+17 男	8~11 C: 10.4±1.1 E: 10±1	HIIT 训练，包括有氧运动和利用自身重量的核心运动，心率为最大心率的85%	4 周；3 次/周；30 分钟	20 米穿梭跑；体能测试
5	Juri'c P, 2019	10×5 米穿梭跑 C: 74 E: 78 20 米穿梭跑 C: 66 E: 53	未注明	10~14 C: 12.54±1.35 E: 12.1±1.11	HIIT 训练	12 周；2 次/周；10 分钟干预＋45 分钟常规课	20 米及 10 米穿梭跑；体能测试等，包括握力、立定跳远、30 秒仰卧起坐等

177

续表

序号	第一作者及发表年份	样本数/人	样本性别	年龄（$M \pm SD$）/岁	干预方式	干预周期、频率、单次时间	结局指标
6	Mayorga-Vega D, 2015	C: 57 E: 54	41女+70男	12~14 C: 12.6±0.7 E: 12.4±0.6	体能训练课程（如力量游戏、跑步游戏、循环训练、多重跳跃或多重投掷）；体育综合训练活动	17周（2次发展项目持续9周+寒假停训+2次/周维护计划持续8周）；50分钟	20米穿梭跑；肌肉客观体能；李克特量表
7	Lu Y, 2022	C: 91 E1: 89 E2: 92 E3: 90	E: 133女+138男 C: 47女+44男	15±1.07	核心力量训练（波比跳和敏捷梯子辅助练习）	12周；3次/周；7~10分钟干预+常规体育课	50米跑；握力；跳远；1000米跑（男）或者800米跑（女）；核心耐力
8	Runacres A, 2019	C: 11 E1: 14 E2: 12	男	C: 13.7±3.2 E1: 14.3±3.1 E2: 13.1±2.5	HIIT训练或者恒强度耐力训练	12周；未报告	坡道测试和30米跑
9	Zheng G, 2023	C: 128 E: 128	未注明	12~15	多项身体素质的练习	18周；大课间及课后锻炼	1000米跑（男）或者800米跑（女）；最大摄氧量

第四章 青少年不同运动方式的健康效益分析

续表

序号	第一作者及发表年份	样本数/人	样本性别	年龄（$M\pm SD$）/岁	干预方式	干预周期、频率、单次时间	结局指标
10	Xue F, 2020	C: 35 E: 35	C: 15女+20男 E: 15女+20男	14~15	莱格尔跑①，心率控制在110~160次/分钟	8周；2次/周；7分钟干预+20分钟常规体育课	1000米跑（男）或者800米跑（女）；心功能指数；肺活量
11	Türkmen Ö, 2022	C: 21 E: 20	20女+21男	14~18	定向训练，根据地图跑向终点	8周；1次/周；45~60分钟	坐伸测；身体质量指数；反向纵跳；耐力测试
12	Amani-Shalamzari S, 2019	C: 14 E: 12	男	18.6±0.5	Small Sided and Conditioning Game②	8周；5次/周；75分钟	敏捷跑；无氧表现测试

注：1. 莱格尔跑（Léger Test）是一种通过音乐节奏控制的20米渐进折返跑测试，由加拿大蒙特利尔大学的 Luc Léger 教授于1982年制定，1983年正式发布。
2. Small-Sided and Conditioned Games（SSCGs）是一种通过调整比赛规则、场地规模或参与者数量来优化训练方法，主要应用于足球、篮球、五人制足球等项目。其核心机制是通过系统性约束（如空间、时间、规则）激发运动员的适应性行为，从而提升技术、战术及体能表现。

3. 纳入文献的质量评估

纳入文献的质量评估结果如图 4-43 所示，其中低度偏倚风险文献 4 篇；中度偏倚风险文献 7 篇；高度偏倚风险文献 1 篇。图 4-44 所示为纳入文献的方法学质量评估各项条目的占比。

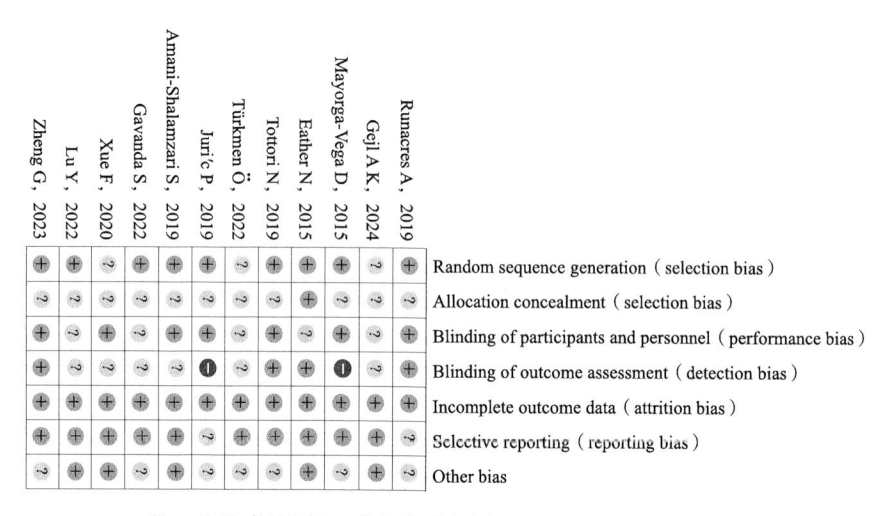

注："+"表示达标；"-"表示未达标。

图 4-43 纳入文献的方法学质量评估示意

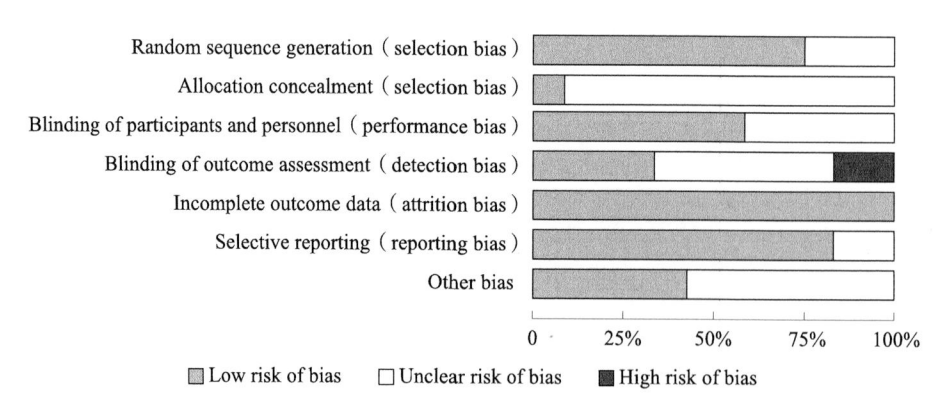

图 4-44 纳入文献的方法学质量评估各项占比

三、研究结果之二：无氧耐力的运动干预效果分析

（一）关于无氧耐力的纳入文献的特征

无氧耐力的主要测试指标为峰值功率、平均功率以及运动至耐力疲劳的时间（距离）。通过对数据进行整理，发现共有 2 篇文献采用平均功率作为测试指标。运动干预方式分别为持续训练（CIET）和高强度间歇训练（HIIT）。具体数据见表 4 – 24。

表 4 – 24　关于无氧耐力的纳入文献的特征　　　　　　　　　　　（单位：瓦）

第一作者及发表年份	干预方式	年龄或阶段	样本数/人	实验前平均功率	实验后平均功率	测试指标
Runacres A, 2019	HIIT	青春期前	E：4 C：2	E：149.3 ± 39.0 C：154.6 ± 17.7	E：230.8 ± 127.2 C：178.9 ± 14.8	平均功率
		青春期	E：6 C：6	E：256.4 ± 50.3 C：334.6 ± 101.6	E：338.4 ± 134.3 C：299.3 ± 73.0	
		青春期后	E：4 C：3	E：256.4 ± 50.3 C：334.6 ± 101.6	E：338.4 ± 134.3 C：299.3 ± 73.0	
	CIET	青春期前	—	—	—	
		青春期	E：8 C：6	E：261.4 ± 60.6 C：334.6 ± 101.6	E：260.0 ± 38.4 C：299.3 ± 73.0	
		青春期后	E：4 C：3	E：321.1 ± 86.8 C：381.5 ± 29.1	E：359.1 ± 148.2 C：332.4 ± 40.3	
Türkmen Ö, 2022	持续跑	14～18 岁	E：20 C：21	E：132.08 ± 26.10 C：124.77 ± 29.42	E：134.64 ± 27.00 C：125.91 ± 29.24	

注：E 为实验组；C 为对照组。

（二）无氧耐力运动干预的整体效果分析

1. 整体效应检验

对表 4 – 24 中的实验前后数据进行换算，计算其增量与标准差，并在此基础上进行 meta 分析。如图 4 – 45 所示，"A. Runacres, 2019H1" 表示高强度间

歇训练青春期前组,"A. Runacres,2019H2"表示高强度间歇训练青春期组,"A. Runacres,2019H3"表示高强度间歇训练青春期后组;"A. Runacres,2019C2"表示持续训练青春期组,"A. Runacres,2019C3"表示持续训练青春期后组。对2篇文献的6组运动干预数据进行整体效应检验,结果显示 SMD 值为0.62,95%置信区间为[0.17,1.08],具有统计学意义($Z=2.69$,$P=0.007$),表明高强度间歇训练与持续训练均可提升6~18岁青少年的无氧耐力,训练类型对无氧耐力改善程度的影响不存在显著性差异,此结论已由多位学者证实。对纳入的文献进行整体同质性检验($I^2=14\%$,$P=0.32$),说明多个研究间存在低异质性,故采用固定效应模型。

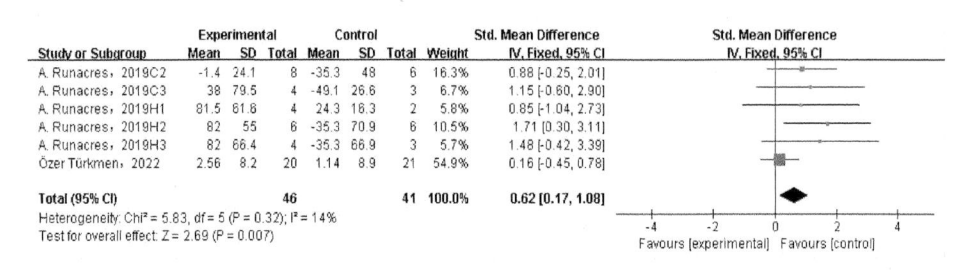

图4-45 运动干预对无氧耐力发展效果影响的 meta 分析森林图

2. 发表偏倚性检验

对6组对照实验数据进行偏倚性检验,具体结果如图4-46所示。对漏斗图进行分析发现,偏倚结果在可接受范围内,研究不存在明显的发表偏倚。

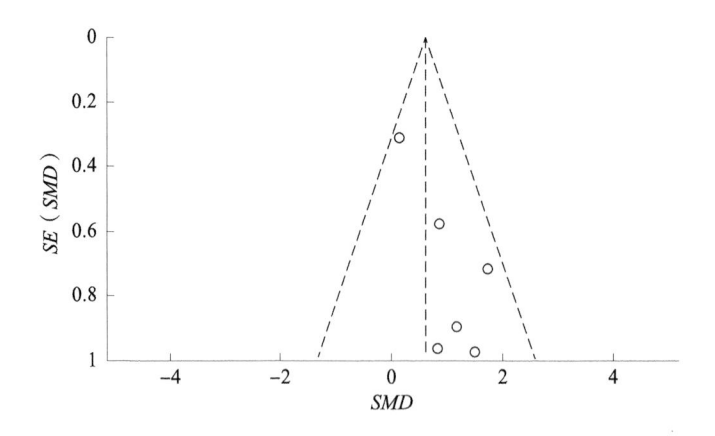

图4-46 运动干预对无氧耐力发展效果影响的 meta 分析漏斗图

3. 无氧耐力最优运动干预方案

在上述研究的基础上，选取青少年无氧耐力的最优运动干预方案，具体见表4-25。

表4-25 无氧耐力的最优运动干预方案[120]

周次	组数×持续时间	间歇	频率	强度
1	4组×4分钟	2~3分钟	3次/周	中等强度，60%~85% HRmax
2	5组×4分钟	1~2分钟	1次/周	中等强度，85%~95% HRmax
3	6组×30秒	30秒	1次/周	中等强度，85%~95% HRmax
4	8组×30秒+6组×75秒	30秒	2次/周	中等强度，85%~95% HRmax
5	6组×90秒+8组×90秒	30秒	2次/周	中等强度，85%~95% HRmax
6	8组×30秒+6组×90秒	30秒	2次/周	中等强度，85%~95% HRmax

四、研究结果之三：有氧耐力的运动干预效果分析

（一）有氧耐力运动干预的整体效果分析

1. 整体效应检验

研究表明，在提升青少年有氧耐力素质方面，高强度间歇训练优于持续训练[121,122]，但不存在显著性差异。由于本研究只筛选干预效果较好的运动方案，因此最终选择HIIT训练方案。在筛选的论文中，5篇论文的测试指标为20米穿梭跑，运动干预方式主要为高强度间歇训练（跑）、高强度间歇综合训练（CrossFit训练）、高强度功能训练（HIFT）。对5篇文献进行整体效应检验，如图4-47所示，6组研究数据的 SMD 值为0.63，95%置信区间为[0.20~1.06]，具有统计学意义（$Z=2.85$，$P=0.004$），表明高强度间歇训练能显著提升青少年的有氧耐力素质。对纳入的文献进行整体同质性检验（$I^2=77\%$，$P=0.0007$），发现多个研究间存在高异质性，故采用随机效应模型。本次meta分析中多组数据之间存在异质性，表明存在潜在调节变量的可能。

◎ 青少年体育运动效益评估及健康模式建构

Study or Subgroup	Experimental Mean	SD	Total	Control Mean	SD	Total	Weight	Std. Mean Difference IV, Random, 95% CI
Daniel Mayorga-Vega, 2015	749	249	50	660.3	173	42	18.7%	0.40 [-0.01, 0.82]
Narelle Eather, 2015A	3,444	772	24	2,756	772	24	15.8%	0.88 [0.28, 1.47]
Narelle Eather, 2015B	2,388	960	31	1,480	960	19	15.7%	0.93 [0.33, 1.53]
Nobuaki Tottori, 2019	1,819.2	814.4	27	862.5	416.1	29	15.8%	1.47 [0.88, 2.07]
Petra Jurić, 2019	906.6	457.7	78	862.5	416.1	74	20.2%	0.10 [-0.22, 0.42]
Simon Gavanda, 2022	1,305	553	17	1,263	314	13	13.8%	0.09 [-0.63, 0.81]
Total (95% CI)			227			201	100.0%	0.63 [0.20, 1.06]

Heterogeneity: Tau² = 0.21; Chi² = 21.30, df = 5 (P = 0.0007); I² = 77%
Test for overall effect: Z = 2.85 (P = 0.004)

图4-47　运动干预对有氧耐力发展效果影响的 meta 分析森林图

2. 发表偏倚性检验

对有氧耐力组对照实验数据进行偏倚性检验，具体结果如图4-48所示。对漏斗图进行分析发现，散点均衡地分布在偏上位置，偏倚结果在可接受范围内，研究不存在明显的发表偏倚。

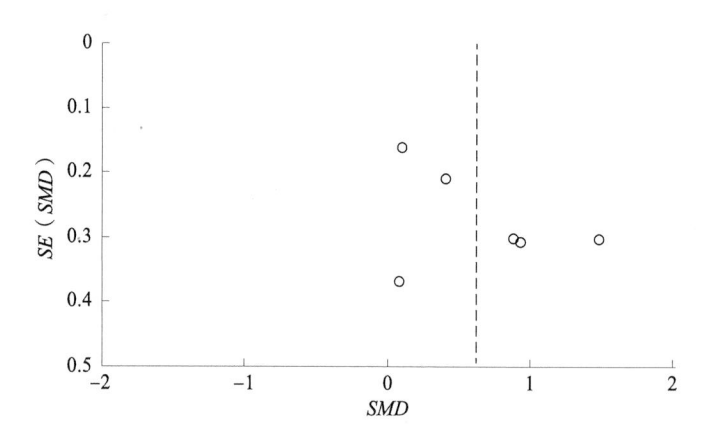

图4-48　运动干预对有氧耐力发展效果影响的 meta 分析漏斗图

（二）有氧耐力运动干预效果的亚组分析

1. 有氧耐力运动干预效果的年龄亚组分析

（1）整体效应检验。研究分析发现，对不同年龄阶段的青少年采取的干预方式也不相同。对于8~14岁青少年，不是所有的运动干预手段都能提升其有氧耐力，$Z = 1.11$，$P = 0.27 > 0.05$，不具有统计学意义（图4-49）。对纳入的文献进行同质性检验（$I^2 = 94\%$，$P < 0.0001$），发现两个研究存在高异质性，故采用随机效应模型分析。对于15~19岁青少年，运动干预手段能提升

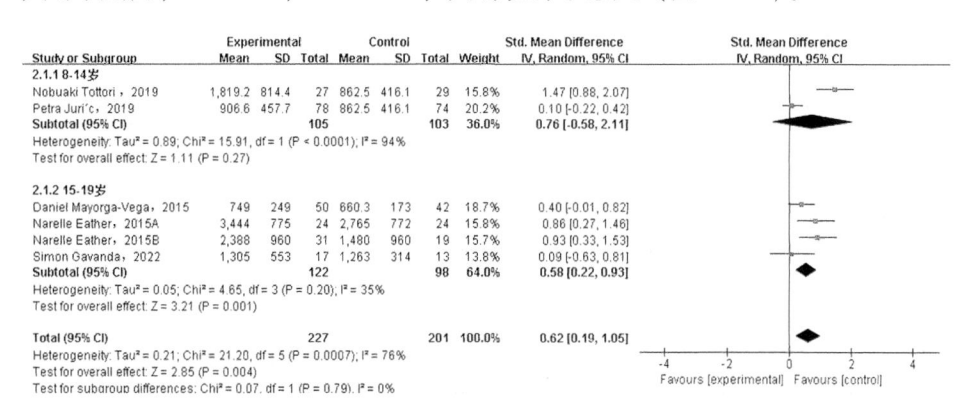

其有氧耐力，$Z=3.21$，$P=0.001$，具有统计学意义（图4-49）。

```
                         Experimental          Control              Std. Mean Difference        Std. Mean Difference
Study or Subgroup       Mean    SD  Total    Mean    SD  Total  Weight   IV, Random, 95% CI      IV, Random, 95% CI
2.1.1 8-14岁
Nobuaki Tottori, 2019  1,819.2 814.4   27   862.5  416.1   29    15.8%    1.47 [0.88, 2.07]
Petra Juri'c, 2019       906.6 457.7   78   862.5  416.1   74    20.2%    0.10 [-0.22, 0.42]
Subtotal (95% CI)                     105                  103    36.0%    0.76 [-0.58, 2.11]
Heterogeneity: Tau² = 0.89; Chi² = 15.91, df = 1 (P < 0.0001); I² = 94%
Test for overall effect: Z = 1.11 (P = 0.27)

2.1.2 15-19岁
Daniel Mayorga-Vega, 2015  749   249   50   660.3   173    42    18.7%    0.40 [-0.01, 0.82]
Narelle Eather, 2015A     3,444  775   24  2,765    772    24    15.8%    0.86 [0.27, 1.46]
Narelle Eather, 2015B     2,388  960   31  1,480    960    19    15.7%    0.93 [0.33, 1.53]
Simon Gavanda, 2022       1,305  553   17  1,263    314    13    13.8%    0.09 [-0.63, 0.81]
Subtotal (95% CI)                     122                   98    64.0%    0.58 [0.22, 0.93]
Heterogeneity: Tau² = 0.05; Chi² = 4.65, df = 3 (P = 0.20); I² = 35%
Test for overall effect: Z = 3.21 (P = 0.001)

Total (95% CI)                        227                  201   100.0%    0.62 [0.19, 1.05]
Heterogeneity: Tau² = 0.21; Chi² = 21.20, df = 5 (P = 0.0007); I² = 76%
Test for overall effect: Z = 2.85 (P = 0.004)
Test for subgroup differences: Chi² = 0.07, df = 1 (P = 0.79); I² = 0%
                                                                                            -4  -2   0   2   4
                                                                                        Favours [experimental] Favours [control]
```

图4-49 有氧耐力运动干预效果的年龄亚组meta分析森林图

（2）发表偏倚性检验。从图4-50可以看出，散点分布在偏上的位置，基本左右平衡，但左侧几篇文献稍微存在一些偏倚，不是很严重，对结果不会造成太大的影响，表明偏倚结果可以接受，各研究间不存在明显的发表偏倚。

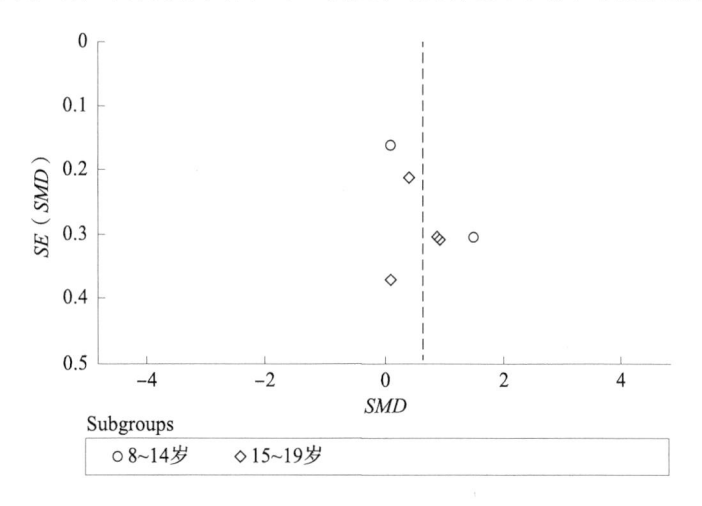

图4-50 有氧耐力运动干预影响效果的年龄亚组meta分析漏斗图

2. 有氧耐力运动干预效果的干预方式亚组分析

（1）干预方式对6~14岁青少年有氧耐力的干预效果分析。

整体效应检验。对不同干预方式对6~14岁青少年有氧耐力发展效果的影响进行亚组分析，具体结果如图4-51所示，自重力量结合有氧跑训练的干预效果（$Z=1.17$，$P=0.24$）优于自重力量训练（$Z=0.62$，$P=0.53$）。

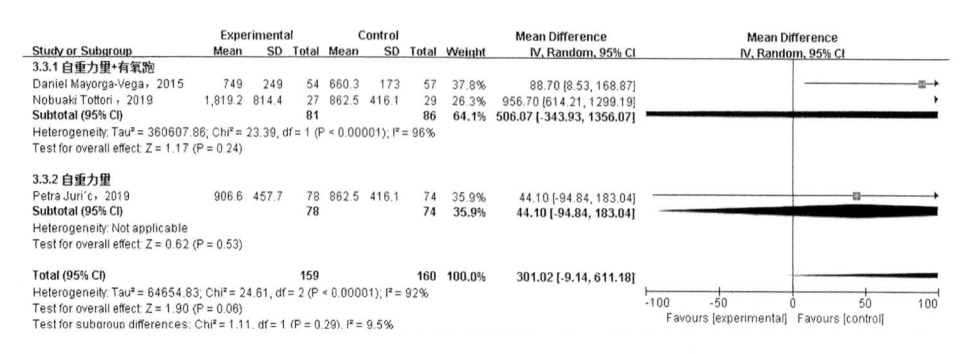

图4-51 干预方式对6~14岁青少年有氧耐力的影响效果meta分析森林图

发表偏倚性检验。从图4-52可以看出，散点分布在偏上的位置，基本左右平衡，表明偏倚结果可以接受，各研究间不存在明显的发表偏倚。

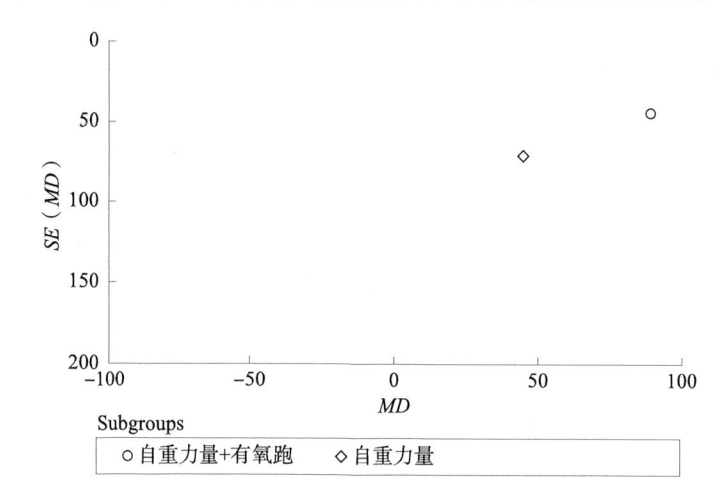

图4-52 干预方式对6~14岁青少年有氧耐力的影响效果meta分析漏斗图

（2）干预方式对15~19岁青少年有氧耐力的干预效果分析。

整体效应检验。以不同干预方式对15~19岁青少年有氧耐力的影响进行亚组分析，结果（图4-53）显示，CrossFit训练的干预效果（$Z=4.16$，$P<0.0001$）优于HIIT训练（$Z=0.24$，$P=0.81$）；CrossFit训练对15~19岁青少年的有氧耐力产生效应量最大，且$P<0.05$，具有显著性。

| Study or Subgroup | Experimental Mean | SD | Total | Control Mean | SD | Total | Weight | Std. Mean Difference IV, Random, 95% CI | Std. Mean Difference IV, Random, 95% CI |

```
                        Experimental          Control              Std. Mean Difference        Std. Mean Difference
Study or Subgroup    Mean    SD   Total   Mean   SD   Total  Weight   IV, Random, 95% CI         IV, Random, 95% CI
3.1.1 HIIT训练
Simon Gavanda, 2022   1,305  553    17   1,263  314    13    28.7%    0.09 [-0.63, 0.81]
Subtotal (95% CI)                   17                 13    28.7%    0.09 [-0.63, 0.81]
Heterogeneity: Not applicable
Test for overall effect: Z = 0.24 (P = 0.81)

3.1.2 CROSSFIT训练
Narelle Eather, 2015A  3,444  772   24   2,765  772    24    35.9%    0.87 [0.27, 1.46]
Narelle Eather, 2015B  2,388  960   31   1,480  960    19    35.4%    0.93 [0.33, 1.53]
Subtotal (95% CI)                   55                 43    71.3%    0.90 [0.47, 1.32]
Heterogeneity: Tau² = 0.00; Chi² = 0.02, df = 1 (P = 0.88); I² = 0%
Test for overall effect: Z = 4.16 (P < 0.0001)

Total (95% CI)                      72                 56   100.0%    0.67 [0.17, 1.16]
Heterogeneity: Tau² = 0.09; Chi² = 3.62, df = 2 (P = 0.16); I² = 45%
Test for overall effect: Z = 2.64 (P = 0.008)
Test for subgroup differences: Chi² = 3.60, df = 1 (P = 0.06), I² = 72.2%
```

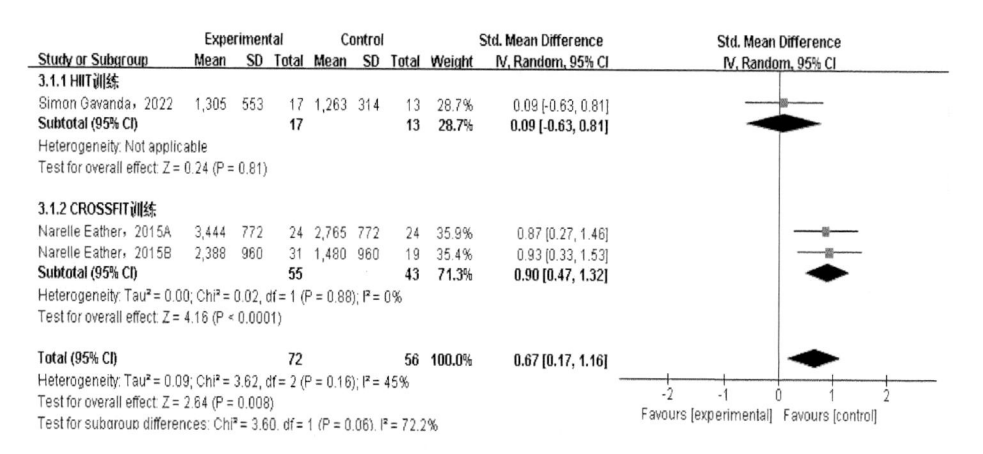

图 4-53 干预方式对 15~19 岁青少年有氧耐力的影响效果 meta 分析森林图

发表偏倚性检验。从图 4-54 可以看出，散点分布在偏上的位置，基本左右平衡，表明偏倚结果可以接受，各研究间不存在明显的发表偏倚。

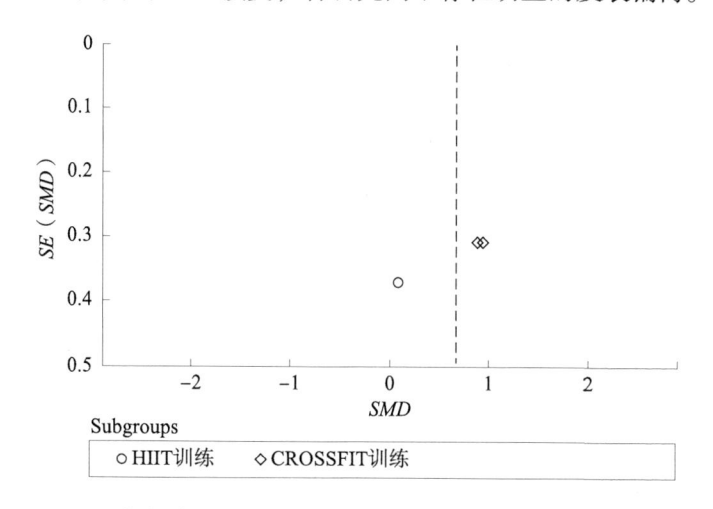

图 4-54 干预方式对 15~19 岁青少年有氧耐力的影响效果 meta 分析漏斗图

（三）有氧耐力的最优运动干预方案

（1）6~14 岁青少年有氧耐力的最优运动干预方案。对于 6~14 岁青少年，有氧耐力运动干预方案中，以高强度间歇训练的效果最好。在具体训练内容方面，结合上面的研究结果可知，优选有氧跑结合自重力量训练。对研究文献的干预效果进行对比，选择 Tottori 的运动干预方案，见表 4-26。

表 4-26　6~14 岁青少年有氧耐力的最优运动干预方案

干预阶段/周	持续时间	间歇时间	方案	频率
1~4	8 分钟	运动时间∶间歇时间为 30 秒∶30 秒	13 米/26 米穿梭跑、开合跳、垂直跳跃、登山、平板支撑内外跳	3 次/周
5~8	9 分钟	运动时间∶间歇时间为 30 秒∶30 秒		
9~12	10 分钟	运动时间∶间歇时间为 30 秒∶30 秒		

（2）15~19 岁青少年有氧耐力的最优运动干预方案。对于 15~19 岁青少年，高强度训练和中等强度持续训练对有氧耐力素质发展都具有显著效果，选择 Eather 论文中的运动干预方案作为最优方案，见表 4-27。

表 4-27　15~19 岁青少年有氧耐力最优运动干预方案——CrossFit

周次	项目组成	特定练习	组数/时间
1.1	热身活动	山地攀爬，星形跳，弓步行走	3 组 ×30 秒
	技能/技术	徒手深蹲，硬拉，波比跳	20 分钟
	每日训练计划/最高反复次数	10 次徒手深蹲，10 次硬拉（负重包），10 次波比跳	10 分钟
	整理活动	静坐	5 分钟
1.2	热身活动	3 次尺蠖运动，10 次熊爬，6 次徒手深蹲	3 组
	技能/技术	深蹲，俯卧撑，跳箱	10 分钟
	结对每日训练计划/最高反复次数	10 次跳箱/10 次徒手深蹲（自重）/5 次俯卧撑	10 分钟
	整理活动	臀髋拉伸（静态）	5 分钟
2.1	热身活动	3 次徒手深蹲，3 次波比跳，1 组折返跑	3 组
	技能/技术	壶铃深蹲，跳绳，硬拉	10 分钟
	每日训练计划	1 分钟壶铃深蹲（药球），硬拉（负重包），俯卧撑，折返跑	3 回合
	整理活动	臀髋拉伸（静态）	5 分钟
2.2	热身活动	15 秒波比跳，15 秒星形跳，15 秒深蹲	3 组
	技能/技术	墙球投射，跳箱，过顶深蹲	10 分钟
	每日训练计划/最高反复次数	第一站：墙球投射；第二站：10 次跳箱，15 个俯卧撑，50 米山地跑；第三站：过顶深蹲	8 分钟/站
	整理活动	臀髋拉伸（静态）	5 分钟

续表

周次	项目组成	特定练习	组数/时间
3.1	热身活动	2 组臀部拉伸（每组 3 分钟），弓步拉伸 30 米，跑步 30 米	3 组
	技能/技术	硬拉（杠铃杆），抓起（PVC 棍），壶铃摇摆	12 分钟
	每日训练计划/最高反复次数	10 次硬拉，5 次波比跳，10 次壶铃摇摆	
	整理活动	臀髋拉伸（静态）	5 分钟
3.2	热身活动	农夫与狐狸（敏捷游戏），臀髋拉伸（静态）	10 分钟
	技能/技术	挺举（PVC 棍），推举	10 分钟
	每日训练计划/最高反复次数	第一站：10 次挺举，推举；第二站：8 次双手举过头顶箭步蹲，10 次徒手深蹲，15 次仰卧起坐；第三站：8 次药球翻站，8 个俯卧撑	10 分钟/站
	整理活动	臀髋拉伸（静态）	5 分钟
4.1	热身活动	30 秒熊爬，30 秒螃蟹爬，30 秒箭步蹲	3 组
	技能/技术	火箭推	5 分钟
	每日训练计划	10 次火箭推/跑步 50 米/10 次跳箱/跑步 100 米	20 分钟
	整理活动	臀髋拉伸（静态）	5 分钟
4.2	热身活动	30 秒深蹲，30 秒星形跳，30 秒弓箭步	3 组
	技能/技术	仰卧起坐，俯卧撑，倒立	15 分钟
	每日训练计划	第一站：棒球（5 次俯卧撑—5 次波比跳—5 次徒手深蹲—5 次钻石仰卧起坐）；第二站：牛角包（5 次俯卧撑—5 次波比跳—5 次徒手深蹲—5 次钻石仰卧起坐）；第三站：倒立	15 分钟/站
	整理活动	臀髋拉伸（静态）	5 分钟
5.1	热身活动	臀髋拉伸（静态）	5 分钟
	技能/技术	拇指火箭推，拇指前蹲，拇指推举（自重）	15 分钟
	最高反复次数训练（AMRAP）	100 次波比跳，推举（哑铃），火箭推（哑铃），仰卧起坐	20 分钟
	整理活动	臀髋拉伸（静态）	5 分钟

续表

周次	项目组成	特定练习	组数/时间
5.2	热身活动	30秒鸭子步，30秒尺蠖运动，30秒折返跑	3组
	技能/技术	药球翻站	
	每日训练计划/最高反复次数	第一站：10次跳箱，8次俯卧撑，6次药球翻站；第二站：熊爬30米，三级跳一组，波比跳三组，每组30米；第三站：完成5RM的哑铃肩推	8分钟/站
	整理活动	臀髋拉伸（静态） 悬停两组（最大时间）	5分钟
6.1	热身活动	10次徒手深蹲（5秒完成），30秒鸭子步和负重躬身	3组
	技能/技术	药球投射，过头箭步蹲	10分钟
	同伴每日训练计划/最高反复次数	10次药球投射给同伴，20米药球过头箭步蹲	15分钟
	整理活动	臀髋拉伸（静态）	10分钟
6.2	热身活动	10秒左右摆动腿部，10次徒手深蹲（5秒完成），臀髋拉伸（静态）	10分钟
	技能/技术	深蹲（负重包）	5分钟
	每日训练计划	第一站：CrossFit闪避球点球训练；第二站：追逐游戏，例如章鱼、红侠；第三站：尽可能快地完成50米的山地冲刺（负重包），10次负重包深蹲	10分钟/站
	整理活动	臀髋拉伸（静态）	5分钟
7.1	热身活动 技能/技术	30秒鸭子步，30秒熊爬，30秒螃蟹步，哑铃抓举，波比跳，三级跳	3组
	同伴每日训练计划	尽可能多地完成交替哑铃抓举，波比跳、三级跳20秒	10分钟
		悬停（最大时间） 1分钟悬停加20个波比跳 1~2分钟悬停加15个波比跳 2~3分钟悬停加10个波比跳 3分钟以上不需要加波比跳	15分钟
	整理活动	臀髋拉伸（静态）	10分钟

续表

周次	项目组成	特定练习	组数/时间
7.2	热身活动	30 秒徒手深蹲，30 秒星形跳，30 秒波比跳	3 组
	技能/技术	跳箱	5 分钟
	每日训练计划	第一站：每分钟完成 5 次跳箱，每分钟增加 5 个；第二站：头倒立；第三站：4 组 1 分钟短跑冲刺	10 分钟/站
	整理活动	臀髋拉伸（静态）	5 分钟
8.1	热身活动	30 秒徒手深蹲，30 秒星形跳，30 秒波比跳	3 组
	技能/技术	前滚翻，硬拉	5 分钟
	同伴每日训练计划/最高反复次数	第一站：5 次前滚翻，5 次立定跳远，波比跳 5 次；第二站：10 次墙球弹射，10 次仰卧起坐，10 次俯卧撑，10 次跳箱；第三站：10 次硬拉（自重加杠铃杆），10 次跳跃，5 次波比跳 悬停挑战（最大时间）	10 分钟/站
	整理活动	臀髋拉伸（静态）	5 分钟
8.2	热身活动	30 秒徒手深蹲，30 秒星形跳，30 秒波比跳	3 组
	技能/技术	复习所有核心动作	30 分钟
	每日训练计划	多站的 CrossFit 训练	
	整理活动	臀髋拉伸（静态）	5 分钟

五、小结

第一，高强度间歇训练与持续训练均能提升 6~18 岁青少年的无氧耐力，训练类型对无氧耐力改善程度的影响不存在显著性差异。

第二，高强度间歇训练（跑）、高强度间歇综合训练（CrossFit 训练）、高强度功能训练（HIFT）对青少年有氧耐力素质的干预效果存在显著性差异（$Z=2.85$，$P=0.004$），表明高强度间歇训练能显著提升青少年的有氧耐力素质。

第三，不同的高强度间歇训练对 6~14 岁青少年有氧耐力干预效果存在差异。相比于自重力量高强度训练，自重力量结合有氧跑训练对 6~14 岁青少年的有氧耐力干预效应更大。

第七节　青少年不同运动方式的平衡能力健康效益分析

平衡能力在青少年的成长发育阶段扮演着至关重要的角色，它不仅对其日常活动的顺利进行具有决定性作用，还与青少年的运动表现、姿势控制、运动技能发展密切相关。平衡能力的提升可以帮助青少年在多种运动和生活场景中保持身体的稳定性，减少跌倒等意外的发生，特别是在运动过程中，它更是保证青少年安全和表现良好的关键因素。近年来，随着运动科学的发展，人们逐渐认识到通过运动干预提高青少年平衡能力的重要性，尤其是一些特殊运动干预，如滑板、长拳、核心力量训练等，能够有效改善青少年的身体平衡能力。

特殊运动干预不同于传统体育锻炼，是通过特定的运动模式有针对性地进行训练，专门改善某些身体功能，包括平衡能力、力量、协调性等。尽管已有研究表明特殊运动干预对青少年平衡能力有显著的积极影响，但这些研究存在一些不足之处。首先，已有研究的样本量较小，干预时间和频率存在较大差异，难以得出统一的结论。例如，有些研究的干预时间较短，难以完全观察到长期的平衡能力变化情况；有些研究中，干预频率较低，可能不足以对平衡能力产生显著影响。其次，已有研究大多集中于单一运动干预方式，对多种干预方式组合的效果关注较少。最后，不同研究使用的平衡能力测量指标（如闭眼单脚站立、行走平衡木）也存在差异，这导致了研究结果的异质性增加。因此，有必要进行系统的 meta 分析，整合现有的研究成果，以便得出更加可靠和科学的结论。

本节通过系统的文献检索与 meta 分析，综合评估不同特殊运动干预对青少年平衡能力的影响，旨在探讨哪些特殊运动干预方式能更有效地提高青少年的静态平衡与动态平衡能力。与以往研究不同，本节采用更为严格的文献纳入与排除标准，并引入更多的干预方式进行对比分析，不仅关注干预的效果大小，还试图分析影响干预效果的潜在因素，如干预频率、干预时长、青少年的性别、年龄等。通过对这些因素的深入探讨，希望为体育教育工作者和青少年运动训练提供更为科学的依据。

一、研究方法

（一）文献检索策略

为了全面、系统地收集与特殊运动干预对青少年平衡能力影响相关的研究，采用了多数据库文献检索策略。检索范围覆盖三个主要数据库：中国学术期刊全文数据库（CNKI）、万方数据库和PubMed。CNKI和万方数据库收录了大量中文文献，涵盖了中国学术期刊、会议论文、学位论文等多种类型的研究成果，适用于检索中文文献。PubMed则是全球领先的生物医学数据库，收录了大量国际高水平的医学、体育健康相关研究，适用于检索英文文献。

将检索时间范围设定为自各个数据库建立之日起至2024年9月，以确保文献能够广泛覆盖。中文检索的主题词包括运动、运动干预、体育活动、青少年、平衡能力、姿势控制，这些关键词涵盖了研究的核心概念，确保检索范围广泛且具有针对性。英文检索主题词则包括 exercise、physicalactivity、adolescents、balance、posturalcontrol，这些关键词的选择基于国际通用的术语，能够有效涵盖与平衡能力和运动干预相关的文献。

为了提高检索的全面性和准确性，文献检索过程中采用布尔逻辑运算符的组合，如"AND""OR"等。在具体操作中，通过"青少年 AND 平衡能力 AND 运动干预"精准筛选文献，确保既涵盖广泛文献，又不遗漏潜在的重要研究。同时，为了防止遗漏，采用手动检索和自动检索相结合的方式，即在检索结果中对文献题目、摘要及关键词进行人工筛查，确保所有相关文献被纳入。

（二）文献的纳入标准与排除标准

1. 文献的纳入标准

（1）研究对象为青少年，年龄段大致定义为10岁到22岁之间，以期涵盖青春期前、中、后各个阶段的个体。青少年时期是研究平衡能力发育的关键时期，选择该年龄段个体具有代表性。

（2）研究类型为对照实验。为了保证研究的科学性，仅纳入对照实验。

对照实验是运动干预效果研究中最常用的实验设计,通过对比实验组和对照组的结果,可以评估特殊运动干预对青少年平衡能力的影响。

(3)干预措施为特殊运动干预。实验组的干预措施包括滑板运动、初级长拳练习、非稳定训练、核心力量训练等具有针对性的特殊运动形式。这些运动干预方式被广泛认为能够有效地提高平衡能力。对照组则为常规体育锻炼或其他干预措施,如常规体育课程或篮球训练等。

(4)结局指标包括静态和动态平衡能力。静态平衡能力测试如闭眼单脚站立,动态平衡能力测试如行走平衡木,都是评价平衡能力的重要手段。这些指标的选择基于其广泛的应用和科学的有效性,能够准确反映青少年平衡能力的变化。

2. 文献的排除标准

为了保证研究结果的科学性、统一性,需要在初步检索所得文献中排除不符合标准的文献。

(1)研究对象非青少年。将青少年作为研究对象是本研究的核心,因此任何针对儿童或成人的研究将被排除。

(2)非对照实验的研究。非对照实验如无对照组、单组实验或观察性研究,不符合研究设计的严格性要求,故不纳入。

(3)研究指标不符合纳入标准。不使用静态或动态平衡能力作为研究指标的文献将被排除,以确保研究数据的统一性和可比性。

(4)综述、案例研究、调查分析、学位论文、会议摘要及不相关文献,通常不提供原始数据或其研究设计不符合 meta 分析的要求,故被排除。

(5)重复发表的文献。为避免出现重复计算和分析,所有重复发表的文献都会被剔除,仅保留最新、最完整的版本。

(三)文献的特征编码与数据提取

两名评估人员分别对各数据库中检索出的文献标题、摘要和全文进行独立阅读,然后根据以上标准确定其纳入资格。在出现分歧时,重新检查原始文章,然后通过讨论达成共识。对上述筛选出的文献进行资料提取,包括第一作者、发表年份、样本年龄、样本数、性别、干预方式、干预时间、干预频率、结局指标,并将其制成表格。

(四) 文献的质量评估

为了确保纳入文献的质量和研究结果的可靠性，本研究采用了 Cochrane 的偏倚风险评估工具进行文献质量的评估。质量评估主要包括随机序列生成、分配隐藏、参与者盲法、评定者盲法、数据完整性、选择性报告及其他偏倚。评估结果有高风险、低风险及不清楚。若评估人员在某一项评估上存在分歧，邀请第三方研究者进行讨论，最终通过协商达成一致。

(五) 文献的统计学分析

研究采用 Review Manager 软件对提取的数据进行 meta 分析，具体分析流程如下：

（1）效应量选择。对连续性变量采用标准化均数差（SMD）进行分析，计算其95%置信区间（CI）。SMD 适用于不同研究使用不同量度的情况，通过标准化的方法对各项研究的数据可以进行有效比较。95%置信区间的计算用以确定效应值的精度。

（2）异质性检验。异质性检验采用 P 值和 I^2 统计量进行判断。P 值用于检验研究之间的差异是否有统计学意义，若 $P \geqslant 0.05$，说明研究之间不存在显著性差异，异质性小；若 $P < 0.05$，说明研究之间存在显著性差异。I^2 统计量用于评估异质性的大小，当 $I^2 < 50\%$ 时，异质性较小，适合采用固定效应模型；当 $I^2 \geqslant 50\%$ 时，异质性较大，适合采用随机效应模型。

二、研究结果之一：文献研究结果

1. 文献检索结果

初步检索获得文献755篇，排除重复文献91篇，然后通过阅读文献标题、摘要及全文，严格按照纳入、排除标准，最终纳入4篇文献，见表4-28。

2. 纳入研究的特征

4篇文献总共纳入240人为研究对象，其中120人为实验组，其余120人为对照组。文献发表时间为2018—2022年，样本年龄大致分布在10~22岁。对实验组采取的是滑板运动、初级长拳练习、非稳定训练、核心力量训练等特殊的运动干预方式，干预周期为 8～12 周。结局指标包括闭眼单脚站立（静态平衡）、行走平衡木（动态平衡）。

表 4-28 纳入文献的基本特征统计

第一作者及发表年份	样本数/人	年龄/岁	性别	干预方式 实验组	干预方式 对照组	干预周期	干预频率	结局指标
杨顺，2020	C：50 T：50	C：13～16 T：未注明	C：24/26 T：未注明	滑板运动	不干预	12 周	2 次/周	闭眼单脚站立、行走平衡木
任腾慧，2021	C：40 T：40	C：12.65±0.48 T：12.60±0.51	未注明	初级长拳练习	正常体育课学习	10 周	3 次/周	闭眼单脚站立、行走平衡木
孙昭，2022	C：20 T：20	C：11.00±0.80 T：10.95±0.83	未注明	非稳定训练	常规篮球训练	8 周	3 次/周	闭眼单脚站立、行走平衡木
卢庚芝，2018	C：10 T：10	C：20.9±0.83 T：21.4±0.92	男	核心力量训练	传统力量训练	8 周	3 次/周	闭眼单脚站立

注：T 表示实验组；C 表示对照组。

3. 文献质量评估结果

为确保 meta 分析中纳入文献的科学性和分析结果的可靠性，对每篇文献进行了质量评价。根据 Cochrane 风险偏倚评估工具的标准，主要从以下几个方面进行：随机序列生成（选择性偏倚）、分配隐藏（选择性偏倚）、参与者和实施者的盲法（执行偏倚）、结局评估的盲法（检测偏倚）、不完整结局数据（失访偏倚）、选择性报告（报告偏倚）以及其他偏倚。对每个评估项进行了"Low risk of bias（低风险）""High risk of bias（高风险）"或"Unclear risk of bias（不清楚风险）"的标注，并绘制文献质量评估示意图和各项占比图。

在文献的随机序列生成方面，4 项研究中有 3 项（任腾慧，2021；孙昭，2022；卢庚芝，2018）[123-125]使用了明确的随机化方法，这些方法包括随机数字表、计算机生成的随机序列等，因此在此项中被评为低风险。然而，杨顺[126]的研究未详细说明具体的随机化方法，随机序列的生成方式不明确，可能存在选择性偏倚，因此该研究在此项中被评为高风险。

分配隐藏是避免研究者在分配干预时对受试者进行主观操控的重要手段。在此项评估中，纳入的 4 项研究中只有任腾慧的研究明确说明了分配隐藏的方法，例如使用了封闭的不透明信封或中央随机化方式等，因此该项研究的分配隐藏项被评价为低风险；其余 3 项研究未对分配隐藏方法进行详细描述，可能存在分配偏倚，故其分配隐藏项被评价为不清楚风险。参与者和实施者的盲法可以减少研究过程中的偏倚，尤其是当干预措施和结局测量可能受到主观影响时。在此项中，只有卢庚芝的研究明确提到实施双盲法，即参与者和干预实施者都对干预措施不知情，因而被评价为低风险；其他 3 项研究未明确说明是否使用盲法，或者仅使用了单盲，因此被评价为不清楚风险或高风险。例如杨顺的研究被评价为高风险，因为没有采取盲法，干预措施的实施可能会影响研究者和受试者的行为。结局评估的盲法（即检测偏倚）同样对研究结果具有重要影响。4 项研究均未明确说明结局评估者是否对分组情况知情，因此所有研究关于此项均被评价为不清楚风险。未采用盲法的结局评估可能导致主观性较强的结局数据被放大，进而影响研究结果的准确性。

不完整结局数据是 meta 分析中常见的偏倚来源，尤其是当部分受试者在研究过程中因各种原因退出时，失访数据的处理方式将直接影响结果的解释。在此项评价中，4 篇文献均对失访情况进行了较为详细的说明，并且在结果报告中没有重大数据丢失或明显的偏倚，因此均被评价为低风险。选择性报告是指研究者仅报告研究中有利的结果，而忽视不利或无显著性差异的结果，这种做法会导致研究结果的不准确性和不完整性。经审查，4 篇文献均按预先设定的结局指标进行了全面报告，没有发现选择性报告的迹象，因此均被评价为低风险。其他偏倚主要考虑研究过程中可能出现的未列入其他类别的偏倚因素。例如，干预实施过程中的不一致性、数据处理过程中的主观性等。4 篇文献在此方面均没有明显的偏倚风险，因此均被评价为低风险。图 4-55 和图 4-56 所示分别为 4 篇文献的方法学质量评估示意图和各项占比图。

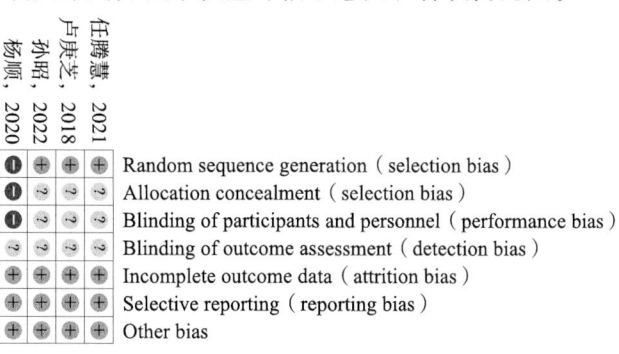

注："+"表示达标；"-"表示未达标。

图 4-55 纳入文献的方法学质量评估示意

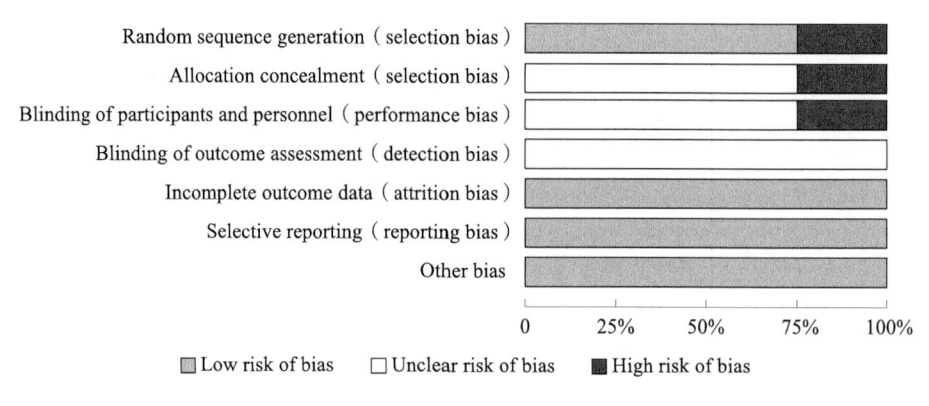

```
Random sequence generation (selection bias)
Allocation concealment (selection bias)
Blinding of participants and personnel (performance bias)
Blinding of outcome assessment (detection bias)
Incomplete outcome data (attrition bias)
Selective reporting (reporting bias)
Other bias
                                            0   25%   50%   75%   100%
        ■ Low risk of bias    □ Unclear risk of bias    ■ High risk of bias
```

图 4-56 纳入文献的方法学质量评估各项占比

三、研究结果之二：特殊运动干预对青少年平衡能力发展的干预效果分析

meta 分析的结果显示，特殊运动干预对青少年平衡能力的发展有显著影响，但由于研究设计和干预措施的差异，部分结果的异质性较高。

（一）静态平衡

1. 静态平衡运动干预的独立样本实验数据 meta 分析

3 项研究评估了特殊运动干预对青少年静态平衡能力的影响。闭眼单脚站立指标主要用于测试静态平衡能力，即青少年在没有视觉反馈的情况下，维持单脚站立姿势的时间。研究数据表明，运动干预对青少年的静态平衡能力具有显著的提升作用。然而，异质性检验结果显示，研究之间存在显著的异质性（$P < 0.00001$，$I^2 = 89\%$），表明各研究之间的数据差异较大，这可能与研究对象的年龄、性别、干预方式和频率等因素有关。因此，采用随机效应模型对效应量进行合并（图 4-57）。

meta 分析结果显示，运动干预能够有效提升青少年闭眼单脚站立的能力，$SMD = -0.99$，$95\% CI = [-1.69, -0.30]$，$Z = 2.79$，$P = 0.005$。SMD 值为负，表示干预后的平衡能力有所提升，即青少年能够在不依赖视觉的情况下维持更长时间的单脚站立。这一结果表明，特殊运动干预在增强静态平衡能力方面具有显著的积极作用。

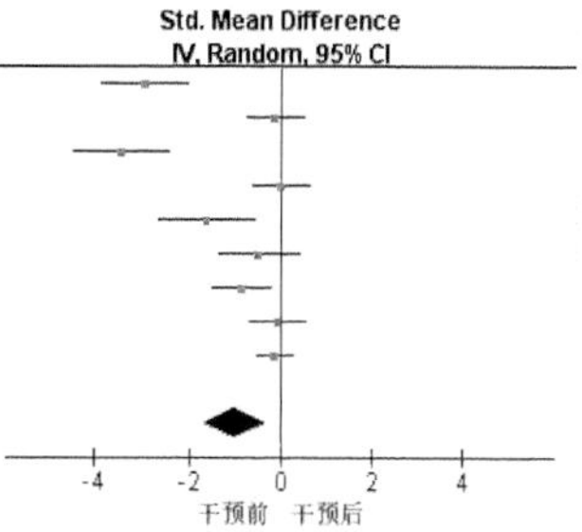

图4-57 干预前后静态平衡能力（闭眼单脚站立）对照分析森林图

值得注意的是，异质性的来源可能与以下因素有关：运动干预的类型或干预方式（如滑板运动、核心力量训练等），干预周期的差异（8~12周），以及受试者的年龄跨度较大（10~22岁）。因此，尽管整体结果显示运动干预对静态平衡能力的发展有显著影响，但对各项研究的效果差异仍需要分别进行进一步的分析与解释。

2. 静态平衡运动干预的配对样本实验数据 meta 分析

在两组对照分析中，共纳入了4项研究，比较了实验组（特殊运动干预）与对照组（常规干预或无干预）在干预后的闭眼单脚站立能力差异。异质性检验结果显示，研究之间存在高异质性（$P < 0.00001$，$I^2 = 93\%$），因此也采用了随机效应模型进行效应量的合并，如图4-58所示。

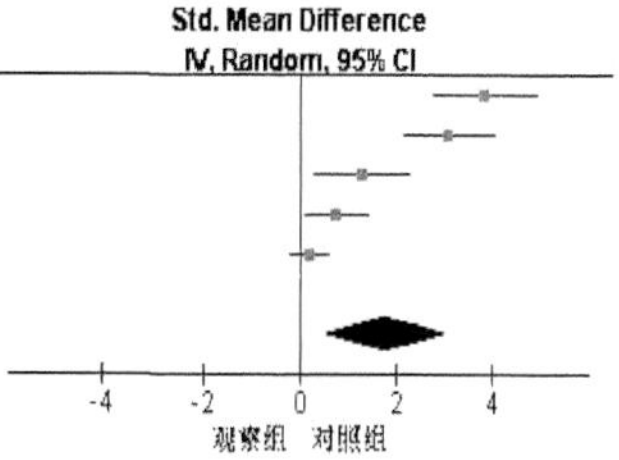

图4-58 静态平衡能力（闭眼单脚站立）两组对照分析森林图

注：图中"观察组"即正文所提的"实验组"。

meta 分析结果显示，特殊运动干预相比常规干预或无干预显著提升了青少年闭眼单脚站立的能力，效应量为 $SMD = 1.77$，95% CI = [0.49, 3.05]，

$Z=2.71$，$P=0.007$。SMD 为正值表明，实验组在干预后的平衡能力优于对照组，即特殊运动干预能够显著提高青少年的静态平衡能力。

该结果再次支持了特殊运动干预在改善静态平衡方面的有效性，尤其是与常规干预措施或未干预的对照组相比，运动干预的效果更加显著。然而，考虑到异质性较高，未来研究应针对不同类型的运动干预及其实施条件（如周期、频率等）进行更详细的比较与优化，以减少研究结果之间的差异性。

（二）动态平衡

1. 动态平衡运动干预的独立样本实验数据 meta 分析

3 项研究评估了运动干预前后青少年在行走平衡木上的表现。行走平衡木是用于测量动态平衡能力的经典测试，要求受试者在狭窄的木板上行走并保持身体稳定。研究显示，运动干预对青少年的动态平衡能力有显著的积极作用。异质性检验结果显示，研究之间同质性良好（$P=0.55$，$I^2=0$），即研究结果之间的差异较小，因此采用固定效应模型进行效应量合并分析，结果如图 4-59 所示。

Study or Subgroup	干预前 Mean	SD	Total	干预后 Mean	SD	Total	Weight	Std. Mean Difference IV, Fixed, 95% CI
任腾慧2021c	13.91	1.53	20	13.61	1.33	20	11.9%	0.21 [-0.42, 0.83]
任腾慧2021d	14.03	2.3	20	13.99	2.36	20	12.0%	0.02 [-0.60, 0.63]
任腾慧2021e	12.74	2.23	20	12.59	1.71	20	12.0%	0.07 [-0.55, 0.69]
任腾慧2021f	12.82	2.42	20	12.63	2.26	20	12.0%	0.08 [-0.54, 0.70]
孙昭2022a	10.21	1.86	20	8.83	1.63	20	11.1%	0.77 [0.13, 1.42]
孙昭2022b	10.18	1.58	20	10.09	1.48	20	12.0%	0.06 [-0.56, 0.68]
杨顺2020	9.22	1.58	50	8.52	1.54	50	29.2%	0.45 [0.05, 0.84]
Total (95% CI)			170			170	100.0%	0.27 [0.05, 0.48]

Heterogeneity: Chi² = 4.97, df = 6 (P = 0.55), I² = 0%
Test for overall effect: Z = 2.44 (P = 0.01)

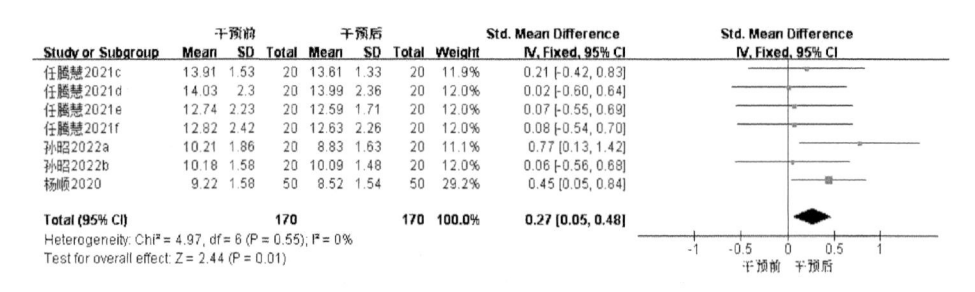

图 4-59 动态平衡能力干预前后对照分析森林图

meta 分析结果显示，运动干预能有效减少青少年行走平衡木所需的时间，效应量为 $SMD=0.27$，$95\% CI=[0.05, 0.48]$，$Z=2.44$，$P=0.01$。SMD 为正值表明，在干预后，青少年能够以更快的速度、更稳定地完成平衡木行走任务。这一结果表明，特殊运动干预对青少年的动态平衡能力有明显的促进作用，尤其是增强他们在行走时保持身体稳定的能力。

由于该结果的异质性较低，可认为在不同的研究中，运动干预对动态平衡的影响具有较强的一致性。可能的原因包括：行走平衡木测试的标准化程度较高;各研究在使用此项测试时的可比性较强。此外,运动干预在强化核心肌群、下肢力量及身体协调性方面,均有助于提升青少年的动态平衡能力。

2. 动态平衡运动干预的配对样本实验数据 meta 分析

在两组对照分析中,共纳入了 3 项研究,比较了实验组与对照组在干预前后的行走平衡木表现。异质性检验结果显示,研究之间同质性较好（$P = 0.20$, $I^2 = 35\%$）,因此采用固定效应模型进行效应量合并分析,结果如图 4-60 所示。

Study or Subgroup	观察组 Mean	SD	Total	对照组 Mean	SD	Total	Weight	Std. Mean Difference IV, Fixed, 95% CI
任腾慧2021a	13.61	1.33	20	13.99	2.36	20	18.8%	-0.19 [-0.82, 0.43]
任腾慧2021b	12.59	1.71	20	12.63	2.26	20	18.9%	-0.02 [-0.64, 0.60]
孙昭2022	8.83	1.63	20	10.09	1.48	20	17.4%	-0.79 [-1.44, -0.15]
杨顺2020	8.52	1.54	50	9.58	1.65	50	44.8%	-0.66 [-1.06, -0.26]
Total (95% CI)			110			110	100.0%	-0.47 [-0.74, -0.20]

Heterogeneity: Chi² = 4.59, df = 3 (P = 0.20); I² = 35%
Test for overall effect: Z = 3.44 (P = 0.0006)

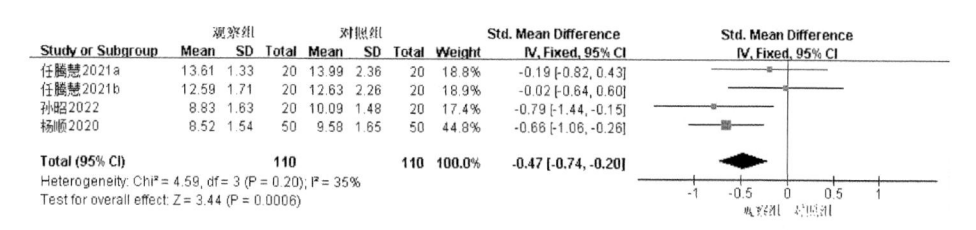

图 4-60 动态平衡能力两组对照分析森林图

meta 分析结果显示,相比对照组,特殊运动干预显著缩短了青少年行走平衡木所需的时间,效应量为 $SMD = -0.47$,$95\% \text{CI} = [-0.74, -0.20]$,$Z = 3.44$,$P = 0.0006$。$SMD$ 为负值表明,实验组的动态平衡能力提升更为显著,即他们能够更快、更稳健地通过平衡木。

这一结果进一步支持了特殊运动干预在提高青少年动态平衡能力方面的效果,特别是与常规干预措施相比时表现得尤为显著。由于动态平衡能力的测试的标准化程度较高,加之研究中所选取的运动干预类型或方式（如核心力量训练、滑板运动等）对下肢及核心肌群的针对性训练较为明确,因此这些干预措施对动态平衡能力的改善效果更加一致。

四、青少年平衡能力发展的优化方案

本节研究结果表明,特殊运动干预对青少年的平衡能力均有显著的提升作用。然而,不同干预方式在提升平衡能力的效果这一具体维度上可能有所不同。例如,核心力量训练被广泛认为是改善平衡能力的基础。这是因为核心肌群的力量增强不仅有助于静态平衡的维持,还能在青少年动态运动过程中提供必要的姿势控制支持。本节研究的结果也显示，核心力量训练在改善静态和动态平衡能力上均具有显著效果，因此可以被视为提升青少年平衡能力的优选干预方式。

滑板运动属于动态环境下的平衡训练，其对于青少年动态平衡的提升效果尤其显著。滑板运动通过不断挑战青少年的姿势控制和下肢稳定性，使其在面对不稳定的地面条件时，能够更加有效地调动核心肌群和下肢力量，保持身体的平衡。因此，在提升动态平衡能力方面，滑板运动无疑是一种高效的干预模式。此外，长拳等传统武术项目通过强化动作的流畅性和下肢力量，对平衡能力也有显著的提升作用。长拳的复杂动作组合不仅要求青少年具备较高的协调性，还需要他们在动态过程中保持身体的稳定。因此，长拳可以作为一种结合静态和动态平衡训练的综合性干预方式，在青少年体育训练中推广应用。

五、小结

meta 分析结果表明，特殊运动干预能够显著改善青少年的静态和动态平衡能力。具体而言，滑板运动、初级长拳练习、非稳定训练和核心力量训练等特殊运动干预在提升青少年静态平衡能力（闭眼单脚站立）和动态平衡能力（行走平衡木）方面均表现出显著的效果。这些结果验证了运动干预在青少年身体素质发展中的重要性，尤其是在平衡能力这一关键指标提升上的突出作用。尽管某些研究表现出较高的异质性，且主要来源是干预方式、时间、频率以及受试者的特征差异，但整体结果依然支持特殊运动干预对青少年平衡能力的积极影响。未来的研究可以针对异质性的来源进行进一步的细化探讨，并优化干预方案设计，以提高干预效果的稳定性和一致性。

第八节 "特体"青少年不同运动方式的体质健康效益分析

在知网上限定来源为核心期刊，搜索针对青少年中的"特体"人群的研究，主要有关于超重和肥胖的研究（628篇）、关于近视的研究（718篇）、关于脊柱侧弯的研究（146篇），其中关于运动干预对于青少年超重和肥胖的影响效果的研究最多，并且大多数研究的结论是运动干预对青少年超重和肥胖的预防和治疗具有不可替代的作用。因此，本节将"特体"青少年体质健康的研究重点放在超重与肥胖上。

近年来随着我国经济的进一步发展，国民的平均身高、人群营养元素、健康意识、重大疾病等问题都在不同程度上得到改善，然而也出现了一些其他健康问题，如居民的超重肥胖率持续上升，其中6~17岁儿童、青少年的超重率和肥胖率分别为11.1%和7.9%，6岁以下儿童的超重率和肥胖率分别为6.8%和3.6%；[9]《2024年世界肥胖报告》中预计，到2035年全球将有超过7.5亿青少年（5~19岁）遭受身体质量超重或肥胖的影响。这意味着全球每5个青少年中就有2个超重或肥胖，超重或肥胖问题已经成为全球公共卫生关注的重要对象。超重和肥胖的测量指标普遍认为是身体质量指数（BMI），但是有研究证明BMI不能有效地识别向心性肥胖[127]，还需要利用其他评价指标如腰围与身高的比、腰围与臀围的比、体脂率和腰高进行一定的佐证。据统计，全球每年高身体质量指数及超重和肥胖导致糖尿病、中风、冠心病和癌症这四种主要非传染性疾病而损失的寿命超过1.2亿年，但这些严重非传染性疾病早期症状不易发现，在出现疾病之前心脏代谢风险会在一定程度上有所增加，如高血糖、高血脂、三酰甘油和糖化血红蛋白水平升高[128]。同时有研究表明，肥胖是一种多因素慢性疾病，通常发生在儿童和青少年时期，主要是由遗传和环境因素二者共同导致的，其中最重要的因素是一个人的生活行为和环境因素。这些因素一旦形成能量摄入和消耗之间的不平衡的基础，长期的能量摄入过多但消耗不足就会加深这种不平衡，从而引起能量过剩、脂肪堆积，进而出现超重及肥胖和心脏代谢综合征。

一般而言，超重和肥胖问题的防治办法有三类。第一类是中医药治疗下的内治法、外治法以及内外联合疗法，第二类是健康干预下的健康教育、运动干预、综合干预，第三类是手术。在中医药治疗和健康干预两类疗法中都涉及运动干预，并且进行一定强度的运动和健身是预防超重和肥胖的最常用的方法之一[129]。

适度的体重减轻（约5%体重）可显著改善心血管和代谢的功能。然而，超过50%的人在5年以上的时间里体重没有减轻5%或以上，这突出了超重和肥胖问题的严峻形势。出现这样的原因是多方面的，有时间成本、环境状况、相关健康意识薄弱，以及肥胖后出现的一系列治疗困难且代价昂贵的慢性病。

这就需要找到一种适合大众、相对简单、能够推广的健身方式。有证据表明，有氧运动作为一种中等强度、形式多样的身体活动，能够防止体重增加，降低肥胖青少年的腰围、体脂和内脏脂肪百分比，增加心肺健康，降低血压，增强体质。具体来说，有氧运动可以促进脂质氧化，降低血浆中甘油三酯的水平。但是，此类运动大多数是一些持久性的耐力活动，这对处于神经系统兴奋和抑制功能不平衡的青少年来说是无聊的。因此在制订有氧训练计划时，要注重模块化设计，要对肥胖青少年具有吸引力，能够让他们长期坚持，并且易于模仿。有氧运动的效能主要体现在身体成分改变上，而对体重和BMI等总体指标的影响很小。相同的表征也出现在抗阻训练中，例如高剂量的抗阻训练（例如≥3小时/周或≥5天/周）与BMI定义的肥胖风险降低无关，然而相同的高剂量抗阻训练与腰围身高比或体脂率定义的肥胖症风险降低显著相关。因此，根据BMI定义的肥胖，经常进行大量抗阻训练并可能增加肌肉质量的人也可能会被归类为肥胖，而BMI定义的肥胖症并没有像腰围身高比和体脂率定义的肥胖症那样考虑脂肪分布和身体成分。抗阻训练和肥胖之间的剂量－反应关联在体脂率中最强，进一步凸显了抗阻训练对"过度脂肪堆积"的保护潜力。有氧运动结合抗阻运动能弥补单纯进行有氧运动导致的肌肉质量下降缺点，能有效降低青春期女孩腹部脂肪，而对于青春期的肥胖男孩，单独增加体育活动，并且不受卡路里限制，有利于减少总脂肪、内脏脂肪和肝内脂肪，并改善心肺健康。对于有氧运动结合饮食行为控制，研究普遍认为有氧运动能够降低收缩压和舒张压。Rocchini设置有氧运动加饮食行为改变组和饮食行为改变组以及对照组，探究运动干预对血压的影响，其中运动加饮食行为组的收缩压和舒张压都降低了，并且收缩压降低最为明显，有氧训练与饮食干预相结合时，血脂水平的改善也更为明显。运动训练通常对血脂水平较差的肥胖青少年有相对大的改善作用。有研究表明，饮食干预和有氧运动训练的结合可以最大限度地降低肥胖青少年的血脂水平。总的来说，从已有研究来看，中等至高强度的有氧运动训练干预、更频繁（每周3次）的运动、持续时间更长（40分钟/次），再结合多样化的生活方式和饮食计划，对整体身体成分有显著的改善作用。

第五章 我国青少年体育课程运动效益现状

当今青少年的体质健康问题依然令人担忧。青少年超重肥胖率不断攀升，久坐行为和身体活动不足现象普遍，体测成绩（如力量、耐力、速度等指标）多年持续下滑，这些问题仍然威胁着我国青少年的身心健康发展。在健康中国战略背景下，如何增强青少年体质健康是目前急需解决的关键问题。学校体育课程教学是提高青少年体质健康水平、培养良好运动习惯、保持终身体育锻炼的主阵地，然而不同的运动方式对青少年产生的健身效益有所不同，学校体育课程教学应根据青少年的体质健康状况，安排相应的运动。为此，以教学实践为切入点，深入研究我国青少年体质健康现状，分析体育课程中不同运动方式对青少年健康效益的影响，以期为提高青少年健康效益提供理论与实践指导。

一、我国青少年体育课程现状调查

1. 调查对象

根据初中阶段（五四制）学习特点，选取初四学生为调查对象。

2. 干预过程

国家体质健康测试项目中，耐力素质的测试项目为男 1000 米跑、女 800 米跑，力量素质的测试项目为男生手投掷实心球、女生一分钟仰卧起坐，速度素质的测试项目为 50 米跑，爆发力的测试项目为立定跳远，柔韧性的测试项目为坐位体前屈。根据新课标体能发展和体育中考需要，本测试中增加躯干和四肢协调能力测试（跳绳）、上下肢不协调测试（前后左右手触脚）、手眼协调测试（六角球）、灵敏测试（抓尺、十字象限跳）和伊利诺伊测试。

初四年级体育课程围绕体育中考开展，中考的必考项目（男 1000 米跑、女 800 米跑）、跳绳、仰卧起坐（女）、手投掷实心球（男），运动类型以有氧运动、无氧运动和抗阻运动为主。抗阻训练的方式主要包括自重训练、徒手力量练习（如十级蛙跳、30 米单脚跳、俯卧撑）、平板支撑、自重深蹲、tabata 腰腹肌力量练习，有氧运动主要是中长距离跑，无氧运动主要是短距离的 200 米跑、300 米跑、400 米跑、500 米跑。

本研究调查了初四一学期的授课情况，体育课程具体运动方式和干预内容见表 5-1。

表 5-1 初四体育课程运动方式和干预内容

阶段	运动类型	时间	强度	频率	总量	内容
1~4 周	有氧运动	20 分钟	中低强度	1 次/周	2 组，间隔 6 分钟	第 1 周：1200 米跑； 第 2 周：1000 米跑； 第 3 周：600 米跑和 800 米跑各 1 组； 第 4 周：1500 米跑
	无氧运动	20 分钟	中低强度	1 次/周	2~4 组，间隔 2 分钟	第 1 周：200 米跑； 第 2 周：300 米跑、200 米跑各 2 组； 第 3 周：400 米跑、200 米跑各 2 组； 第 4 周：500 米跑、100 米跑 2 组
	抗阻运动	20 分钟	中低强度	1 次/周	2~3 组，间隔 2 分钟	第 1 周：纵跳、弓箭步交换腿跳 30 个各 3 组，俯卧撑 10 个 3 组，卷腹 20 个 3 组； 第 2 周：跳台阶 30 个 3 组，抱膝跳 10 个 3 组，跪姿俯卧撑 15 个 3 组，平板支撑 20 秒 3 组； 第 3 周：70 米蛙跳、单腿跳各 2 组，俯卧撑、仰卧起坐 10 个各 2 组； 第 4 周：30 米单腿跳、5 级蛙跳各 2 组，平板支撑 25 秒 3 组
5~8 周	有氧运动	20 分钟	中低强度	1 次/周	2 组，间隔 6 分钟	第 5 周：1500 米跑； 第 6 周：1500 米走交替； 第 7 周：足球场慢跑 7 分钟； 第 8 周：100 米×8 折返跑

续表

阶段	运动类型	时间	强度	频率	总量	内容
5~8周	无氧运动	20分钟	中等强度	1次/周	4组，间隔3分钟	第5周：150米弯道跑； 第6周：300米跑、200米跑各2组； 第7周：200米跑4组； 第8周：400米跑、100米跑各2组
5~8周	抗阻运动	20分钟	中等强度	1次/周	3~4组，间隔1分钟	第5周：30米单腿跳3组，5级蛙跳3组，俯撑双手前后移动30个3组，20秒仰卧起坐3组； 第6周：10米行进间跳台阶3组，抱膝跳15个3组，tabata腰腹肌力量练习3分钟； 第7周：5级蛙跳4组，仰卧起坐20秒3组，tabata腰腹肌力量练习3分钟； 第8周：10米单腿跳、8级蛙跳各3组，tabata腰腹肌练习力量3分钟
9~12周	有氧运动	20分钟	中等强度	1次/周	2组，间隔5分钟	第9周：1600米跑； 第10周：2000米跑走交替； 第11周：1200米跑； 第12周：1500米跑
9~12周	无氧运动	20分钟	中高强度	1次/周	3~5组，间隔1~3分钟	第9周：150米跑5组； 第10周：300米跑、200米跑、100米跑各2组； 第11周：200米跑4组； 第12周：500米跑、300米跑各2组
9~12周	抗阻运动	20分钟	中高强度	1次/周	3组，间隔2分钟	第9周：肋木架斜拉弹力带、肋木架收腹举腿10个，跳体操垫15米，俯卧撑15个； 第10周：单杠悬垂15秒，斜拉双杠20个，15米蛙跳，tabata腰腹肌力量练习3分钟； 第11周：10级蛙跳、仰卧起坐30秒3组，俯卧撑15个； 第12周：20米单腿跳、10级蛙跳各3组，tabata腰腹肌力量练习3分钟

续表

阶段	运动类型	时间	强度	频率	总量	内容
13~16周	有氧运动	20分钟	中等强度	1次/周	2~3组，间隔6分钟	第13周：800米跑； 第14周：600米跑3组； 第15周：800米跑、600米跑各1组； 第16周：1200米跑
	无氧运动	20分钟	中高强度	1次/周	4组，间隔3分钟	第13周：500米跑、300米跑各2组； 第14周：300米跑、200米跑各2组； 第15周：200米跑4组； 第16周：400米跑、100米跑各2组
	抗阻运动	20分钟	中高强度	1次/周	3组，间隔2分钟	第13周：双脚连续跳8个立位体操垫，俯卧撑15个，20秒仰卧起坐； 第14周：男生斜推杠铃片，10米行进间跳台阶，抱膝跳15个，tabata腰腹肌力量练习3分钟； 第15周：5级蛙跳3组，仰卧起坐20秒，tabata腰腹肌力量练习3分钟； 第16周：10米单腿跳、8级蛙跳各3组，tabata腰腹肌力量练习3分钟

二、体育课程健康效益调查结果

经过16周的体育教学，对学生的耐力、力量、爆发、协调、灵敏、平衡、柔韧、速度等进行测试数据的收集，并对其进行配对样本T检验，分析上述运动方式的健康效益，见表5-2和表5-3。

表5-2 初四男生实验前后的健康效益对比

测试素质	测试项目	实验前		实验后		P
		均值	标准差	均值	标准差	
力量素质	投掷实心球/米	7.38	1.07	8.02	1.16	0.002**
上下肢协调能力	跳绳/(个/分)	151.09	31.77	173.57	22.21	0.001**
耐力素质	1000米跑/秒	387.66	58.41	356.12	53.11	0.001**
速度素质	50米跑/秒	8.48	0.90	8.32	0.77	0.421
柔韧性	坐位体前屈/厘米	14.81	6.24	16.31	5.56	0.118

续表

测试素质	测试项目	实验前		实验后		P
		均值	标准差	均值	标准差	
爆发力	立定跳远/厘米	223.74	19.83	228.88	20.45	0.188
感觉-知觉灵敏	抓尺测试（尺子上的数值）	6.03	2.09	5.97	1.60	0.853
动作灵敏	十字象限跳/个	17.94	4.80	17.97	4.74	0.972
速度灵敏	伊利诺伊测试/秒	18.26	1.65	17.51	2.92	0.056
上下肢不协调	前后左右手触脚/个	4.79	0.89	5.43	1.60	0.095
感觉-知觉协调	六角球/秒	2.86	1.61	2.21	1.76	0.323

注：** 表示 $P<0.01$。

表 5-3　初四女生实验前后健康效益对比分析

测试素质	测试项目	实验前		实验后		P
		均值	标准差	均值	标准差	
力量素质	仰卧起坐/(个/分)	37.63	8.87	43.89	9.25	0.001**
上下肢协调能力	跳绳/(个/分)	137.03	28.26	155.45	27.11	0.001**
耐力素质	800米跑/秒	397.89	65.62	348.38	52.80	0.001**
速度素质	50米跑/秒	9.94	0.68	9.83	0.79	0.441
柔韧性	坐位体前屈/厘米	17.11	7.76	19.20	5.51	0.214
爆发力	立定跳远/厘米	168.57	14.66	168.69	17.24	0.974
感觉-知觉灵敏	抓尺测试（尺子上的数值）	6.60	1.59	6.44	1.54	0.604
动作灵敏	十字象限跳/个	16.44	3.63	17.39	2.80	0.086
速度灵敏	伊利诺伊测试/秒	19.41	1.42	19.23	1.62	0.556
上下肢不协调	前后左右手触脚/个	4.70	0.82	5.70	1.49	0.107
感觉-知觉协调	六角球/秒	2.60	1.84	2.70	1.49	0.84

注：** 表示 $P<0.01$。

三、结果分析

体质健康测试的目的是让学生对自身体质健康有一个清晰、客观的定位，方便及时发现问题,及早进行针对性练习,进而提升体质健康水平。由表 5-2 和表 5-3 可以看出,男女生的力量素质、上下肢协调能力、耐力素质都有显著性差异,其他各项指标则没有统计学意义。初四年级学生的运动方式和课程内容的选择针对中考而开展,其他体质健康指标并未涉及。从数据分析可以看出,体育中考并没有发挥促进学生体质健康的作用。

1. 体育课堂教学模式缺乏科学性

体育课堂不能充分保障提高身体素质应有的运动负荷,可能在短期内取得较好的训练效果,只是看到了体测数据的提高,但是忽略了体质健康测试的初衷。在部分学校或者地区,存在整堂体育课在缺少科学教学计划的情况下进行身体素质练习,教师缺少对训练内容和运动负荷的把控,这往往会导致运动性疲劳或者运动损伤,对学生身体造成伤害并可能导致产生厌学情绪。

2. 测试指标难以全面反映学生的健康状况

体质健康测试指标中的力量只是反映下肢爆发力、男生的上肢力量和女生的腹部力量,但是背肌以及其他部位的力量没有涉及。50 米跑作为速度素质的测试指标,主要反映学生的直线移动速度,而在运动技能的学习和运用中还需要不同复杂程度的反应速度、不同身体部位的动作速度和多方向的移动速度。耐力素质方面则只有反映有氧耐力的指标,并没有无氧耐力和中枢神经系统耐力的评价指标。

3. 体质健康测试指标体系不够全面

《国家学生体质健康标准》(2014 年修订)中,主要从身体形态、身体机能和身体素质等方面综合评定学生的体质健康水平;《义务教育体育与健康课程标准(2022 年版)》中,体能学练主要针对改善身体成分,发展心肺耐力、肌肉力量、肌肉耐力、柔韧性、反应能力、移动速度、协调性、灵敏性、爆发力、平衡能力等,为学生增强体质和学练专项运动技能奠定良好基础。目前体质健康测试指标只涵盖力量耐力、爆发力、心肺耐力、速度、柔韧,并没有涉及平衡能力、协调能力和灵敏性,可见当前体质健康测试内容不完整,没有对测评指标进行进一步解构,难以全面检测学生的身体健康水平。

四、建议

体质健康测试的意义在于满足社会发展对学生健康的要求，发展和完善学生体质健康评价体系，可以使学生清楚地了解自己的体质与健康状况，帮助学生监测自己的体质与健康状况的变化。当前的体质健康测试形式固化，测试评价指标不健全，难以全面评定学生的身体健康水平，尚无法达到以测促练进而增强身体素质的目的。

1. 剖析体质健康测试数据的深层次健身效益

目前对体质健康的认识只是停留在测试数据上，没有深入分析测试结果的健身效益。良好的心肺功能可以预防心血管疾病，特别是冠心病的发生。强健的肌肉则是完成人体各种运动所必需的，并且肌肉力量指数越高则心理亚健康检出率越低。柔韧素质在全因死亡率、跌倒风险、日常生活能力、心血管机能等方面缺乏明确的效益，但与运动损伤风险之间存在 U 形关系。适宜的身体组成可避免肥胖导致的各种疾病，中国慢性病前瞻性研究发现，保持正常的 BMI 可预防 5.8% 的主要冠心病事件、7.8% 的缺血性心脏病和 4.5% 的缺血性脑卒中，以及 34.4% 的 2 型糖尿病。针对 2014 年全国学生体质与健康的调研以肺活量、立定跳远、仰卧起坐、坐位体前屈、50 米跑和中长距离耐力跑共 6 个维度反映综合身体素质，较高综合身体素质评分的儿童较最低评分组的高血压患病风险下降 13%~32%[130]。

Aggarwal 等[131]认为，头部前倾姿势是由于肌肉不平衡引起的，这会在颈部后部肌肉中产生过大的压力；郝鑫[132]指出，背部肌肉力量不足，长期处于被拉长的状态会导致圆肩和头前引的不良身体姿态。

有研究指出，高低肩发生的主要原因在于肌肉力量失衡，导致主动肌和拮抗肌的不平衡发展[133]。

现有研究表明肌肉力量水平与成年男性的健康生活质量成正相关[134]，高水平的上肢和下肢力量与成年男性的全因死亡率成负相关[135]。一项纳入 120 万名 16~19 岁男性的研究发现，肌肉力量不足与未来 30 年出现残疾的概率成显著正相关[136]。因此，肌肉力量可以作为评价青年男性当前和预测其未来健康状况的重要指标。

2. 加强学生对体质健康测试重要性的认识，充分发挥其干预导向作用

汤姆斯·罗兰指出：如果学校体质测试这匹"马"死了，我们就该下来。其意是说，如果学生体质健康测试工作不能促进青少年的体质健康，就不应该再想当然地进行测试，甚至有必要将其取消，或者分析其原因并进行优化。体质健康测试的首要任务就是对学生体质健康作出诊断，为学生下一步的体育锻炼指明方向，促进学生体质健康的自我管理意识与能力培养。调查发现，仅有12.6%的学生认为体质健康测试对自身身体素质提高起到了积极的促进作用。学生体质健康测试工作需要继续，但应当转变实践过程中的"超价观念"，进一步强化测试评价环节的教育作用与评测后的身体活动行为干预。

3. 构建全面的体质健康评价体系

为促进学生体质健康全面发展，可以从学生的身心发展特点和解剖学角度分析，构建全面的体质健康评价体系。对于耐力素质，从有氧耐力、无氧耐力及中枢神经系统和外周神经系统四个方面进行评价；对于力量素质，从上肢、下肢、核心和全身四个方面进行评价；对于灵敏素质，从反应灵敏、动作灵敏和移动灵敏进行评价；对于协调能力素质，从上肢、下肢、上下肢、四肢和躯干、视觉动作和听觉动作六个维度进行评价；对于速度素质，从简单反应速度、复杂反应速度、屈伸动作速度、鞭甩动作速度、直线移动速度和多方向移动速度进行评价。

4. 发展多种形式的学练方法，促进学生体质健康发展

针对每一项身体素质的各个维度可以进行相应的训练，如力量素质方面，抗阻训练是一种通过收缩骨骼肌克服阻力的运动方式，阻力来源可以是外部物体或自身体重。在完成抗阻训练时，肌肉收缩使得骨骼肌中的多种分子调节因子激活，最终使骨骼肌在力量、质量和能量代谢方面产生积极适应[137]，因此抗阻训练被认为是增加骨骼肌质量和促进肌肉力量增长最有效的非药物干预方式。灵敏素质方面，绳梯训练有助于发展下肢关节灵活性，增强神经系统对肌肉的控制能力。郭春杰等[84]认为，灵敏素质训练过程中要有机结合多样化的反应能力训练、多种形式的速度训练，并且适当结合力量训练，这样可以使训练效果最大化；还可以通过提高神经肌肉的适应性、肌肉间协调性以及关节稳定性来发展灵敏素质。

第六章 青少年体育课程健康运动模式构建

一、体育课程的概念

体育课程是课程的下位概念,是以发展学生体能、增进学生身心健康为主的一种特殊的教学课程[138,139]。体育课程也是一种在学校指导下,为了使学生能在身体运动认知、运动技能和社会情感方面和谐发展的有计划、有组织的活动。由此可见,体育课程主要是增强学生体能,传授体育知识、技能的课程,是以运动活动和身体练习为主要形式,并通过这些运动活动和练习来实现学校体育教学目标的基本途径。

二、青少年体质健康现状

有学者分析认为,现有的青少年体力活动量和活动水平的测量与评估模式尚不能真实地反映青少年的日常体力活动行为,体力活动水平较低的负面影响逐步积累后,血管动脉粥样硬化的风险可能明显增加[140]。代谢综合征是心脑血管疾病的前期多项危险因素的叠加,青少年体质和体力活动对代谢综合征的影响与成年人相似[141]。Andersen 等发现在采取静态生活方式的儿童和青少年中,代谢综合征各项危险因素分布于该人群中高达 15%,有部分已经出现胰岛素抵抗,而且他们的体适能测试结果很低[142]。大量研究已经证实,青少年时期当一种心血管危险因素出现后,其他各项危险因素更容易"丛集"出现在同一个体身上;而静态生活方式和肥胖是出现胰岛素抵抗的重要原因,虽然还很难确认心血管危险因素叠加至什么程度可导致其发生,但是毫无疑问,已经有心血管叠加风险的孩子其动脉粥样硬化的风险也增加了[143]。

三、体育课程健康运动模式构建

(一) 我国体育课程教学模式现状

我国传统的体育教学模式基本上以运动技能传授为主,以身体锻炼为辅,在整个体育教学过程中强调教师的"单向输出",在一定程度上忽视了学生的主体性,学生兴趣的多样性、个体的差异性和体能的层次性没有得到充分的体现。对于此类问题,学者们也提出了相关的解决办法。其中值得注意的是,季浏于2015年提出中国健康体育课程模式,并进一步提出构建健康体育课程模式的必要性。他认为,近三十年来我国青少年体质健康水平不断下降、一系列体育课程标准等相关政策的出台均提出了"健康第一"的指导思想与"以学生发展为中心"的课程理念、国家的中长期发展规划也在体育教学领域提出了明确的目标以及有效实施本国的课程标准、有效提高教育教学效果,这四点缘由是构建中国健康体育课程模式的重要逻辑起点。同时,他还分析了健康体育课程模式的目标、理念、理论基础,创造性地提出了当时相对具体的健康体育课程模式的结构和内涵,而且基于此种课程模式提出需要达成的教学效果,如体格与体能方面的发展、情趣意志的丰富、团结合作与高尚品德的培养。

(二) 体育课程健康运动模式构建依据

1. 新课标下的体质健康要求

体质健康测试的内容主要就是体能类课程的内容,除水平一之外,都要求在每学期安排6~8学时进行专门的体能类课程内容的教学[144]。此外,义务教育新课标和普通高中新课标强调每一节专项运动技能课中要有10分钟左右的多样性、趣味性、补偿性和整合性的体能练习内容。无论教什么运动项目,如篮球、武术、体操、轮滑等,从每学期的第一节专项运动技能课开始到该学期最后一节专项运动技能课,每节课都要有10分钟左右的体能练习。这体现出对体能练习的高度重视。

2. 体育课程是青少年运动健康效益的载体

（1）体育课程对青少年耐力素质的健康效益。体育课程中，通过长时间的有氧运动，如长跑或循环训练，增强学生的心肺功能和肌肉耐力。这种训练有助于提高心血管系统的耐久性，促进中枢神经系统的工作，从而增强个体的抗疲劳能力。

（2）体育课程对青少年速度素质的健康效益。体育课程中，通过短跑和快速反应训练，提升学生的反应速度和运动速度。这些训练有助于提高学生的中枢神经系统功能，增强肌肉的快速收缩能力，从而提升整体的运动表现。

（3）体育课程对青少年协调能力的健康效益。体育课程中，通过各种技巧训练和团队运动，如篮球、足球等，培养学生的身体协调性。这些活动要求个体在空间中准确控制身体动作，提高运动技能和身体协调性。

（4）体育课程对青少年平衡能力的健康效益。体育课程中，通过平衡训练，如瑜伽、体操等，增强学生的静态和动态平衡能力。这些训练有助于提高学生的本体感觉和身体控制能力，降低运动损伤的风险。

（5）体育课程对青少年灵敏性的健康效益。体育课程中，通过灵敏性训练，如505测试或其他变向速度测试，提升学生快速改变方向和适应新情况的能力。这些训练有助于提高学生的神经系统反应速度和肌肉的适应性，从而提高灵敏性。

（6）体育课程对青少年力量素质的健康效益。体育课程中，通过力量训练，如举重、抗阻训练，增强学生的肌肉力量和爆发力。这有助于提高学生的运动表现，增强骨密度，预防运动损伤。

3. 运动强度是健康效益的保障

运动强度的调整需要个性化，并且应该在专业指导下进行。在设计体育课程时，应该考虑到不同学生的健康水平和体能差异，实施有计划、有组织的训练活动，以确保运动既能有效提升健康效益，又不至于引起过度疲劳或伤害。同时，体育课程应包含耐力、速度、协调性、平衡能力和力量等多方面的训练，以实现学生体能的全面发展。

研究表明，适宜的运动强度可以显著提高心肺耐力和肌肉耐力。例如，英国剑桥大学 Soren 教授在《自然·医学》杂志上指出，在同等运动量下，提高运动强度至中等强度或高强度水平，可以带来更多的健康益处，这包括降低全因死亡率。运动强度与速度的提升有关，高强度间歇训练被认为可以有效地提高速度和力量，同时对骨骼肌代谢及慢性疾病的防治有利。运动强度需要与技巧性训练相结合，以提高协调性。此外，适宜的运动强度可以激发神经系统的适应性，从而改善协调能力。运动强度的适当增加还可以改善平衡能力。例如，瑜伽和太极等低强度但高技巧性要求的运动，对于提高平衡和稳定性特别有益。高强度的运动训练也可以提高灵敏性，但需要在安全和可控的环境中进行，以避免发生伤害。

4. 运动方式具有针对性

对于运动方式，主要从运动项目和训练方法入手进行分析，针对不同的健康效益维度采取不同的运动方式，以期提高青少年的运动健康效益。

在体育课中体能课一般占10分钟左右，单独的体能训练虽然能快捷地提高学生的各项体质健康测试成绩，但很容易使学生失去对体育课的兴趣，导致新课标中的掌握1~2项运动技能形成终身体育的目标难以实现。因此，要借助运动项目和训练方法进行运动健康效益的干预，如花样跳绳能提高学生的肢体协调能力，健身街舞与恰恰舞能提高学生的反应灵敏。

健康体育课程模式或者体育课程模式的研究大多是集中于理论方面的研究，如"思考""理论基础""模式探讨"等，缺少健康体育课程的实证研究。而健康体育课程的构建本就是服务于具体的教学实践，构建的框架中不仅应该有宏观导向性的目标与整体结构，还应该有具体的运动项目、适宜的负荷把控、区别于青少年年龄特征的评价方式等。因此，在解构健康效益和运动方式的基础上，基于meta分析，从不同的健康效益维度进行分析，构建体育课程健康运动模式，促进青少年健康效益，见表6-1。

表6-1 青少年体育课程健康运动模式

健康效益维度		运动方式或项目	单次干预时间/干预周期/运动强度（或方案）
协调能力	肢体配合能力	花样跳绳、运动视觉训练、轮滑、捆绑行动和间歇-功能性组合训练	20分钟以上；12周以上；中低强度
	空间定向能力	舞蹈类	21分钟以上；13周以上；中低强度

续表

健康效益维度		运动方式或项目	单次干预时间/干预周期/运动强度（或方案）
灵敏素质	反应灵敏	SAQ训练、多方向移动训练、健身街舞与恰恰舞、少儿趣味田径、绳梯训练、小栏架训练	≥40分钟；8~10周；中低强度
	动作灵敏	六角球训练、绳梯训练	≥45分钟；10周及以上；中低强度
	移动灵敏	SAQ训练、多方向移动训练	<40分钟；8~10周；中低强度
力量素质	5~11岁儿童和青少年最大力量	中等强度渐增负荷复合训练	8周；2次/周；组间间歇2分钟，重复10~15RM，渐增负荷5%~10% 1kg药球
	12~15岁青少年最大力量	高强度抗阻训练	9周；2次/周，组间间歇1~2分钟，重复4~6RM，5%~10%渐增负荷，每次2组
	5~11岁儿童和青少年快速力量	增强式训练、低强度抗阻训练、复合训练、悬吊训练	8周以上；2次/周；中低强度
	12~15岁青少年快速力量	复合训练、低强度抗阻训练、增强式训练	8周以上；2次/周；中低强度
	5~11岁儿童和青少年力量耐力	复合抗阻训练	9周；2次/周；重复13~15RM，5%~10%渐增负荷+6~8次投掷药球 动作间隔10秒
		中等强度抗阻训练	9周；2次/周；重复13~15RM，5%~10%渐增负荷
	12~15岁青少年力量耐力	高强度抗阻训练	9周；2次/周；重复4~6RM，5%~10%渐增负荷；每次2组；组间间歇1~2分钟
		低强度抗阻训练	9周；2次/周；重复12~15RM，5%~10%渐增负荷；每次2组；组间间歇1~2分钟

续表

健康效益维度		运动方式或项目	单次干预时间/干预周期/运动强度（或方案）
速度素质	动作速度	强化复合训练、核心训练	>15分钟，间歇时间≤1分钟；6~8周；3次/周；≥70% 1RM
	移动速度	核心训练	15~30分钟；15~16周；1~3次/周；<70% 1RM
平衡能力	平衡能力	滑板运动、初级长拳练习、非稳定训练、核心力量训练	8~12周；2~3次/周
耐力素质	无氧耐力	高强度间歇训练与持续训练	4~8组；30秒~4分钟；6周；1~3次/周；中高强度
	6~14岁儿童和青少年有氧耐力	高强度间歇训练	8分钟，运动30秒，休息30秒；12周；3次/周；13米/26米穿梭跑、开合跳、垂直跳跃、登山、平板支撑内外跳
	15~18岁青少年有氧耐力	自重力量高强度间歇训练（CrossFit）	20~30分钟；8周；2次/周；10次徒手深蹲，10次硬拉（负重包），10次波比跳；10次跳箱，10次徒手深蹲（自重），5次俯卧撑；一分钟壶铃深蹲（药球），硬拉（负重包），俯卧撑，折返跑等

参考文献

［1］ 常佳，王莎莎，李爱娇，等. 体育锻炼对老年人心理健康的影响［J］. 中国老年学志，2018，38（5）：1133－1135.

［2］ 中国学生体质与健康研究组. 2014年中国学生体质与健康调研报告［M］. 北京：高等教育出版社，2016.

［3］ 张娜，马冠生.《中国儿童肥胖报告》解读［J］. 营养学报，2017，39（6）：530－534.

［4］ 中国儿童青少年营养与健康报告发布 青少年体质健康状况喜忧参半［J］. 中国农村教育，2016（6）：9.

［5］ 张晓华，詹前秒. 中学生体质健康下降与学校体育干预对策研究［J］. 体育师友，2019，42（1）：57－58.

［6］ SONG Y, AGARDH A, MA J, et al. National trends in stunting, thinness and overweight among Chinese school－aged children, 1985－2014［J］. International journal of obesity, 2019, 43（2）: 402－411.

［7］ GUO Y, YIN X, WU H, et al. Trends in overweight and obesity among children and adolescents in China from 1991 to 2015: a meta－analysis［J］. International journal of environmental research and public health, 2019, 16（23）: 1－19.

［8］ MA J, WANG Z, SONG Y, et al. BMI percentile curves for Chinese children aged 7－18 years, in comparison with the WHO and the US Centers for Disease Control and Prevention References［J］. Public health nutrition, 2010, 13（12）: 1990－1996.

［9］ 中国居民营养与慢性病状况报告（2020年）［J］. 营养学报，2020，42（6）：521.

［10］ 朱政. 中国9～17岁儿童青少年身体活动与体质健康的流行病学研究［D］. 上海：上海体育学院，2021.

［11］ 柯友枝，张丹青，GRANT T，等. 儿童青少年有氧耐力变化趋势的分析及启示：基于1964—2017年的国内外研究［J］. 成都体育学院学报，2023（3）：77－84.

［12］ KASTER T, DOOLEY F L, FITZGERALD J S, et al. Temporal trends in the sit－ups performance of 9, 939, 289 children and adolescents between 1964 and 2017［J］. Journal of sports sciences, 2020, 38（16）: 1913－1923.

[13] TOMKINSON G R, KASTER T, DOOLEY F L, et al. Temporal trends in the standing broad jump performance of 10, 940, 801 children and adolescents between 1960 and 2017 [J]. Sports medicine, 2021, 51 (3): 531-548.

[14] DOOLEY F L, KASTER T, FITZGERALD J S, et al. A systematic analysis of temporal trends in the handgrip strength of 2, 216, 320 children and adolescents between 1967 and 2017 [J]. Sports medicine, 2020, 50 (6): 1129-1144.

[15] FÜHNER T, KLIEGL R, ARNTZ F, et al. An update on secular trends in physical fitness of children and adolescents from 1972 to 2015: a systematic review [J]. Sports medicine, 2021, 51 (2): 303-320.

[16] 王思积, 李珹, 陈九, 等. 低活跃性儿童青少年轻度身体活动健康干预研究进展 [J]. 中国公共卫生, 2024, 40 (11): 1406-1412.

[17] World Health Organization. Global recommendations on physical activity for health [M]. Geneva: World Health Organization, 2010.

[18] EKELUND U, LUAN J, SHERAR L B, et al. Moderate to vigorous physical activity and sedentary time and cardiometabolic risk factors in children and adolescents [J]. Journal of the American Medical Association, 2012, 307: 704-712.

[19] SUMMERBELL C, WATERS E, EDMUNDS L, et al. Interventions for preventing obesity in children [J]. Cochrane database of systematic reviews, 2005: 1-70.

[20] 李新, 李晓彤, 王正珍, 等. 不同运动量对少年心肺耐力和身体成分影响的干预研究 [J]. 中国体育科技, 2017, 53 (5): 110-116.

[21] 李娟, 唐东辉, 陈巍. 有氧运动结合抗阻训练对男性肥胖青少年心血管功能的改善及可能机制 [J]. 体育科学, 2013, 33 (8): 37-42.

[22] 高雅楠, 杨亚, 韩晓伟, 等. 儿童青少年身体活动和久坐少动行为与体质健康关系的研究 [J]. 北京体育大学学报, 2024, 47 (3): 22-39.

[23] PERRY A C, ROSENBLATT E S, KEMPNER L, et al. The effects of an exercise physiology program on physical fitness variables, body satisfaction, and physiology knowledge [J]. Journal of strength and conditioning research, 2002, 16 (2): 219-226.

[24] WITTMEIER K D M, MOLLARD R C, KRIELLAARS D J. Physical activity intensity and risk of overweight and adiposity in children [J]. Obesity, 2008, 16 (2): 415-420.

[25] TREMBLAY M S, CARSON V, CHAPUT J P, et al. Canadian 24-hour movement guidelines for children and youth: an integration of physical activity, sedentary behaviour, and sleep [J]. Applied physiology, nutrition, and metabolism, 2016, 41 (6): 311-327.

[26] FAN X, CAO Z B. Physical activity among Chinese school-aged children: national prevalence estimates from the 2016 Physical Activity and Fitness in China: the youth study [J].

Journal of sport and health science, 2017, 6 (4): 388 - 394.

[27] 肖紫仪, 熊文, 郑湘平, 等. 体育中考体质健康测试: 基本理论问题检视与调适 [J]. 上海体育大学学报, 2024, 48 (3): 1 - 13.

[28] 中共中央, 国务院. "健康中国 2030" 规划纲要 [Z]. 2016.

[29] CHINAPAW M J M, PROPER K I, BRUG J, et al. Relationship between young peoples' sedentary behaviour and biomedical health indicators: a systematic review of prospective studies [J]. Obesity reviews, 2011, 12 (7): 621 - 632.

[30] TUCKER J S, MARTIN S, JACKSON A W, et al. Relations between sedentary behavior and FITNESSGRAM healthy fitness zone achievement and physical activity [J]. Journal of physical activity and health, 2014, 11 (5): 1006 - 1011.

[31] BAI Y, CHEN S, LAURSON K R, et al. The associations of youth physical activity and screen time with fatness and fitness: the 2012 NHANES national youth fitness survey [J]. Public library of science one, 2016, 11 (1): 1 - 13.

[32] RENNINGER M, HANSEN B H, STEENE - JOHANNESSEN J, et al. Associations between accelerometry measured physical activity and sedentary time and the metabolic syndrome: a meta - analysis of more than 6000 children and adolescents [J]. Pediatr obesity, 2020, 15 (1): 1 - 9.

[33] WHO 身体活动和久坐行为指南 [EB/OL]. (2020 - 11 - 25) [2024 - 12 - 01]. http://baijiahao.baidu.com/s?id = 1685110538820855748&wfr = spide&for = pc.

[34] 中国政府网. 中共中央 国务院印发《"健康中国 2030" 规划纲要》[EB/OL]. (2016 - 10 - 25) [2020 - 12 - 12]. http://www.gov.cn/zhengce/2016 - 10 - 25/content_5124174.htm.

[35] 中国政府网. 中共中央 国务院印发《中长期青年发展规划 (2016—2025 年)》[EB/OL]. (2017 - 04 - 13) [2020 - 12 - 12]. http://www.gov.cn/zhengce/2017 - 04/13/content_ _5185555.htm#7.

[36] 国家体育总局. 青少年体育"十三五"规划 [EB/OL]. (2019 - 09 - 20) [2020 - 12 - 12]. https://www.sport.gov.cn/n20001280/n20067626/n20067732/c20201413/content.html.

[37] 中国政府网. 习近平: 决胜全面建成小康社会 夺取新时代中国特色社会主义伟大胜利——在中国共产党第十九次全国代表大会上的报告 [EB/OL]. (2017 - 10 - 27) [2020 - 12 - 12]. https://www.gov.cn/zhuanti/2017 - 10/27/content_5234876.htm.

[38] 中华人民共和国教育部. 教育部办公厅关于印发《〈体育与健康〉教学改革指导纲要 (试行)》的通知 [EB/OL]. (2021 - 06 - 30) [2024 - 12 - 01]. http://www.moe.gov.cn/srcsite/A17/moe_938/s3273/202107/t20210721_545885.html.

[39] 全国体育院校教材委员会. 运动训练学 [M]. 北京: 人民体育出版社, 2000.

[40] 王瑞元, 苏全生. 运动生理学 [M]. 北京: 人民体育出版社, 2012.

[41] MORAN J, RAMIREZ-CAMPILLO R, LIEW B, et al. Effects of vertically and horizontally orientated plyometric training on physical performance: a meta-analytical comparison [J]. Sports medicine, 2021 (51): 65-79.

[42] SCHMIDTBLEICHER D. Training for power events [M]. Oxford: Blackwell, 1992.

[43] 邓子奥. 不同训练界面增强式训练对跆拳道专项学生下肢爆发力的影响研究 [D]. 武汉: 武汉体育学院, 2024.

[44] BERSINER K, PARK S Y, SCHAAF K, et al. Resistance exercise: a mighty tool that adapts, destroys, rebuilds and modulates the molecular and structural environment of skeletal muscle [J]. Physical activity and nutrition, 2023, 27 (2): 78-95.

[45] PHILLIPS S M, WINETT R A. Uncomplicated resistance training and health-related outcomes: evidence for a public health mandate [J]. Current sports medicine reports, 2010, 9 (4): 208-213.

[46] 毛俊. 间歇时间再分配抗阻训练对青年男性急性生理反应和肌肉适应的影响 [D]. 北京: 首都体育学院, 2024.

[47] 翟华楠, 周彤. 复合式训练影响青少年下肢爆发力的 meta 分析 [J]. 武汉体育学院学报, 2020, 54 (10): 65-71.

[48] 李庆贺. 网球、羽毛球、乒乓球运动员灵敏素质构成因素的模型构建与比较研究 [D]. 上海: 上海体育学院, 2022.

[49] YOUNG W B, JAMES R, MONTGOMERY I. Is muscle power related to running speed with changes of direction? [J]. Journal of sports medicine and physical fitness, 2002, 42 (3): 282-288.

[50] SHEPPARDA J M, YOUNG W B, DOYLE T L A, et al. An evaluation of a new test of reactive agility and its relationship to sprint speed and change of direction speed [J]. Journal of science and medicine in sport, 2006 (9): 342-349.

[51] VLADIMIR H, TOMAS R, ARTUR G, et al. A systematic review of the main factors that determine agility in sport using structural equation modeling [J]. Journal of human kinetics, 2016, 52 (1): 15-23.

[52] YOUNG W, ROGERS N. Effects of small-sided game and change-of-direction training on reactive agility and change-of-direction speed [J]. Journal of sports sciences, 2014, 32 (4): 307-314.

[53] DONATH L, DIEËN J V, FAUDE O. Exercise-based fall prevention in the elderly: what about agility? [J]. Sports medicine, 2016, 46 (2): 1-7.

[54] CHAALALI A, ROUISSI M, CHTARA M, et al. Agility training in young elite soccer play-

ers: promising results compared to change of direction drills [J]. Biology of sport, 2016, 33 (4): 345-351.

[55] LOCKIE R G, SCHULTZA B, CALLAGHAN S J, et al. The relationship between dynamic stability and multidirectional speed [J]. Journal of strength and conditioning research, 2016, 30 (11): 3033-3043.

[56] 林文弢, 魏源. 青少年身体素质测试与评价 [M]. 北京: 科学出版社, 2019.

[57] 柴娇, 杨铁黎, 姜山. 开放情境下7~12岁儿童动作灵敏性发展的研究: 六角反应球抓球测试 [J]. 山东体育学院学报, 2011, 27 (9): 60-65.

[58] PAUL D J, AKENHEAD R, et al. Agility training: a potential model for the reduction and rehabilitation of anterior cruciate ligament injury [J]. Strength and conditioning journal, 2018, 40 (1): 1-10.

[59] 田麦久. 运动训练学 [M]. 北京: 高等教育出版社, 2000.

[60] 潘力平. 篮球专项灵敏素质的特征及其研究现状 [J]. 山东体育学院学报, 2000 (3): 42-44.

[61] 湛超军. 中、美大学生运动员灵敏性及其相关素质的研究 [D]. 北京: 北京体育大学, 2013.

[62] LITTLE T, WILLIAMS A G. Specificity of acceleration, maximum speed and agility in professional soccer players [J]. Journal of strength and conditioning research, 2005, 19 (1): 76-78.

[63] MUNIVRANA G, FILIPCIC A, FILIPCIC T. Relationship of speed, agility, neuromuscular power, and selected anthropometrical variables and performance results of male and female junior tennis players [J]. Collegium antropologicum, 2015, 39 (1): 109-116.

[64] MATLÁK J, TIHANYI J, RÁCZ L. Relationship between reactive agility and change of direction speed in amateur soccer players [J]. Journal of strength and conditioning research, 2016, 30 (6): 1547-1552.

[65] KAPLAN T, ERKMEN N, TASKIN H. The evaluation of the running speed and agilty performance in professional and amateur soccer players [J]. Journal of strength and conditioning research, 2009, 23 (3): 774-778.

[66] 赵西堂, 葛春林, 李晓琨. 试论运动灵敏素质的特征与科学机制 [J]. 山东体育学院学报, 2014 (4): 72-82.

[67] BAKER D G, NEWTON R U. Comparison of lower body strength, power, acceleration, speed, agility, and sprint momentum to describe and compare playing rank among professional rugby league players [J]. Journal of strength and conditioning research, 2008, 22 (1): 153-158.

[68] ALEMDAROGLU U. The relationship between muscle strength, anaerobic performance, agility, sprint ability and vertical jump performance in professional basketball players [J]. Journal of human kinetics, 2012, 31 (31): 149-158.

[69] SONODA T, TASHIRO Y, SUZUKI Y, et al. Relationship between agility and lower limb muscle strength, targeting university badminton players [J]. Journal of physical therapy science, 2018, 30 (2): 320-333.

[70] AMBROSE T, KHAN K M, ENG J J, et al. Balance confidence improves with resistance or agility training. Increase is not correlated with objective changes in fall risk and physical abilities [J]. Gerontology, 2004, 50 (6): 373-382.

[71] OZMEN T, AYDOGMUS M. Effect of core strength training on dynamic balance and agility in adolescent badminton players [J]. Journal of bodywork and movement therapies, 2016, 20 (3): 565-570.

[72] YOUNG W B, DAWSON B, HENRY G J. Agility and change-of-direction speed are independent skills: implications for training for agility in invasion sports [J]. International journal of sports science and coaching, 2015 (10): 159-169.

[73] YASUMITSU T, NOGAWA H. Effects of the coordination exercise program on school children's agility: short-time program during school recess [J]. ICHPER-SD journal of research, 2011, 6 (1): 10-13.

[74] SMITS-ENGELSMAN B C M, JELSMA L D, FERGUSON G D. The effect of exergames on functional strength, anaerobic fitness, balance and agility in children with and without motor coordination difficulties living in low-income communities [J]. Human movement science, 2016, 55 (1): 55-64.

[75] JEFFREYS I. A task-based approach to developing context-specific agility [J]. Strength and conditioning journal, 2011, 33 (4): 52-59.

[76] SALAJ S, MARKOVIC G. Specificity of jumping, sprinting, and quick change-of-direction motor abilities [J]. Journal of strength and conditioning research, 2011, 25 (5): 1249.

[77] LI Q, DING H. Construction of the structural equation model of badminton players'variable direction ability and its enlightenment to sports training [J]. Annals of palliative medicine, 2021, 10 (4): 4623-4631.

[78] SERPELL B G, YOUNG W B, FORD M, et al. Are the perceptual and decision-making components of agility trainable? a preliminary investigation [J]. Journal of strength and conditioning research, 2011, 25 (25): 1240-1248.

[79] SIEGMUND M C, FORD K R, NGUYEN A D, et al. Normative values and asymmetries in

the agility – test in high school soccer players [J]. Medicine and science in sports and exercise, 2016, 48 (5Suppl 1): 289.

[80] 侯超文. 多方向移动训练对普通高校足球校选课男生灵敏素质影响的实验研究 [D]. 曲阜: 曲阜师范大学, 2020.

[81] 桂振宇. 多方向移动训练对少儿篮球运动员灵敏素质的影响研究 [D]. 武汉: 武汉体育学院, 2023.

[82] 陈雪珂. 功能性力量训练对高校跆拳道运动员灵敏素质的影响研究 [D]. 上海: 上海体育学院, 2022.

[83] 杜明洋. 敏捷梯脚步灵敏协调训练对10—11岁少儿运控球能力的影响研究 [D]. 北京: 北京体育大学, 2019.

[84] 郭春杰, 于亮. 足球专项灵敏: 训练方法及效果评价系统综述 [J]. 体育科学, 2021, 41 (8): 87 – 97.

[85] SWART J, LAMBERTS R P, LAMBERT M I, et al. Exercising with reserve: evidence that the CNS regulates prolonged exercise performance [J]. British journal of sports medicine, 2009, 43 (10): 782 – 788.

[86] ZGHAL F, COTTIN F, KENOUN I, et al. Improved tolerance of peripheral fatigue by the central nervous system after endurance training [J]. European journal of applied physiology, 2015, 115 (7): 1401 – 1415.

[87] 胡鑫. 两种有氧耐力训练方法对高校高水平男子足球运动员有氧能力的影响: 以西安体育学院为例 [D]. 西安: 西安体育学院, 2015.

[88] 过家兴, 等. 运动训练学 [M]. 北京: 北京体育学院出版社, 1991.

[89] 池泰陵. 速度素质的科学基础及一般训练方法 [J]. 体育科研, 1992 (S1): 1 – 26.

[90] 刘阳. 人体平衡能力测试方法及平衡能力训练的研究进展 [J]. 沈阳体育学院学报, 2007, 26 (4): 75 – 77.

[91] 王博民, 徐红旗. 人体平衡能力测评方法综述 [J]. 中国学校体育 (高等教育), 2016 (6): 63 – 68.

[92] 游永豪, 温爱玲. 人体平衡能力测评方法 [J]. 中国康复医学杂志, 2014, 29 (11): 1099 – 1104.

[93] 杨颖, 贾谊. 小蹦床和BOSU球训练对人体平衡能力影响的比较研究 [J]. 四川体育科学, 2023, 42 (3): 36 – 44.

[94] WENG H, LI Q. Effect of core stability training on correction and surface electronic signals of paravertebral in adolescent idiopathic scoliosis [J]. BioMed research international, 2022.

[95] MORGAN H T. Core training for improved performance [J]. NACA's performance training journal, 2003, 2 (5): 26 – 30.

[96] 黎涌明. 高强度间歇训练对不同训练人群的应用效果 [J]. 体育科学, 2015, 35 (8): 59-75, 96.

[97] 姜苏航, 赵伟科, 朱从丽. 全国第八次学生体质与健康调研现状及对策研究 [J]. 文体用品与科技, 2022 (16): 75-76.

[98] LLOYD S R, OLIVER J L, HUGHES, et al. Reliability and validity of field-based measures of leg stiffness and reactive strength index in youths [J]. Journal of sports sciences, 2009 (27): 1565-1573.

[99] MARTA C, MARINHO D, BARBOSA T, et al. Effects of concurrent training on explosive strength and vo$_2$max in prepubescent children [J]. International journal of sports medicine, 2013, 34 (10): 888-896.

[100] FAIGENBAUM A D, LOUD R L, CONNELL J O, et al. Effects of different resistance training protocols on upper-body strength and endurance development in children [J]. Journal of strength and conditioning research, 2001, 15 (4): 459-465.

[101] 哈雷. 训练学: 运动训练的理论与方法学导论 [M]. 郑再新, 译. 北京: 人民体育出版社, 1985.

[102] 田麦久, 刘大全. 运动训练学 [M]. 北京: 人民体育出版社, 2012.

[103] DEWEY D, KAPLAN B J, CRAWFORD S G, et al. Developmental coordination disorder: associated problems in attention, learning, and psychosocial adjustment [J]. Human movement science, 2002 (21): 905-918.

[104] PAYNE V, ISAACS L. Human motor development: a lifespan approach [M]. 6th ed. Boston: McGraw-Hill, 2005.

[105] AYRES A J. Learning disabilities and the vestibular system [J]. Journal of learning disabilities, 1978 (11): 30-41.

[106] 王步标, 华明. 运动生理学 [M]. 2版. 北京: 高等教育出版社, 2011.

[107] 刘影. 花样跳绳运动对11—12岁小学生体质健康影响的实验研究 [D]. 上海: 上海体育学院, 2022.

[108] 张娅. 12周花样跳绳不同跳法对8—9岁小学生体质健康影响的实验研究 [D]. 武汉: 武汉体育学院, 2019.

[109] 陈承宇, 吴嘉敏, 严进洪. 体育运动训练增强肌肉可塑性和大脑可塑性 [J]. 生理科学进展, 2020, 51 (4): 311-315.

[110] HOTTING K, RODER B. Beneficial effects of physical exercise on neuroplasticity and cognition [J]. Neuroscience and biobehavioral reviews, 2013 (37): 2243-2257.

[111] 肖林鹏, 武旗红. 我国《青少年体育活动促进计划》生成与发展逻辑 [J]. 中国体育科技, 2023, 59 (9): 21-25, 32.

[112] 田麦久. 运动训练学 [M]. 2版. 北京：高等教育出版社，2017.

[113] LLOYD S R, RADNOR J M, CROIX DE STE, et al. Changes in sprint and jump performances after traditional, plyometric, and combined resistance training in male youth pre – and post – peak height velocity [J]. The journal of strength and conditioning research, 2016, 30 (5): 1239 – 1247.

[114] 汪君萍，刘凯文. 青少年生长发育的速度素质特征与发展阶段研究 [J]. 广州体育学院学报，2017 (6): 100 – 104.

[115] 田麦久. 关于运动训练原则的辩证思考 [J]. 北京体育大学学报，2010 (3): 1 – 9.

[116] JANSSEN I, LEBLANC A G. Systematic review of the health benefits of physical activity and fitness in school – aged children and youth [J]. International journal of behavioral nutrition and physical activity, 2010 (7): 1 – 16.

[117] TOTTORI N, FUJITA S. Effects of plyometric training on sprint running performance in boys aged 9 – 12 years [J]. Sports, 2019, 7 (10): 219.

[118] 王瑞青，孔宪菲，张华，等. 世界卫生组织身体活动和久坐行为指南 [J]. 中国卒中杂志，2021 (4): 390 – 397.

[119] CHEN P, WANG D, SHEN H, et al. Physical activity and health in Chinese children and adolescents: expert consensus statement (2020) [J]. British journal of sports medicine, 2020, 54 (22): 1321 – 1331.

[120] SADEGH A – S, EHSAN K, ADEL D, et al. Generic vs small – sided game training in futsal: effects on aerobic capacity, anaerobic power and agility [J]. Physiology and behavior, 2019, 204: 347 – 354.

[121] RUNACRES A, MACKINTOSH K A, MCNARRY M A. The effect of constant – intensity endurance training and high – intensity interval training on aerobic and anaerobic parameters in youth [J]. Journal of sports sciences, 2019, 6 (10): 1 – 5.

[122] CUNHA G D, VAZ M A, GEREMIA J M, et al. Maturity status does not exert effects on aerobic fitness in soccer players after appropriate normalization for body size [J]. Pediatric exercise science, 2016, 28 (3): 456 – 465.

[123] 任腾慧. 初级长拳对初中生肌肉适能、衡能力和柔韧素质的影响 [D]. 上海：上海师范大学，2021.

[124] 孙昭. 非稳定训练对 10～12 岁青少年篮球运动员平衡能力影响的实验研究 [D]. 济南：山东体育学院，2022.

[125] 卢庚芝. 核心力量训练对足球专项学生平衡能力的影响研究 [D]. 南京：南京师范大学，2018.

[126] 杨顺，时凯鑫. 滑板运动对学生平衡能力的提升研究 [J]. 武术研究，2020，5

(3): 154-156.

[127] MERCHANT R A, SEETHARAMAN S, AU L, et al. Relationship of fat mass index and fat-free mass index with body mass index and association with function, cognition and sarcopenia in pre-frail older adults [J]. Frontiers in endocrinology, 2021, 12 (1).

[128] REINEHR T, TITTEL S R, HOLLE R, et al. Comparison of cardiovascular risk factors between children and adolescents with classes Ⅲ and Ⅳ obesity: findings from the APV cohort [J]. International journal of obesity, 2021, 45 (4): 987-996.

[129] DURRER SCHUTZ D, BUSETTO L, DICKER D, et al. European practical and patient-centred guidelines for adult obesity management in primary care [J]. Obesity facts, 2019, 12 (1): 40-66.

[130] DONG Y, JAN C, ZOU Z, et al. Comprehensive physical fitness and high blood pressure in children and adolescents: a national cross sectional survey in China [J]. Journal of science and medcine sport, 2020, 23 (9): 800-806.

[131] AGGARWAL A, NAIR A, PALEKAR T, et al. Effect of suboccipital release technique in forward head posture: a comparative study [J]. Medical journal of Dr D Y Patil Vidyapeeth, 2022, 15 (4): 534-537.

[132] 郝鑫. 功能训练与运动机能贴布对大学生圆肩和头前引不良体态的功效研究 [D]. 北京：首都体育学院，2021.

[133] PIERRE-HENRI H, FOURNIER JEAN-FS A, ERIC P, et al. Test-retest reliability of posture measurements in adolescents with idiopathic scoliosis [J]. The spine journal, 2018.

[134] APPELQVIST-SCHMIDLECHNER K, VAARA J P, VASANKARI T, et al. Muscular and cardiorespiratory fitness are associated with health-related quality of life among young adult men [J]. BMC public health, 2020, 20 (842): 1-8.

[135] GARCIA-HERMOSO A, CAVERO-REDONDO I, RAMIREZ-VÉLEZ R, et al. Muscular strength as a predictor of all-cause mortality in an apparently healthy population: a systematic review and meta-analysis of data from approximately 2 million men and women [J]. Archives of physical medicine and rehabilitation, 2018, 99 (10): 2100-2113.

[136] HENRIKSSON H, HENRIKSSON P, TYNELIUS P, et al. Muscular weakness in adolescence is associated with disability 30 years later: a population-based cohort study of 1.2 million men [J]. British journal of sports medicine, 2019, 53 (19): 1221-1230.

[137] 舒宗礼，熊伟平，夏志. 氨基酸代谢与抗阻训练对骨骼肌 mTOR 的调节作用研究 [J]. 湖南城市学院学报（自然科学版），2011, 20 (2): 69-74.

[138] 张学忠，杨小永. 体育课程论理论体系构建的基本问题：概念、性质、对象和任务 [J]. 北京体育大学学报，2014, 37 (3): 107-111, 116.

[139] 董翠香. 我国中小学体育校本课程开发理论与实践研究 [D]. 北京：北京体育大学，2004.

[140] ANDERSEN L B. Relative risk of mortality in the physically inactive is underestimated because of real changes in exposure level during follow – up [J]. American journal of epidemiology，2004（160）：189 – 195.

[141] ANDERSEN L B, WEDDERKOPP N, HANSEN H S et al. Biological cardiovascular risk factors cluster in Danish children and adolescents：the European youth heart study [J]. Preventive medicine，2003，37：363 – 367.

[142] ANDERSEN L B, HASSELSTROM H, HANSEN S E, et al. The relationship between physical fitness and clustered risk, and tracking of clustered risk from adolescence to young adulthood：eight years follow – up in the Danish youth and sport study [J]. International journal of behavioral nutrition & physical activity，2004（1）：1 – 4.

[143] ANDERSEN L B. Children's physical activity and cardiovascular risk：implications for physical activity guidelines [J]. Pediatrics for parents，2008，24：5.

[144] 中华人民共和国教育部. 义务教育体育与健康课程标准（2022 年版）[M]. 北京：北京师范大学出版社，2022.